Peter Kerstan
Der journalistische Film
Jetzt aber richtig

Peter Kerstan
Der journalistische Film
Jetzt aber richtig

BILDSPRACHE UND GESTALTUNG

Zeichnungen von Georg Malik

ZWEITAUSENDEINS

Programmberatung Uwe Walter.

Originalausgabe
1. Auflage, Juni 2000.

Copyright © 2000 by Zweitausendeins,
Postfach, D-60381 Frankfurt am Main. www.zweitausendeins.de

Die Videobilder in Kapitel 12 entstammen dem Dokumentarfilm
Das goldene Grab des Wüstenkönigs, Erstsendedatum: 3. 2. 1991,
Hauptprogramm des ZDF. Autor und Verlag danken dem ZDF
für die freundlich erteilte Abdruckerlaubnis.

Lektorat: Martin Weinmann (Büro W, Wiesbaden).
Redaktion: Michael Schmitt, Wiesbaden.
Korrektorat: Horst Lenner, Nördlingen.
Register: Ekkehard Kunze, Wiesbaden.
Umschlaggestaltung: Sabine Kauf.
Umschlagfoto: AP/Christof Stache.
Typografie, Satz und Layout: AM Design, Bernd Leberfinger, Nördlingen.
Herstellung: Dieter Kohler GmbH, Nördlingen.
Druck: Karl Grammlich GmbH, Pliezhausen.
Einband: G. Lachenmaier, Reutlingen
Printed in Germany.

Das Papier dieses Buches, einschließlich Überzug und Vorsatz,
besteht zu 100 Prozent aus Altpapier. Das Kapitalband und das Leseband
wurden aus ungefärbter und ungebleichter Baumwolle gefertigt.

Dieses Buch gibt es nur bei Zweitausendeins im Versand,
Postfach, D-60381 Frankfurt am Main, Telefon 069-420 8000 oder
01805-23 2001, Fax 069-415 003 oder 01805-24 2001.
Internet www.zweitausendeins.de, E-Mail info@zweitausendeins.de.
Oder in den Zweitausendeins-Läden in Berlin, Düsseldorf, Essen, Frankfurt,
Freiburg, 2 x in Hamburg, in Hannover, Köln, Mannheim, München,
Nürnberg, Saarbrücken, Stuttgart.

In der Schweiz über buch 2000, Postfach 89, CH-8910 Affoltern a. A.

ISBN 3-86150-326-3

INHALT

ZUR EINFÜHRUNG

Mein ganzes Berufsleben hindurch habe ich mich mit Darstellungsformen des dokumentarischen Films beschäftigt. Ich wollte herausfinden, warum man mit oft sehr unvollkommenen Abbildern der Realität so eindringlich berichten kann. Sehr früh schon glaubte ich an eine eigene Sprache des Films und bemühte mich, meine filmische Ausdrucksweise zu verbessern. Unterstützung aus der Wissenschaft gab es kaum. Die qualitative Medienforschung ist auch heute noch das Stiefkind der Film- und Fernsehproduzenten.

Selbst mit Logik waren die Probleme nicht zu lösen, denn die Filmgestaltung ist ein durchweg subjektiver Prozeß. Erst als ich begonnen habe, das Wissen um unsere Wahrnehmung als prinzipiell notwendige Voraussetzung jeder Art von Filmgestaltung zu erkennen, hat sich in meiner Arbeit etwas verändert. Damals habe ich ein Motiv dafür bestimmt: »Sage mir, wie du sehen kannst, und ich zeige dir mit meinen Bildern die Welt.« Diese Idee war gut, doch die Praxis ließ mich immer wieder zu einem anderen Schluß kommen: »Diese verdammte Realität paßt nicht in meine Bilder.«

Aus diesen beiden Erkenntnissen ergibt sich ein Konflikt, den ich endlich aufarbeiten möchte.

Dieses Buch ist keine wissenschaftliche Arbeit. Das wäre, bei der Komplexität der Materie und dem verhältnismäßig geringen Umfang des Buches, nicht zu bewältigen. Trotzdem bezieht es sich immer wieder auf Ergebnisse der Wahrnehmungs- und Verhaltensforschung. Wenn ich diese Ebene verlasse, werde ich meine Leser deutlich darauf hinweisen. Dazu führe ich ein *Denkmodell* ein, das zwar einen hohen Grad an Wahrscheinlichkeit aufweist, worüber ich allerdings keinen wissenschaftlichen Nachweis führen könnte. Darum bemühe ich mich besonders um eine verständliche Aufarbeitung meiner Argumente. Alle Gestaltungsformen, die ich vorschlagen werde, sind in ihrer Wirkung überprüft und haben sich in der Praxis bewährt. Sie dürfen jedoch nicht als ein generelles Prinzip der Gestaltung verstanden werden. Vielmehr geht es darum, sich bewußt zu machen, welche Wirkung Gestaltungsmittel auf den Zuschauer haben. Diese Arbeit wäre ebenso mißverstanden, wollte man sie für eine *allgemeine Filmdramaturgie* halten. Ich nenne sie die *Dramaturgie der kleinen Stories,* weil ich mich vordringlich um den berichterstattenden Film kümmern möchte.

Es geht nicht um Nachrichten- oder Magazinsendungen, nicht um Moderationstechnik oder Studiodekorationen, sondern es geht um die Gestaltung von Filmberichten im weitesten Sinn. Also vom 30-Sekunden-Nachrichtenfilm bis zum Feature oder zur Filmdokumentation. Das Wort *Film* verwende ich natürlich im übertragenen Sinn. Ich meine nicht das fotografische Aufnahmematerial oder die Kinematografie. Der Begriff *Film* bedeutet für mich ein gestaltetes audiovisuelles Medium zum Informationstransfer. Die Betonung liegt auf *gestaltet,* und aus dieser Sicht bleibt es gleichgültig, welcher Datenträger zur Aufnahme und Wiedergabe verwendet wird. Die Unterschiede zwischen Filmmaterial, Magnetband und den neuen Digitalspeichern sind technischer Natur und haben mit dem Wesen des *Films* nichts zu tun.

Sie sollten dieses Buch nicht schnell hintereinanderweg lesen. Im Gegenteil, wenn Sie ein Wissensgebiet abgeschlossen haben, dann sollten Sie sich einige Zeit vor den Fernseher setzen. Ich glaube, es gibt nicht viele Autoren, die dazu auffordern!

Wenn Sie über einen Videorecorder verfügen, zeichnen Sie sich Nachrichten- oder Magazinsendungen auf und versuchen Sie, die von mir beschriebenen Gestaltungsformen und -fehler zu entdecken! Mehrmaliges Anschauen derselben Story ist sicher zu Anfang sehr hilfreich. Damit Ihnen das Weiterlesen dann etwas leichter fällt und Sie sich besser erinnern können, was Sie bereits gelesen haben, gibt es am Ende jedes Kapitels eine Zusammenfassung.

Noch eine Bitte: Schauen Sie sich, bevor Sie zu lesen beginnen, eine der großen Nachrichtensendungen an, also z. B. die 20 Uhr Tagesschau. Eine solche Sendung hat vielleicht 35 Themen. Direkt nach der Sendung versuchen Sie aufzuschreiben, was davon Sie im

Kopf behalten haben. Sie werden staunen, wie wenig das ist! Sollte Sie dies nicht beeindrucken, dann versuchen Sie, sich an den Inhalt kurzer Statements oder Interviews zu erinnern! Wenn Sie sich nun fragen, warum Sie sich an so wenig erinnern können, kann ich Sie beruhigen. Es liegt nicht an Ihnen, sondern meistens an der schlechten Gestaltung der Berichte. Mit meiner Arbeit möchte ich erklären, wie es dazu kommt und wie die Berichterstatter die Form ihrer Filme verbessern könnten.

Die Möglichkeiten zur Verbesserung der Dramaturgie der kleinen Stories unterliegen allerdings einer erheblichen Einschränkung. Das ist der Zeitfaktor, oder anders gesagt, eine zu geringe Betrachtungszeit für den Zuschauer.

Die Wahrnehmungsmöglichkeiten der Menschen haben sich in Jahrmillionen der Anpassung an die Umwelt entwickelt. Die Dramaturgie bemüht sich darum, einen Stoff so zu gestalten, daß er formal diesen Wahrnehmungsmöglichkeiten entspricht, daß er also gesehen und verstanden werden kann. Unser Gedächtnisvermögen lehnt zu kurze Eindrücke und Erlebnisse als unbedeutend ab und verhindert selektiv ihre weitere Speicherung.

Dramaturgie ist die Lehre von der Handlung. Die Entwicklung einer Geschichte aber bedarf eines gewissen Zeitraums. Steht dieser nicht zur Verfügung, ist die Dramaturgie nur begrenzt anwendbar. Stories, die nicht länger sind als 30 oder 50 Sekunden, haben also von vornherein kaum eine Chance, vom Zuschauer erinnert zu werden. Ein Bericht in dieser Kürze gerät zu einem *Jingle*, der nur noch einen gewissen Unterhaltungswert hat, aber keine Information mehr transportiert. Diese Tatsachen sind zwar der Medienforschung bekannt, von den Fernsehproduzenten werden sie jedoch offensichtlich ignoriert. Seit vielen Jahren setzt sich ein Trend zu immer kürzeren Berichterstattungsfilmen durch. Diese zuschauerfeindliche Entwicklung haben Chefredakteure zu verantworten. Der filmgestaltende Journalist hat kaum noch eine Möglichkeit, dramaturgisch zu arbeiten, wenn ihm eine Sendelänge von nur 40 Sekunden eingeräumt wird.

Die Dramaturgie, die ich in diesem Buch anregen möchte, erfordert eine gewisse Zeit, um eine Geschichte zu erzählen. Mit der unteren Grenze dieser Möglichkeiten werde ich mich in dieser Arbeit auseinandersetzen.

Sie werden in diesem Buch viele Beispiele dafür finden, was man bei der Gestaltung alles falsch machen kann. Selten werde ich dagegen vorgefertigte Konzepte oder Regeln anbieten. In vielen meiner Seminare sind positive Beispiele als Rezepte oder Richtlinien mißverstanden worden. Das würde eine Einschränkung der Kreativität bedeuten und die vielfältigen Möglichkeiten der Gestaltung von vornherein begrenzen.

Mit dieser Arbeit möchte ich etwas anderes erreichen: Mein Ziel ist die kritische Betrachtung von Film- und Fernsehproduktionen einschließlich eigener Arbeiten. Der Zuschauer muß im Mittelpunkt aller Gestaltungsüberlegungen stehen. Filmberichte, die nicht verstanden werden, sind *keine Kommunikationsform!*

Sollten Sie also nach der Lektüre dieses Buches wirklich darüber nachdenken, wie Gestaltungsmittel auf Zuschauer wirken, dann wäre mein persönliches Ziel dieser Arbeit erreicht.

Allerdings gehe ich bei meiner Dramaturgie von einem gewissen, generellen Vorwissen über die Produktionsbedingungen im Film- und Fernsehgeschäft aus. Deshalb möchte ich dem Leser, der mit dem Medienbetrieb noch nicht vertraut ist, eine weitere Hilfe anbieten.

Kurzer Abriß der Fernsehproduktion

Ganz grob betrachtet, läßt sich ein Film- oder Fernsehproduktionsbetrieb in drei funktionelle Bereiche unterteilen:

- Die inhaltliche Planung
- Der Produktionsbetrieb
- Die Herstellung

Diese Unterteilung entspricht den wichtigen Funktionen eines solchen Betriebes und nicht etwa der üblichen Hierarchie einer Fernsehanstalt, wie z.B. Intendanz, Programmdirektion, Chefredaktion, technische Direktion usw. Solche hierarchischen Strukturen sind für den Außenstehenden oft verwirrend und nur schwer zu durchschauen.

Bleiben wir also bei der funktionellen Betrachtung. Außerdem kann man auf nur wenigen Seiten nicht alle Facetten der Fernsehproduktion beschreiben. So wende ich mich hier ganz ausdrücklich nur dem *berichterstattenden Film* zu.

Die inhaltliche Planung

Die inhaltliche Planung ist Aufgabe der Redaktionen. Die Mitarbeiter sind Autoren, Journalisten, Lektoren, Dramaturgen und in der Mehrzahl Redakteure. Die Berufsbezeichnung *Redakteur* ist in Fernsehbetrieben sehr verbreitet und schließt oft die vorgenannten Tätigkeiten ein.

Besonders im Bereich des berichterstattenden Films wirkt der sogenannte Redakteur multifunktional. Als Autor formuliert er die Idee für eine Story und versucht, sie in der Redaktionskonferenz durchzusetzen. Hat er den Auftrag dazu erhalten, dann recherchiert er als Journalist die Einzelheiten, liefert eine Materialsammlung und erarbeitet ein Konzept für den geplanten Film. Dann wird er zum Regisseur, der ein Kamerateam bei den Dreharbeiten anleitet. Regie führt er auch noch bei der Nachbearbeitung im Schneideraum. Dann wird er wieder zum Autor und schreibt und spricht seinen Text zu dem Film. Innerhalb seiner Redaktion kann der Redakteur aber auch durchaus die Arbeiten von Kollegen redigieren, was dann endlich einmal seiner eigentlichen Berufsbezeichnung entspricht.

In großen Betrieben sind die Redaktionen auf bestimmte Fachgebiete spezialisiert, also z. B. Kultur, Politik oder Sport. Innerhalb einer Gesamtredaktion Kultur werden dann noch einmal Sendeformen oder Fachgebiete differenziert. Es kann also eine Redaktion »Wirtschaftsmagazin« geben, aber auch eine Redaktion für die Börsenberichterstattung, die dann Servicefunktionen für mehrere andere Redaktionen übernimmt, also im »Mittagsmagazin« wie auch in den Nachrichtensendungen vertreten ist.

In den Redaktionen liegt die Verantwortung für Inhalt und Form jeder Produktion des Betriebes.

Der Produktionsbetrieb

Dem Produktionsbetrieb obliegen die praktischen Seiten der Film-gestaltung. Die Mitarbeiter sind Produktionsleiter, Regisseure, Auf-nahmeleiter, Kameraleute und Tontechniker, Beleuchter, Cutterinnen, Bühnenbildner, Grafiker, Masken- und Kostümbildnerinnen und viele andere mehr, die jedoch für den berichterstattenden Film nur selten zum Einsatz kommen.

Das eigentliche Filmteam bei der Berichterstattung besteht aus einem Kameramann und einem Assistenten, der sich um Kamera- und Tonbelange kümmern muß. Je nach den Erfordernissen der Pro-duktion werden Tontechniker und Beleuchter zugeordnet. Nur bei sehr aufwendigen Projekten kommen auch noch Spezialisten für Trick- und Kameratechnik hinzu.

Der Kameramann arbeitet sehr eng mit dem Filmjournalisten, Regisseur oder Redakteur zusammen. Gemeinsam versuchen sie, den geplanten Inhalt in eine filmische Form umzusetzen. Von der Effekti-vität dieser Zusammenarbeit hängt zu einem großen Teil die Qualität des fertigen Films ab.

In der Nachbearbeitung übernimmt die Cutterin den größten Teil der praktischen Arbeit. Sie hat, genauso wie der Kameramann, einen erheblichen Einfluß auf die Gestaltung des Films. Sie wählt aus dem gedrehten Material die wirksamsten Einstellungen aus und montiert sie entsprechend der inhaltlichen Vorgabe des Redakteurs. Erst bei diesem Prozeß entsteht aus einer Fülle von Ideen und Einzelleistun-gen der Mitarbeiter das, was wir *Film* nennen.

Im Schneideraum werden auch alle Maßnahmen zur Endferti-gung des Produkts veranlaßt. Man plant die Sprachaufnahme des Kommentars und eine endgültige Tonmischung. Erst dann wird der Film einem abschließenden technischen Prozeß oder auch direkt der Sendetechnik übergeben.

Die Herstellung

Ich gebe zu, der Begriff *Herstellung* stammt aus dem Antiquariat der Filmproduktion. Doch er umschreibt sehr sinnvoll den komplizierten Prozeß der Fertigung eines Films, der heute unter dem allgemeinen Begriff Technik oft etwas mißachtet wird, weil er uns so selbstverständlich geworden ist.

Ich spreche von der ungeheuer rasanten technischen Entwicklung, die immer neue Handbücher für Camcorder und Schnittcomputer zur Folge hat, durch die wiederum die betreffenden Mitarbeiter permanent überfordert werden und die vielleicht sogar zu einer gewissen Ignoranz gegenüber der technischen Komplexität führen.

Die digitale Magnetaufzeichnung ist heute das beherrschende Verfahren, um Filmbilder aufnehmen und wiedergeben zu können. Wo früher in schwierigen chemischen und physikalischen Prozessen Filmmaterial entwickelt und kopiert werden mußte, reicht heute eine Kamera, ein Recorder und eine Magnetbandkassette für Aufnahme und Wiedergabe. Die weitere Bearbeitung findet im Computer statt. Hier wird der Film geschnitten und zusätzlich vertont, wenn der Originalton der Aufnahme nicht ausreichen sollte. Hier werden Titel und Grafiken angefertigt und eingefügt, und am Computer nehmen Spezialisten unter Umständen eine Farbkorrektur der einzelnen Einstellungen des Films vor. Aus dem Server des Computers kann der Film an andere Bearbeitungsstellen übergeben werden, wie z. B. an das Tonstudio, in dem die Sprachaufnahme und die Endtonmischung hergestellt werden. Aus diesem Server bedient sich auch die Senderegie, wenn der fertige Filmbericht endlich gesendet werden soll.

Sicherlich ist diese »virtuelle Herstellung« noch nicht in allen Bereichen der Fernsehbetriebe verwirklicht. Die nötigen Investitionen sind erheblich, und oft fehlt es auch noch an einer zuverlässigen Standardisierung der Betriebssysteme. Doch diese Entwicklung ist eine Frage absehbarer Zeiträume.

1 TEAMARBEIT FÜR EIN MASSENMEDIUM

Der Streit

»Da, da, die Kinder«, rief er hocherfreut. Ich hatte sie längst gesehen, fragte aber gelangweilt: »Welche Kinder?« Es war unser erster Drehtag, und nichts klappte. Der Assistent hatte das falsche Material eingelegt, und der Schalter im Handgriff meiner Kamera streikte. Seit einer Woche waren wir unterwegs, um an diesen Platz zu kommen, und das sollte nun unsere Story sein? Das Dorf brütete in der Mittagshitze, und ich mußte das alltägliche Leben dieser Menschen einfangen, die sich offensichtlich alle in ihren Hütten verkrochen hatten. Dann endlich waren da ein paar Kinder. Sie hatten einen kleinen Einbaum eine glitschige Uferböschung hinaufgeschleppt und rutschten darin wieder hinunter in den Fluß, so wie bei uns die Kinder im Winter mit dem Schlitten einen Hügel hinunterfahren. Mein Redakteur war begeistert. »Kinder und Hunde retten die Filme der Einfallslosen«, nörgelte ich bissig mit einer alten Kameramannweisheit. »Also, nun mach schon!« ordnete er an. Die Kinder spielten am gegenüberliegenden Ufer eines kleinen Flußlaufes. »Dann muß ich da rüber«, sagte ich und hielt nach einem Boot Ausschau. »Ach was«, regte er sich nun auf, »nicht solche Umstände, mach es mit dem Tele!« – »Was denn, was denn, entscheidest du, mit welcher Brennweite ich drehe?« Ich war wirklich empört: »Mit einem Boot oder gar nicht!« – Jetzt kehrte er den Teamchef heraus: »Du drehst das mit dem Tele, oder du fährst morgen nach Hause!« Das war zu viel, selbst für den ersten Drehtag! Ich legte meine Kamera auf den Boden und ging zu der Bambushütte, die wir unser Hotel nannten. Mit dem Nachhauseschicken war das nicht so einfach; wir waren irgendwo im Westen Neuguineas. Deshalb opferten wir abends unsere letzten Whiskyvorräte einem versöhnlichen Gespräch.

So lächerlich dieser kleine Streit einem Außenstehenden erscheinen mag, er ist symptomatisch für ein Film- oder Fernsehteam. Man sagt, Redakteure und Regisseure seien eitel und selbstherrlich. Man sagt auch, daß Kameraleute empfindlich seien wie Mimosen, und man redet von einem extremen Geltungsbedürfnis der Tontechniker. Das alles mag übertrieben sein, aber es ist etwas dran, und deshalb gibt es immer wieder solche Auseinandersetzungen und immer wieder auch gute Gründe dafür.

Kompetenz – eingeschränkte Möglichkeiten

Menschen brauchen Erfolgserlebnisse, um mit sich und der Welt zufrieden zu sein. Eine Serie kleiner oder größerer Erfolge sichert uns das Vertrauen unserer Mitmenschen. Vielleicht folgen wir einer Berufung, erlernen einen Beruf, müssen unsere Leistungen überprüfen lassen und leisten dann auch das, was man von uns erwartet. Wir sind einschätzbar, Fachleute für einen bestimmten Bereich, wir erlangen Kompetenz, worunter ich hier Zuständigkeit verstehe. Diese Kompetenz sichert uns das Vertrauen der Kollegen. Sie sichert aber auch unser Selbstbewußtsein. Kompetenz, in diesem Sinne verstanden, steckt deshalb die Grenzen des Wirkens in einem Team ab. Ich beschränke mich auf das, was ich wirklich kann. Das andere überlasse ich meinen Kollegen mit ihren Spezialgebieten. Ich sollte ihnen genauso viel zutrauen können wie mir selbst. Teamarbeit ist erfahrungsgemäß nur so gut, wie das schwächste Glied bei dieser Zusammenarbeit. Kompetenz verhilft also auch zu einer Ordnung im Team. Diese Ordnung, also das Bewußtsein von Zuständigkeiten, ist fast immer eine Garantie für eine reibungslose Zusammenarbeit.

Wie anders geht es in einem Arbeitsbereich zu, in dem es noch keine geregelte Ausbildung für spezifische Zuständigkeiten gibt, einem Bereich, in dem die Leistungsprofile der sogenannten Berufe undeutlich und nicht präzise definiert sind. Man propagiert als Ausbildungsmethode das sogenannte Learning by doing. Diese Flucht ins Neuhochdeutsche kann nicht darüber hinwegtäuschen, daß ohne theoretische Ausbildung eine angemessene Reflexion über die eigenen Arbeiten kaum möglich erscheint. Ohne einen analytischen Ansatz und ausschließlich aus der Praxis zu lernen kann bedeuten, daß übernommene Fehler durch eigene sogar noch potenziert werden. Eine Evolution der Erkenntnis bedarf dagegen regelmäßiger Reflexion, durch die Erfahrungen sinnvoll verarbeitet werden können.

Doch es fehlt nicht nur an einem analytischen Prozeß, nein, es fehlt an den einfachsten Dingen. Die Film- und TV-Leute verfügen nicht einmal über eine gemeinsame Fachsprache.

Wenn ein Schreinermeister von einem Stufenhobel spricht, dann wissen alle anderen Schreiner, was er damit meint. Noch eindeutiger ist es bei den Medizinern: Der Patient hat eine Perikarditis, alle Kollegen werden den Arzt verstehen, nur der Patient nicht!

Um die Fachsprache in der TV-Szene ist es dagegen eher schlecht bestellt. Oh, habe ich *Szene* gesagt? Da bin ich direkt bei meinem Beispiel. Was also ist eine Szene? Bei den alten Griechen nannte man so den Bühnenhintergrund, vor dem sich das Drama abspielte. Daraus leitet sich auch der theatralische Begriff ab. Beim Theater ist eine Szene eine Handlungseinheit, eine Unterteilung des Aktes in z. B. mehrere Auftritte.

Die Fernsehleute, nicht alle, aber viele, sagen zu einer »Einstellung« Szene. Die Computerspezialisten mit ihren virtuellen Schnittplätzen, nennen diese ebenfalls Szene. Der Begriff *Einstellung* ist kaum noch bekannt. Wie aber nennt man nun eine wirkliche Szene, wenn man diese meint und nicht etwa die Einstellung? Für *Einstellung* wird *Shot* gesagt oder *Take,* und noch viel schlimmer geht es bei den Einstellungsgrößen zu. Da wird ein *Closeup* für eine *Totale* gehalten oder umgekehrt, und wenn man dann noch einen *Bigshot* von einem *Halfshot* unterscheiden soll, dann sieht es meistens ganz finster aus. Für alle diese Begriffe gibt es natürlich präzise deutsche Bezeichnungen. Doch die sind nicht gerade im Trend. Mir wird unbegreiflich bleiben, warum ein deutschsprachiger Reporter zu seinen deutschsprachigen Zuschauern sagen muß: »Wir gehen jetzt hier herüber an den Roundtable und machen mal eine Summary.«

Solche begrifflichen Verirrungen sind mir aus anderen Berufen kaum bekannt. Darum gehe ich davon aus, daß geregelte Berufsausbildungen das babylonische Sprachgewirr schnell beenden würden. Doch davon sind wir weit entfernt. Bis jetzt gibt es keine bundesweit einheitliche Ausbildung im Medienbereich. Das ist schlimm für Kameraleute und Medieneditoren, wie man die Cutter heute nennt. Besonders nachteilig wirkt sich jedoch aus, daß es keinen Hauptstudiengang für einen diplomierten Fernsehjournalisten gibt, denn sie sind die Verantwortlichen für Inhalt und Gestaltung. Um nicht mißverstanden zu werden: Die Mehrzahl der heutigen Redakteure hat ein abgeschlossenes Studium. Doch oft hat das für die Berufspraxis keinen Wert.

So mußte ich z. B. für ein Wirtschaftsmagazin mit einer jungen Redaktionskollegin in Costa Rica arbeiten. Sie hatte zwölf Semester Biologie hinter sich und war dann nach einem Praktikum von zwei Monaten Dauer als Redakteurin bei unserer Fernsehanstalt gelandet. Sie konnte nicht Spanisch sprechen, sie konnte kein Interview führen, sie konnte keinen Drehplan erstellen – woher auch! Ich konnte ihr nicht einmal richtig böse sein, denn sie traf eigentlich nicht die Schuld an der Situation, sondern den, der sie viel zu früh dorthin geschickt hatte.

Da stand ich nun als altgedienter Kameramann, stellte meine Routinefragen nach Inhalt, Form und Disposition, bekam aber keine Antworten. Sauer war ich, daß mir so etwas zugemutet wurde. Ärgerlich war ich über die geringen Anforderungen, die an mich gestellt wurden. Das war keine Story, mit der ich meine Kompetenz beweisen konnte. Also hüllte ich mich in einen schützenden Mantel von Überheblichkeit. Ich konnte diese Kollegin nicht akzeptieren, denn sie ließ Kompetenz vermissen. Also gab es Reibereien, und alle waren froh, als wir endlich abreisen durften.

Ich habe dieses Beispiel gewählt, weil ich auf die schwierigen zwischenmenschlichen Beziehungen in einem Team aufmerksam machen möchte. Vorhin habe ich behauptet, das schwächste Glied bestimme die Qualität einer Teamarbeit. Deshalb finde ich es durchaus verständlich, daß qualifizierte Mitarbeiter sich nicht auf den Leistungsstand weniger kompetenter Kollegen einlassen wollen. Doch nicht nur die Mitarbeiter eines Teams leiden unter dieser Situation. Die Zuschauer sind diesem Mißstand noch weit mehr ausgeliefert. Das

Produkt journalistischer Arbeit entsteht nicht im Medium Fernsehen, sondern erst im Kopf des Rezipienten. Es beeinflußt unsere Wahrnehmung und damit unser Denken.

Niemals würden wir erlauben, daß jemand, der nur ein medizinisches Praktikum absolviert hat, einen Blinddarm entfernt. Nein, dazu brauchen wir die hohe Kompetenz eines Spezialisten. Bei einem Eingriff in unser Denken haben wir solche Befürchtungen offensichtlich nicht. Ohne Zögern liefern wir uns dem Konsum einer Droge aus, die uns alleine schon durch die fehlende Nachdenkzeit völlig unkritisch macht. Natürlich haben wir rein theoretisch die Möglichkeit, den Fernseher einfach abzuschalten. Die hohen Einschaltquoten beweisen aber, daß es uns nur in wenigen Fällen gelingt. Der normale Verbraucher muß deshalb als Abhängiger der Droge Fernsehen verstanden werden. Diese Abhängigkeit der Zuschauer sollte die Produzenten zu größter Sorgfalt im Umgang mit dem Medium verpflichten. Die einzige Chance der Zuschauer liegt in einer möglichst hohen Kompetenz der Fernsehmacher.

Bilder sprechen eine Sprache

Theoretisch ist das natürlich alles ganz einfach, besonders wenn wir die Übermittlung von Informationen einmal technisch betrachten.

Es gibt einen Kommunikator, also jemanden, der etwas mitzuteilen hat, und einen Rezipienten, der diese Mitteilung empfangen soll. Zwischen den beiden bedarf es eines Mediums, eines Mittlers, der eine Verbindung zwischen dem Kommunikator und dem Rezipienten herstellt.

Was aber ist das Medium? Ein Beispiel: Ich spreche mit einem anderen Menschen. Dazu erzeuge ich Schallwellen, die meinen Mitmenschen erreichen. Das Medium zwischen uns ist also die Luft! Wir müßten uns also ganz prächtig verstehen, doch irgend etwas funktioniert nicht. Der Mitmensch schüttelt den Kopf, und als er meinen Wortschwall unterbricht, merke ich, daß er eine andere Sprache spricht. Offensichtlich reicht die Luft als Medium nicht aus, sondern da ist noch etwas, das wir nur schwer beschreiben können, obwohl wir ständig damit umgehen, nämlich unsere Sprache. Sie ist so selbstverständlich, daß wir kaum einmal darüber nachdenken.

Zuerst haben wir eine Empfindung und einen Gedanken. Die verbinden sich mit dem Wunsch, sich mitzuteilen. Wir suchen also nach einer Verbindung zu einem anderen Individuum. So nutzen wir die physikalischen Möglichkeiten, die unsere Umwelt bietet: das Licht und die Luft, um Zeichen zu senden und zu empfangen. Wir manipulieren das physikalische Medium, ändern Lichtfrequenzen und erzeugen Schallwellen. In Licht und Luft modulieren wir einen Code, den wir nicht nur prägen, sondern auch verstehen können. Diese Kommunikationsform, also das Austauschen und Angleichen von Informationen, nennen wir Sprache.

Die visuelle Verständigung ist fast so alt wie das Leben selbst, während die gesprochene Sprache erst mit den Menschen, in den letzten »Sekunden« der Entwicklungsgeschichte, entstanden ist. Blicken wir also ein wenig zurück.

Die früheste sprachliche Äußerung ist sicher die Körpersprache. Die ersten Säugetiere verfügten bereits über ein gut entwickeltes Zeichensystem. Ihre Gebärdensprache wurde durchaus nicht nur von Individuen der eigenen Art verstanden. Das Zähnefletschen eines Raubtieres etwa war »weiten Kreisen« verständlich! Wichtig daran ist die Feststellung, daß höhere Lebewesen bereits lange vor der Entstehung des Menschen nicht nur ihre Umwelt wahrnehmen konnten, sondern auch visuelle Zeichen, wie Gebärden oder Mimik, zu deuten wußten.

Doch hätte sich ein bestimmtes Ritual, wie z. B. das Zähnefletschen nicht bewährt, wenn nur die Mitteilung an eine bestimmte Form gebunden gewesen wäre. Bei dem Empfänger mußte es auch ein entsprechendes Schema zum Erkennen der Nachricht geben. Der Ausdruck der Drohung mußte auf der anderen Seite Furcht auslösen. Ritualisierte visuelle Zeichen ermöglichten einen Informationstransfer. Der Rezipient mußte die *Sprache* des Kommunikators verstehen können. Erst dann war Kommunikation hergestellt.

Ohne uns dessen bewußt zu sein, haben wir alle bereits in der frühen Kindheit gelernt, Bilder und Zeichen unserer Umwelt zu deuten. Augen und Gehirn folgen dabei einer besonderen Strategie. Wir ertasten Umrisse und bilden daraus Gestalten. Wir orientieren uns in unserer Umgebung und können uns auf einzelne Objekte konzentrieren, die uns besonders interessieren. Wir sehen und erkennen nicht zufällig, sondern nach festliegenden Ritualen. So wenden wir uns z. B. zwanghaft jeder noch so kleinen Bewegung zu, oder wir können uns in einem gewaltigen Bildangebot trotzdem auf Einzelheiten konzentrieren. Diese Wahrnehmungsmechanismen wirken wie die »Grammatik« einer passiven Sprache, einer Sprache, die wir nicht aussenden, sondern nur empfangen können.

Vielleicht hört sich das etwas abenteuerlich an. Anders ist die zuverlässige Wirkung einer Bildsprache des Films jedoch nicht zu erklären. Nur deshalb können wir Menschen interessieren oder langweilen, können wir sie zu Aufmerksamkeit zwingen und ihnen Dinge als wichtig darstellen, die sie sonst nicht interessieren. Wir können Gefühle auslösen und Erkenntnisse vermitteln, obwohl wir mit filmischen Abbildern arbeiten, von denen wir *wissen,* daß sie nicht der Realität entsprechen. Wie könnte sonst der Schwarzweißfilm funktionieren. Der Schlüssel zum Geheimnis ist die Sprache des Films, mit der wir versuchen, unsere natürlichen Wahrnehmungsvorgänge zu simulieren.

Mit diesen Überlegungen möchte ich auf ein generelles Problem der Filmgestaltung hinweisen: Wir können gestaltete Formen nur dann erkennen, wenn sie den Leistungsmöglichkeiten unserer Wahrnehmung entsprechen. Das ist kein Dogma für die Filmgestaltung im allgemeinen, ganz im Gegenteil. Die Gestaltung hat durch die magische Funktion des *Filmischen* durchaus die wunderbare Möglichkeit, sich über die Grenzen der sogenannten Realität unseres Denkens hinwegzusetzen. Spielfilm und Dokumentarfilm sind deshalb besonders dazu geeignet, die Grenzen unseres Bewußtseins zu erforschen, nicht jedoch der berichterstattende Film! Ein Filmbericht, besonders der im nachrichtlichen Bereich, soll ein Höchstmaß an realitätsnaher Information transportieren. Künstlerische Experimente oder manierierte Gestaltungsvarianten sind dazu ungeeignet. Ziel der berichterstattenden Gestaltung sollte es deshalb sein, die Wahrnehmungsfähigkeit des Zuschauers in ihrer ganzen Bandbreite zu treffen.

Im Folgenden werde ich mich also bemühen, Gestaltungsmittel

vorzuschlagen, die sich aus den Wahrnehmungsmöglichkeiten der Rezipienten ableiten lassen. Ich nenne das eine am menschlichen Verhalten orientierte Gestaltungstheorie. Wobei man »Theorie« allerdings nicht zu wissenschaftlich verstehen sollte.

Gearbeitet habe ich nach diesen Kriterien mein halbes Leben lang und oft mit guten Ergebnissen.

Auf den Standpunkt kommt es an

Bis jetzt habe ich darauf hingewiesen, daß zwischen dem Mitteilenden und dem Empfänger ein gemeinsames Codesystem, also eine gemeinsame Sprache existieren muß, um eine Kommunikation zu ermöglichen. Das erscheint uns deshalb einfach, weil wir es gewöhnt sind, in unserem persönlichen Umfeld eine einheitliche Sprache zu sprechen.

Außerdem habe ich als theoretische Vorgabe *einen* Kommunikator und *einen* Rezipienten gewählt. Auf diese Art ist der Zusammenhang leichter zu erklären, obwohl die angenommene Situation für die Praxis nicht eben als typisch gelten kann. Wir müssen nämlich erst einmal feststellen, wie der sogenannte Kommunikator in der Praxis aussieht und auch wie es um den Rezipienten steht, was noch schwieriger ist. Also ganz vorsichtig, Schritt für Schritt! Und natürlich muß ich schon wieder ein Stück Theorie einflechten.

Immerhin haben wir schon ein Medium, eine Art Trägerfrequenz, die mit einem Code belegt werden kann und zum Transfer von Inhalten geeignet ist – die Sprache!

Dieses Wunder an Verbindung und Verständigung wollen wir jetzt ausprobieren. Stellen wir uns dazu einen Politiker vor, der einem einfachen Kumpel den Subventionsabbau für die Kohleförderung erklären möchte. Der Minister ist von der Notwendigkeit der Maßnahme überzeugt, er argumentiert sehr vernünftig und drückt sich in einem gut verständlichen Hochdeutsch aus. Auch der Kumpel beherrscht ein gutes Deutsch. Er hört sehr aufmerksam zu, und trotzdem sagt ihm jedes der Argumente immer wieder nur: Ich werde meinen Arbeitsplatz verlieren. Natürlich hat er verstanden, was mit einem Subventionsabbau gemeint ist. Doch aus seiner Sicht hat diese Maßnahme durchaus nichts Positives. Ich kann das nicht verstehen, sagt er sich, und dann schreit er empört: »Alle Politiker sind Betrüger!« Das wiederum bleibt dem Redner unangenehm im Ohr. Nein, ein Betrüger ist er wirklich nicht.

Die beiden sprechen dieselbe Sprache und trotzdem verstehen sie sich überhaupt nicht. Sie haben völlig verschiedene Standpunkte und deshalb eine unterschiedliche Sicht der Dinge. Eine Annäherung wäre notwendig, doch die dürfte in diesem Fall kaum zu erreichen sein. Sind wir also schon wieder am Ende mit unserer Kommunikation? Sprechen wir nicht mehr dieselbe Sprache, wenn wir unterschiedliche Standpunkte vertreten?

Es kommt noch schlimmer! In der Praxis würde der Politiker natürlich nicht nur zu einem einzelnen Kumpel sprechen. Er hält seine Rede vielmehr vor ein paar hundert Leuten. Nicht alle davon sind Bergleute. Einige haben noch einen sicheren Arbeitsplatz. Sie haben also unterschiedliche Standpunkte und alle gemeinsam einen völlig anderen als der Redner. Die Kommunikation, die wir doch als ausgleichendes Medium benutzen wollten, erweist sich als ungeeignet, wenn die Standpunkte zu weit auseinander liegen.

Wir stehen vor einem grundsätzlichen Problem der Massenkommunikation. Nicht nur eine einheitliche Sprache entscheidet darüber, ob man sich verstehen kann, sondern auch noch der Abstand der Standpunkte zwischen Kommunikator und Rezipienten.

Auf der Suche nach einem Ausweg aus diesem Dilemma möchte ich zunächst das Standpunktverhalten des Mitteilenden im Medienbereich klären. Wir müssen von einer einseitigen Mitteilung ausgehen, denn unsere Zuschauer können uns ja nicht antworten oder vielleicht sogar klärende Fragen stellen.

Kommunikator ist grundsätzlich zunächst der Fernsehsender als Institution, die wiederum einer strengen hierarchischen Ordnung folgt und Verantwortung an Personen ihres Vertrauens delegiert. Das bedeutet durchaus nicht, daß eine solche Vertrauensperson nun einen eigenen Standpunkt vertreten dürfte. Es wird in einem recht komplizierten Überwachungsprozeß darauf geachtet, daß der zu vertretende Standpunkt der generellen Orientierung der Institution entspricht.

Das hat im allgemeinen mit Zensur nichts zu tun. Vielmehr werden von vornherein gewisse Aufgaben nur Mitarbeitern mit solchen Standpunkten übertragen, die bereits den Interessen der Institution angeglichen sind. Auf diese Weise riskiert man gar nicht erst eine nachträglich erzwungene Korrektur, die eigentlich nicht nötig wäre.

Der Standpunkt, der in einem Filmbericht vertreten wird, muß also nicht dem persönlichen Standpunkt des Berichterstatters entsprechen. Im Gegenteil, ein Standpunkt kann durchaus konstruiert, also fiktiv sein. Im Spielfilm ist das alltäglich. Man bietet dem Zuschauer eine Person an, mit der er sich identifizieren kann. Der Held bietet eine gute Möglichkeit dazu. Ganz so einfach funktioniert es bei der Berichterstattung nicht. Hier hat ein bewußtes Standpunktverhalten zu ganz unterschiedlichen Formen der Gestaltung geführt. Wir unterscheiden die reine Nachricht z. B. von der Reportage, dem Feature oder der Dokumentation:

– Bei den *Nachrichten* darf der Kommunikator keinen eigenen Standpunkt vertreten und andere Standpunkte nicht bewerten.
– Die *Reportage* stellt dagegen nur die völlig subjektive Sicht des Berichterstatters dar.
– Das *Feature* bemüht sich um die Darstellung des Standpunktes einer dritten Person.
– Die *Dokumentation* belegt, wie viele Standpunkte es zu einem Thema gibt.

Diese streng formale Betrachtung entspricht jedoch nicht der Realität. In der Praxis sind Mischformen dieser Kategorien sehr häufig. Ebenso häufig führen sie deshalb zu Verständnisschwierigkeiten beim Zuschauer. Diese Schwierigkeiten fallen erfahrungsgemäß bei den einzelnen Formen recht unterschiedlich aus. Ein eindeutig dargestellter Standpunkt trägt offensichtlich wesentlich zum Verständnis bei. Ganz besonders dann, wenn es sich nicht um den Standpunkt des Kommunikators in der Person des Reporters handelt, sondern um den Standpunkt eines Zuschauers. Ich bleibe bei meinem Beispiel: In einem Feature wird der Subventionsabbau im Kohlebergbau anhand des Schicksals eines einzelnen Kumpels dargestellt. Sein spezifischer Standpunkt wird in dem Film vertreten, und die Probleme werden aus seiner Sicht dargestellt. Natürlich wird es eine große Gruppe von Zuschauern geben, die sich mit diesem Standpunkt identifizieren kann. Das Feature zeichnet sich deshalb durch eine hohe Transferrate für eine bestimmte Zielgruppe aus.

Eine größere Zielgruppe kann durch die Reportage erreicht werden. Dabei wird ausschließlich aus der Sicht des Reporters berichtet. Sein Standpunkt muß so eindeutig sein, daß viele Menschen sich damit identifizieren können.

Viel schlechter funktioniert der Informationstransfer bei Filmberichten oder Sendungen, bei denen der Kommunikator keinen deutlichen Standpunkt vertritt. Ich meine damit alle nachrichtlichen Filme oder Sendungen, die die sogenannte *Objektivität* für sich in Anspruch nehmen. Bei diesen Sendeformen trifft der Zuschauer eine Auswahl, die seiner eigenen Interessenlage entspricht. Dementsprechend niedrig ist die Transferrate. Aus einer Nachrichtensendung mit vielleicht 40 Themen werden oft nicht mehr als zehn inhaltliche Punkte erinnert. Noch problematischer erscheint mir die Form der sogenannten Dokumentation. Auch hierbei soll Objektivität vermittelt werden, indem man möglichst viele Sichtweisen und Standpunkte zu einem Thema darstellt. Die formale Gestaltung ist schwierig und verliert sich leicht in Unübersichtlichkeit. Man hofft, mit einer so komplexen Darstellung den Zuschauer zu eigener Meinungsbildung anzuregen. Leider ist der Betrachter jedoch oft der Informationsfülle nicht gewachsen. Er erinnert sich dann an keine einzelnen Informationen mehr, sondern nur noch daran, daß es zu der Thematik eine Vielzahl von Standpunkten gibt.

Ich erinnere mich an ein interessantes Beispiel: In einem Seminar habe ich einmal einen 45-Minuten-Film vorgestellt. Er befaßte sich mit dem drohenden Konkurs der Bundesbahn und bestand aus einer Aneinanderreihung von Nachrichtenfilm-Fragmenten, die mit ganzen Serien kürzester Statements abwechselten. Ein Informationschaos, das rein theoretisch einfach nicht funktionieren konnte.

Trotzdem fühlten sich die Betrachter nach dem Film gut informiert und konnten sich an erstaunlich viele Einzelinformationen erinnern. Da stand ich nun mit meiner Theorie! Im nächsten Seminar, mit einer neuen Zuschauergruppe, habe ich erst das Thema des Films umrissen. Dann sollten die Teilnehmer auflisten, was sie bereits alles über die Finanzsituation der Bundesbahn wußten. Es kam eine ganze Menge zusammen. Erst jetzt wurde ihnen der Film gezeigt. Wieder fühlten sich alle gut informiert, und ich sah schon meine Felle davonschwimmen.

Nun sollten die Probanden auch noch die Liste ihres Vorwissens um das ergänzen, was sie aus dem Film gelernt hatten, und es kam kaum etwas hinzu! Das Erstaunen war groß. Alle hatten das Gefühl, daß der Film informativ war. Tatsächlich hatte er aber keine neuen Informationen vermitteln können. Lediglich das Vorwissen der Zuschauer war etwas aufgefrischt worden. Eine traurige Bilanz – 45 Minuten Informationsprogramm ohne bleibende Wirkung.

Mit diesem Beispiel möchte ich nicht etwa die Dokumentation herabwürdigen. Sie ist wohl die schwierigste Form des berichterstattenden Films, und ihre Gestaltung bedarf ganz besonderer Sorgfalt.

Niemals jedoch wird man auf diese Weise eine Annäherung extrem unterschiedlicher Standpunkte erreichen, wie z. B. der Positionen des Politikers und der des Bergmannes. Hat die Berichterstattung in diesem Fall also keine Chance?

Glücklicherweise ist unser Gehirn aber zu ganz erstaunlichen Leistungen fähig. Ein Beispiel: Wir erkennen den persönlichen Standpunkt eines anderen Menschen als weit entfernt und unvereinbar mit dem eigenen. Wir sind sogar geneigt zu behaupten, daß dieser Mensch eine andere Sprache spricht. Er sagt Dinge, die uns völlig unverständlich erscheinen, denn aus unserer Sicht ergeben sie keinen Sinn, und unsere eigene Sicht halten wir zunächst immer für objektiv und realistisch! Wenn wir darüber nachdenken, wird uns die darin liegende Einfalt klar. Doch brauchen wir dieses Vertrauen in unsere Wahrnehmung, weil wir sonst im alltäglichen Leben kaum Entscheidungen treffen könnten. Philosophische Einlassungen sind nicht angebracht, wenn ein Auto vor dem Zebrastreifen, über den ich gehe, nicht bremst. Ein spontaner Sprung zur Seite rettet mich nur deshalb, weil ich meine Sicht der Dinge für absolut real gehalten habe.

Trotz dieses Glaubens an die eigene realistische Sicht sind wir zu allerlei Gedankenspielen fähig. Wir können assoziieren oder träumen, und wir können uns vorstellen, an einem anderen Platz zu sein. Wir können uns also durchaus in einen fremden Standpunkt hineindenken. Sicherlich gelingt das nicht allen Menschen gleich gut. Wir sind schließlich nicht alle mit der gleichen Phantasie ausgestattet. In diesem Punkt können wir aber mit der Filmgestaltung leicht nachhelfen. Wir können ganz bewußt aus der Sicht eines fremden Standpunktes berichten. Oder wir können als Reporter unseren eigenen Standpunkt beschreiben. Dann wird der Zuschauer die Sichtweise der Reportage einordnen und vielleicht auch verstehen können.

Auf diese Weise hätten die Bergleute ein gewisses Verständnis für den Politiker entwickelt. Er hätte seinen Standpunkt eingestehen müssen, hätte sagen müssen: Leute, ich bin ein Lobbyist der Ölindustrie, und darum möchte ich, daß ihr auf die Kohlesubventionen verzichtet! – Nein, mit Realität hat das nichts zu tun, aber Menschen träumen eben manchmal!

Das Vertrauen in die »Richtigkeit« der eigenen Sicht der Dinge führt uns noch zu einem weiteren, recht einfältigen Trugschluß: dem Glauben an die Möglichkeit einer objektiven Berichterstattung. Natürlich wird sich jeder gute Journalist bei seiner Arbeit um Fairneß bemühen. Dann wird er deutlich machen, daß seine Sicht nicht unbedingt absolut sein muß. Dazu genügt bereits die kleinste Andeutung eines möglichen Fehlers in der eigenen subjektiven Betrachtungsweise. Jede Berichterstattung, die den Anspruch auf Objektivität entwickelt, erscheint dagegen fragwürdig. An diesem Punkt trennt sich journalistisch wohl sogar die Spreu vom Weizen. Ein nachdenklicher und erfahrener Berichterstatter wird seine Arbeit niemals objektiv nennen. Von einer objektiven Darstellung sprechen häufig nur Kollegen, die bis dahin nur wenig über Wahrnehmung und Gestaltung nachgedacht haben. Allerdings verpflichtet sogar der Staatsvertrag der Bundesländer das ZDF zur Darstellung eines »objektiven Bildes der deutschen Wirklichkeit«. Zu diesem Unsinn fällt mir der französische Filmtheoretiker Christian Metz ein. Er sagt in einer seiner Arbeiten, im Film sei eine Rose nicht eine Rose, sondern eine Rose eine Rose eine Rose! Ist das unsinniges Theoretisieren? Durchaus nicht!

Der Prozeß des Informationstransfers über den Film umfaßt drei Ebenen. Die erste befindet sich im Kopf des Autors. Er hat eine Vorstellung von der realen Rose, die mit der Realität nicht mehr viel zu tun haben muß. Sie ist nicht objekthaft, ja es existiert nicht einmal mehr ein figürliches Bild der Blume. Aus seiner Vorstellung entwickelt der Autor eine Idee. Er möchte, daß die Rose im Kopf des Zuschauers wieder entsteht – auch nur als Vorstellung natürlich. Außerdem möchte er sie als Träger einer Idee, also als ein Symbol verwenden. Er stellt also ein Abbild der realen Rose her, das er jedoch manipuliert, um damit den symbolischen Charakter zu verstärken.

Wir haben es also mit drei rein subjektiven Arbeitsgängen zu tun.

– Der Autor entwickelt eine Vorstellung von einer Rose.
– Nach seiner Vorstellung gestaltet er ein Abbild.
– Aus dem Abbild gewinnt der Zuschauer eine neue Vorstellung
  von der Rose.

Dies ist eine einfache und modellhafte Darstellung des Vorgangs der Informationsvermittlung. In der Praxis gibt es eine Fülle von Einflüssen, welche die Subjektivität des Transfers noch einmal verstärken. Vielleicht führt der Autor nicht selbst Regie bei den Dreharbeiten. Der Kameramann aber hat eine Rosenallergie, und die Cutterin kommt bei der Auswahl der richtigen Einstellung ins Träumen. Wer kann als Ergebnis dieser Arbeit noch eine objektive Betrachtung der Realität erwarten?! Nein, Film ist ein außerordentlich subjektives Transportmittel von Informationen. Da ist Papier sicher noch »geduldiger«! Doch das Sprichwort belegt, daß auch dem Gedruckten hinsichtlich des Wahrheitswerts nicht viel zugetraut wird.

Die Faszination des Mediums Film liegt nun genau darin: Die Story kann erlogen sein, die Bilder sind manipuliert, und beim Schnitt findet noch einmal eine verfälschende Auswahl statt. Wenn es dem Gestalter gelingt, alles in eine plausible Form zu verpacken, dann glauben wir Zuschauer nur allzu gerne, was wir sehen! Wir folgen dabei dem Wunsch, unseren Augen trauen zu dürfen. Wenn wir das können, dann fühlen wir uns gut und befinden uns in Einklang mit der dargestellten Sicht der Welt, die wir für Realität halten.

Es ist erstaunlich, was für eine realistische Wirkung fiktive Filme oft auf uns haben, während die Berichterstattung uns meistens kalt läßt. Beim Anblick der hungernden Kinder im Sudan stopft man sich ungerührt ein Wurstbrot in den Mund, aber wenn der Titanic-Held im künstlichen Teich des Filmstudios kurz untertaucht, um sein Ableben vorzutäuschen, dann fließen die Tränen.

Kritische Geister beschimpfen die »normalen« Zuschauer deshalb als unmenschlich und abartig! Doch das sind sie nicht. Sie sind einfach nur normal und trauen ihren Augen. Ein gut gestalteter Film entspricht unserem Wahrnehmungsbedürfnis. Er stachelt es an, und zuweilen kann er es besser befriedigen als die Wirklichkeit. Ein geschickter Regisseur ist sich über die Wirkung seiner Mittel vollkommen im klaren. Wenn er es für nötig hält, dann kann er alle Register der Gestaltungsorgel ziehen, und dann bleibt kein Auge trocken. Mit Objektivität hat das nichts mehr zu tun.

Ganz anders bei der Berichterstattung. Ein Fernsehjournalist ist nun einmal kein Titanic-Regisseur. Ihm fehlen die finanziellen Möglichkeiten, die hervorragenden Mitarbeiter, das Wissen um die Filmgestaltung, und schließlich fehlt ihm die Sendezeit, die nötig wäre, um bei seinem Zuschauer Emotionen anklingen zu lassen. Wenn aber die Bilder von hungernden Kindern im Sudan kaum unser Mitleid erregen, kann man die Berichterstattung dann noch objektiv nennen?

Nein, ich denke, die sogenannte Objektivität können wir getrost vergessen. Filmische Darstellung eignet sich dazu einfach nicht. Deshalb schlage ich vor, *objektiv* durch die Begriffe *fair* oder *angemessen* zu ersetzen! Sie kommen der ideellen Objektivität am nächsten.

Außerdem kann man sich diesem Ideal, *fair* und *angemessen* zu berichten, annähern, wenn man als Berichterstatter die eigene Subjektivität eingesteht. Zur Erinnerung: Ein Standpunkt wird für den Zuschauer verständlich, wenn eine persönliche Sicht der Realität beschrieben wird. Akzeptiert man also den Begriff der Objektivität aufgrund des allgemeinen Sprachgebrauchs, dann kommt man zu folgender These: *Die höchste Form der Objektivität ist durch das Eingeständnis einer subjektiven Sicht zu erreichen.* Nur die Kenntnis vom Standpunkt des Berichterstatters ermöglicht dem Zuschauer, die Informationen sinnvoll einzuordnen.

Leider bleibt eine solche Vorgehensweise eine schöne Illusion. Deshalb muß sich der Zuschauer mit der Hoffnung auf Fairneß und Angemessenheit in der Berichterstattung bescheiden. Die Verantwortung dafür bleibt jedoch zweifellos beim Berichterstatter. Er sollte diese Aufgabe sehr ernst nehmen. Setze ich einmal ehrliche Ambition und sachkundige Recherche voraus, dann stellt sich die Frage nach einem zuverlässigen Weg des Informationstransfers. Die Suche nach diesem Weg bestimmt meine weiteren Überlegungen.

Der Aussagewunsch

Wir haben jetzt also die grundsätzliche Subjektivität filmischer Berichterstattung erkannt. Stellen Sie sich nun vor, Sie seien beauftragt, über ein bestimmtes Thema zu berichten. Sie haben recherchiert und Ihre Recherchen in einer Stoffsammlung zusammengestellt. Nun werden Sie überlegen, was von diesem Material zu verwenden ist. Das Thema war eine Vorgabe der Redaktion, für die Sie arbeiten; doch ein Thema ist noch lange keine Aussage. Außerdem ist das mit der Aussage so eine Sache. Sie wissen, daß Ihr Produkt *Aussage* erst im Kopf des Zuschauers entstehen wird. Sie selbst können nur eine Vorstellung davon entwickeln, wie dieses Aussageprodukt aussehen soll. Sie wissen auch, daß Ihnen eine Vielzahl von Gestaltungsmitteln zur Verfügung steht, um die Information in den Kopf des Zuschauers zu transferieren.

Jetzt müssen Sie sich darüber klar werden, was Sie eigentlich vermitteln wollen. Formulieren Sie also eine Idealvorstellung des von Ihnen angestrebten Aussageprodukts, das im Kopf des Zuschauers entstehen soll.

Diese Idealvorstellung nenne ich den *Aussagewunsch*. In langer theoretischer und praktischer Arbeit habe ich keinen besseren Begriff gefunden: *Inhalt* trifft nicht zu, weil er die Form nicht berücksichtigt. Der Inhalt kann in meiner Stoffsammlung stecken oder in meinem Kopf. Im Kopf des Zuschauers wäre es die *Aussage*, doch diese ist subjektiv durch den persönlichen Standpunkt beeinflußt. Der Berichterstatter kann also nur die Hoffnung auf eine Aussage formulieren und versuchen, diese zum Zuschauer zu transportieren.

Der Begriff *Aussagewunsch* ist nicht nur die Bezeichnung für eine Vorstellung, sondern *er repräsentiert einen Arbeitsschritt der Filmgestaltung*. Der Aussagewunsch ist einmal eine Hypothese für die

Verständlichkeit und gleichzeitig ein Kriterium für den Einsatz meiner Gestaltungsmittel. Bei jeder Einstellung, jeder Sequenz, jedem Satz des Textes kann ich mich fragen: Entspricht dieses eigentlich meinem Aussagewunsch? Jedes einzelne meiner Gestaltungsmittel muß so hinterfragt werden. Manchmal werde ich keine Übereinstimmung feststellen, und dann muß ich mich fragen, was für einen Unsinn ich da wohl produziere.

Viel öfter werde ich bemerken, daß ich meinen Aussagewunsch in den Text übernommen habe, und dann sollte ich mir überlegen, wozu ich das Bild eigentlich brauche. Vielleicht nur, um meinen Redaktionsleiter zu überzeugen, daß ich Fernsehjournalist bin? Diese Form nennt man einen Bildteppich. Das bedeutet, ich benutze irgendwelche Bilder, die kaum etwas mit meinem Aussagewunsch zu tun haben, nur um ein Stück Text loszuwerden.

Ein Beispiel: In der Story geht es darum, daß der Flächentarifvertrag nicht mehr eingehalten wird. Man sieht das Statement eines Unternehmers, der sich zu einer eigenständigen Regelung mit seinen Angestellten bekennt. Es folgen zwei Einstellungen, in denen Arbeiter ein Maschinenteil montieren. Dazu wird im Text gesagt, daß die Gewerkschaft einen ganz anderen Standpunkt vertritt, und es folgt ein Statement eines Gewerkschaftssekretärs. Vergleicht man den Inhalt der Einstellungen mit dem Aussagewunsch, so wird man keine Übereinstimmung entdecken. Natürlich haben Arbeiter irgendwo auch etwas mit der Gewerkschaft zu tun, doch reicht das aus? Nein, die Bilder sind nichts weiter als Füllmaterial, weil der Berichterstatter einen einleitenden Satz für das dann folgende Statement unterbringen mußte.

Die Wirksamkeit des Informationstransfers bei solchen Gestaltungsformen erscheint mir sehr zweifelhaft. Ein gut formulierter Aussagewunsch hätte sicher zu einer sinnvolleren Gestaltung geführt. Dabei wäre die Frage aufgetaucht, ob die beiden Statements der richtige Weg der Darstellung waren. Arbeiter, die mit ihrem Chef einen Sondertarif abgeschlossen haben, kann man zeigen und die Bilder sinnvoll mit einem Text unterstützen.

In der folgenden grafischen Darstellung vergleiche ich die beiden Gestaltungsformen:

Sequenz **A**

Sequenz **B**

Eine ungenügende und eine sinnvolle Bildgestaltung im Sinne des Aussagewunsches. – Die Bilder von Sequenz **A** haben ohne Text keine Bedeutung – die Bilder von Sequenz **B** erzählen eine Geschichte.

Wir haben gesehen, wie hilfreich die Formulierung des Aussagewunsches für die Gestaltung sein kann. Für die Praxis bedeutet er allerdings noch mehr. Ich komme auf die Schwierigkeiten zurück, die wir haben können, um einen deutlichen Standpunkt des Kommunikators zu vertreten. Angedeutet hatte ich bereits die unterschiedlichen Einflüsse des Produktionsprozesses. Insbesondere die Mitarbeiter des verantwortlichen Journalisten werden oft zum »Problem«! Jeder hat seine eigene Meinung zum Thema, einen eigenen Standpunkt und seine eigene Sicht der Dinge. Erfahrungsgemäß versuchen z. B. Kameramann und Cutterin in allerbester Absicht das durchzusetzen, was sie für wichtig und richtig halten. Aus Sicht der Gestaltung mag das angehen, doch sie haben nun einmal die Story nicht recherchiert und wissen sehr wenig über den Sachverhalt. Darum erscheint es mir sehr wichtig, daß der Journalist sich mit seinem Fachwissen durchsetzen kann. Das allerdings scheitert oft daran, daß er die Mechanismen der Gestaltung nicht beherrscht. Er weiß also sehr wohl, was er aussagen möchte, aber bei der Umsetzung in die Filmsprache ist er oft hilflos. Ein präzise formulierter Aussagewunsch würde auch hier helfen. Er würde die Mitarbeiter auf einen gemeinsamen Standpunkt festlegen, Fragen und Mißverständnisse vermeiden und die Arbeitsziele der Mitarbeiter koordinieren. Mit der Aufzeichnung von zwei Arbeitsanweisungen möchte ich den Unterschied in der Arbeitsweise deutlich machen. Die Situation ist in beiden Fällen die gleiche. Der Journalist hat sein Team getroffen und versucht zu erklären, was zu drehen ist.

Fall 1: Ohne formulierten Aussagewunsch

»Ja, also wir müssen etwas über die Luftverschmutzung in der Stadt drehen. Also über Staub und Autoabgase und so, und dann gibt es da noch so eine Meßstation. Aber zuerst müssen wir mal in einen Außenbezirk der Stadt. Der Bürgermeister weiht da so einen neuen Park+Ride-Parkplatz ein. Da müssen wir dann mitfahren, mit dem Pendelbus. Vielleicht drehen wir noch ein paar Leute in der Fußgängerzone und ein paar Interviews, vielleicht auch den Bürgermeister – mal sehen.«

Die Frage des Kameramannes nach der Sendelänge der Story wird ausweichend beantwortet – ja, man wisse noch nicht. Glauben Sie nicht, ich hätte diese Ausführungen erfunden! 80 Prozent aller Drehanweisungen für die kleinen Stories der Berichterstattung werden auf diese oder ähnliche Weise formuliert.

Fall 2: Mit formuliertem Aussagewunsch

»Ja, wir müssen eine Story drehen, die folgende Aussage haben soll: Die Abgasbelastung von Fahrzeugen in der Innenstadt steigt nachweislich. Um den sogenannten Individualverkehr zu reduzieren (er kichert), werden neue Park+Ride-Plätze angelegt. Leider darf unsere Story nur 2 Minuten 30 Sekunden lang sein. Ich habe mir fünf kleine Komplexe vorgestellt. Wir beginnen mit einer kleinen Montage von Auspuffrohren und Abgasen, aber nur 20 Sekunden lang. Dann zeigen wir die Meßstation an der Ringkirche. Sie wird zu einer bestimmten Zeit abgelesen oder gewartet. Dann weiht der Bürgermeister einen neuen P+R-Parkplatz ein. Bitte keinen Redeausschnitt, dafür haben wir keine Sendezeit. Wir fahren mit dem Shuttlebus in die Stadt – davon aber wirklich nur fünf Einstellungen. Zum Schluß ein paar Bilder von Leuten in der Fußgängerzone. Sie sollen alle glücklich dreinschauen, weil sie weniger Smog atmen müssen!«

Bitte glauben Sie nicht, derartig präzise Anweisungen seien üblich. Nein, ich habe sie erfunden. In vielen Berufsjahren als Kameramann hatte ich nur selten das Glück, ähnliches zu erleben!

Der deutlich formulierte Aussagewunsch trägt also nicht nur zu einer verständlicheren Gestaltung bei, sondern er erweist sich auch als ökonomischer Arbeitsauftrag an das Team. Für mich ist er so etwas wie eine Formel für eine vernünftige Kommunikation in einem Massenmedium. In den folgenden Kapiteln werde ich mich darum immer wieder auf diese Formel beziehen. Sie wird der Maßstab sein für alle meine Überlegungen zu Gestaltung und ökonomischer Herstellung von Berichterstattungsfilmen.

Geplante Kreativität

Ach, es ist so schön, in einem Team zu arbeiten. Gemeinsame Planung, gemeinsames Handeln, die Zuverlässigkeit der Kollegen, der hohe Stand des Fachwissens und all die gemeinsame Kreativität. Das zusammen führt zu einem hohen Glücksgefühl bei der Arbeit! Doch wie das mit dem Glück eben so ist, man erlebt es nur ganz selten.

Dabei steht es besonders schlecht um die gemeinsame Kreativität. Offensichtlich halten wir die eigenen kreativen Leistungen sehr leicht für die besten. Wir sind stolz darauf, daß uns zufällig etwas eingefallen ist, und deshalb möchten wir es uns auf keinen Fall wieder ausreden lassen. Solche spontanen Einfälle können die geplante Teamarbeit ganz schön durcheinanderbringen.

Das ist wieder einmal ein recht schwer zu vertretender Standpunkt! Wie kann man sich nur gegen die Spontaneität der Kollegen aussprechen? Solange nach einem gut durchdachten Plan für die Story gearbeitet wird, hat der spontane Einfall nur eine Chance, wenn er das Konzept unterstützt. In vielen Fällen wird jedoch ohne ein festgelegtes Konzept gearbeitet. Diese Arbeitsweise ist dann erst einmal auf die spontanen Einfälle am Drehort angewiesen. Doch gerade bei einem sehr ambitionierten Team kann der vermeintliche Vorteil sich sehr schnell ins Gegenteil kehren. Immer neue Einfälle lassen schnell vergessen, daß man vielleicht nur für eine Sendelänge von ein oder zwei Minuten arbeitet. Man sammelt immer mehr Material, und erst im weiteren Verlauf der Dreharbeiten wird einem klar, wie man daraus eine Story machen könnte.

Dieses Arbeitsprinzip nenne ich die *zufällige Kreativität*. Es belastet die Arbeitszeit des Kamerateams und verschiebt das konzeptionelle Denken auf die Nachbearbeitung. Die Cutterin wird nicht begeistert sein von der Materialmenge, doch sie ist natürlich eine kompetente Hilfe bei der Auswahl von geeigneten Szenen und deren sinnvoller Verarbeitung.

Ich muß zugeben, daß auch die zufällige Kreativität immer wieder zu guten Ergebnissen führt. In manchen Fällen ist man sogar sehr darauf angewiesen, weil z. B. eine unerwartete Entwicklung der Ereignisse jede vorherige Planung zunichte gemacht hat. Darum müssen ein Journalist und das Team zu spontaner Arbeit in der Lage sein. Doch die Hoffnung auf die zufällige Kreativität ist kein ökonomischer Produktionsprozeß. Die Anweisung »Dreh erst mal, den Film mache ich dann schon an der Schnittanlage« gibt dem Kameramann nicht gerade einen Motivationsschub! Wenn ich bereits die vierte 20-Minuten-Kassette für eine 2-Minuten-Story einlegen mußte, dann war sicher von meiner Ambition nicht mehr viel zu merken! Ich glaube, es gibt keinen anderen Beruf, bei dem ein qualifizierter Mitarbeiter gezwungen wird, so viel Ausschuß zu produzieren. Wo soll ein Kameramann die Motivation hernehmen, wenn er weiß, daß nur der vierzigste Teil seiner Arbeit verwendet wird? Als Mitarbeiter eines Teams habe ich mich dann stets mißachtet gefühlt und meinen Ärger darüber nicht zurückgehalten. Doch schlechte Stimmung im Team verhindert gute Arbeitsergebnisse. Aus diesem Grund bin ich zu einem Verfechter der *geplanten Kreativität* geworden.

Kritiker behaupten, daß wirklich kreative Leistungen nur spontan zu entwickeln seien und daß Planung deshalb Kreativität verhindere. Als Beispiel wählen sie dann den Künstler, der seinen Eingebungen folgen müsse und sich der Planung nicht unterwerfen dürfe. Das möchte ich nicht bezweifeln, solange der Künstler ein »Einzelkämpfer« bleibt. Wird jedoch in einem Team gearbeitet, dann bedarf es einer Koordination der Leistungsmöglichkeiten aller Mitarbeiter. In einem Theaterensemble ist diese Arbeit genauso aufwendig wie selbstverständlich. Für die zwei Minuten eines berichterstattenden Films scheint es mir dagegen eine leichte Übung zu sein! Voraussetzung ist ein gewisses Fachwissen. Man muß nicht Künstler sein, um die Gestaltungsmittel der Berichterstattung zu beherrschen und ihre Wirkung zu verstehen. Das Wissen darum ist unerläßlich, um den Zuschauer nicht einem Chaos auf dem Bildschirm auszuliefern.

Ich habe in diesem ersten Kapitel versucht, die Verbindung zwischen dem Zuschauer und der Arbeit eines Fernsehteams für Berichterstattung darzustellen. Ich habe darüber nachgedacht, daß beide Seiten eine gemeinsame Sprache sprechen müßten. Dabei bin ich zu dem Schluß gekommen, daß eine gemeinsame Sprache nicht ausreicht! Nur die Kenntnis vom Standpunkt des anderen und die gemeinsame Sprache ermöglichen gegenseitiges Verständnis.

Nachgewiesen habe ich, daß es in einem Film keine Objektivität geben kann. Wir können uns als Berichterstatter nur fair verhalten und dem Zuschauer unsere Subjektivität eingestehen, indem wir den eigenen Standpunkt beschreiben.

Dieses Standpunktbewußtsein und unser Bekenntnis dazu könnten das Leitmotiv für unsere Arbeit sein. Mit dieser Arbeit versuchen wir, das Denken des Zuschauers zu erreichen. Die Aussage, das Produkt, entsteht also erst in seinem Kopf und nicht etwa auf dem Bildschirm.

Mit dem Begriff *Aussagewunsch* beschreibe ich meine Hoffnung, trotz aller Widernisse, die Teamarbeit und Medien immer wieder erzeugen, ein differenziertes Aussageprodukt im Kopf des Zuschauers wirksam werden zu lassen. Der Aussagewunsch ist jedoch nicht nur eine Idealvorstellung des erhofften Aussageproduktes. Präzise formuliert, regelt er die Zusammenarbeit im Team, weil er Einzelinteressen der Kollegen auf einen gemeinsamen Teamstandpunkt verpflichtet. Der Aussagewunsch wird außerdem zum Kriterium für den sinnvollen Einsatz von Gestaltungsmitteln – doch davon später!

2 VOM SEHEN UND VERSTEHEN

Wahrnehmung ist ein außerordentlich komplexes Thema. Im Rahmen dieses Buches sollen uns deshalb nur einige wenige Aspekte beschäftigen, die für das Verständnis der Filmgestaltung von besonderer Bedeutung sind. Und da es nicht um wissenschaftliche Nachweise geht, sondern darum, daß komplizierte Zusammenhänge möglichst einfach erklärt werden sollen, wähle ich zur Beschreibung Denkmodelle, die die Möglichkeit eröffnen, Vorstellungen auch in grafischer Form darzustellen. Die einfache Form der Beschreibung sollte aber keinen Zweifel an der wissenschaftlichen Basis der Informationen hervorrufen. Wenn man berichterstattende Filme herstellen will, wenn man damit Informationen wirksam transportieren möchte, dann sollte man sich wenigstens in Grundzügen über die Wahrnehmungsfähigkeit der Menschen informiert haben. Daher geht es nicht darum, ob Ihre Augen diese Schrift jetzt gerade mit den Stäbchen oder den Zäpfchen der Netzhaut wahrnehmen, sondern um eher existentielle Verhaltensmuster und Reaktionsweisen, wie z. B. darum, daß wir ohne Orientierung nicht leben können und daß wir uns nicht an alle, sondern nur an bestimmte Ereignisse erinnern.

Das ist *mein Aussagewunsch* für das folgende Kapitel!

Orientierung – die Voraussetzung zum Verstehen

Wenn ich aus dem Schlaf erwache oder gar aus einer Ohnmacht, wenn ein Film mit einer Aufblende beginnt, wenn ich unvermittelt an einen fremden Ort komme, wenn ein dunkler, mir unbekannter Raum plötzlich erleuchtet wird, immer drängt sich zuerst die Frage auf: Wo bin ich?

Ohne daß wir es bemerken, begleitet uns diese Frage vorbewußt unser ganzes Leben lang. Im eigenen Wohnzimmer fühlt man sich sicher und wohl, kann man unbefangen sprechen oder auch in aller Stille ganz entspannt seinen Gedanken nachgehen. Der Grund: Man braucht keine neue Orientierung. Ganz anders verhält es sich, wenn wir nachts eine unbekannte Straße entlanggehen müssen oder auch einen einsamen Waldweg. Es gibt keinen Menschen, den das nicht in Anspannung versetzt. Die Dunkelheit erschwert die Orientierung. Dann sind wir leicht zu verwirren, geraten in Streß oder sogar in Panik. Ordentlich nachdenken können wir auch nicht mehr, und kein noch so interessantes anderweitiges Problem vermag uns zu fesseln. Das Gehirn hat auf eine Fragestellung umgeschaltet: Wo bin ich?

Daß wir dieser genetisch festgelegten Verhaltensweise völlig ausgeliefert sind, beweisen die Aufenthaltsorte, an denen wir uns entspannt fühlen: eine Wiese, auf der wir ausruhen; ein Strand, an dem wir in der Sonne schlafen; ein Hügel, der uns Übersicht verschafft, ein Wald, der von der Sonne durchleuchtet wird, ein Platz mit einem Straßencafé, nachdem wir endlos durch enge Gassen gegangen sind, ein Wohnzimmer, das wir so einrichten, daß wir es auch nach einer Flasche Wein noch als das unsere erkennen. Erst in der entspannten Atmosphäre von Räumen, in denen wir Orientierung haben, können wir ein ernstes Gespräch führen, nachdenken, Probleme verstehen und uns zu bewußtem Handeln entschließen.

Orientierung zu suchen ist eine der wichtigsten Überlebensfunktionen, die sich als Verhaltensprogramm vererbt und weiterentwickelt hat. Der Orientierungsprozeß verläuft dabei zwangsläufig im Vorbewußtsein, wir können ihm also auf keinen Fall ausweichen, ihn steuern oder bewußt umgehen.

Zunächst einmal muß stets geklärt sein, wo ich mich befinde, dann erst kann ich etwas anderes denken und mich weiteren Dingen zuwenden.

Orientierung sorgt in unserem Gehirn für eine Art von zusammenhängender Vorstellung von unserer Umgebung. Diese Vorstellung nennen wir einen Horizont. Erst wenn wir eine orientierende Vorstellung haben, können wir vor diesem Horizont einen speziellen Fokus, d. h. einen Begriff bilden. Ohne Horizont kein Fokus bedeutet

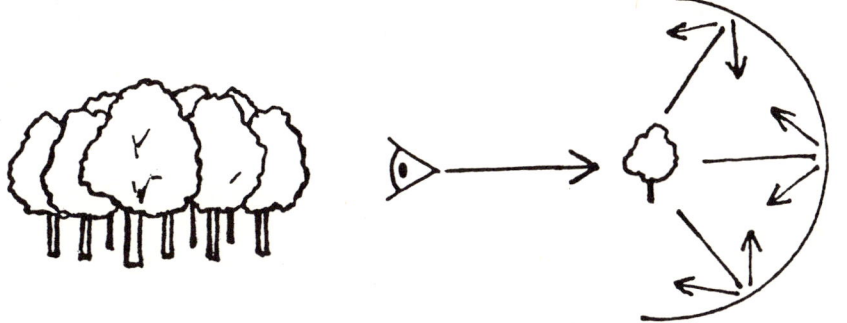

Informationsspeicherung im Gehirn. – Aus der Fülle eingehender Informationen wird ein Horizont gebildet. Erst vor diesem Hintergrund kann ein Fokus, ein neuer Begriff, entstehen. Dieser Vorgang ist kompliziert und erfordert einen gewissen Darstellungsaufwand.

also auch: ohne Orientierung kein begriffliches Wahrnehmen oder Denken.

Verständlicherweise ist es viel schwieriger, einen neuen Horizont anzulegen, als einen bereits bestehenden zu nutzen. Wir sprechen deshalb von (neu)erkennen und wiedererkennen – das erste dauert manchmal ein bißchen, das zweite ist einfach und geht viel schneller. Das trifft übrigens für Fokus und Horizont in gleicher Weise zu. Für die Filmgestaltung ist das wichtig. Besteht nämlich bereits ein Horizont, ist der Aufwand für die Orientierungsphase bei der Gestaltung von Fernsehprogrammen oder -filmen bei weitem geringer. Schwieriger wird es, wenn wir in einer Orientierungsphase einen neuen Horizont im Gehirn bilden sollen. Wir müssen dann sorgfältig darauf achten, daß dieser Horizont tatsächlich durch unsere Arbeit dem Zuschauer vermittelt wird und nicht etwa schon durch Vorwissen oder Zusatzinformationen von anderer Seite gebildet wurde. Auf den ersten Blick erscheint der Film zwar hervorragend geeignet, neue Horizonte zu schaffen; die Möglichkeit wird jedoch in vielen Fällen nicht entsprechend genutzt. Horizontbildung bedeutet für das Gehirn einen aufwendigen Arbeitsprozeß, der mit filmischen Gestaltungsmitteln angeregt werden kann. Dieser Prozeß kostet jedoch so viel Zeit, daß er im Rahmen der heute üblichen kurzen Formen der Berichterstattung nur selten sorgfältig entwickelt werden kann. Je knapper die Zeit ist, die für einen Bericht zur Verfügung steht, um so mehr müssen wir auf kurze Darstellungsklischees zurückgreifen, um damit bereits bestehende Horizonte beim Zuschauer durch Wiedererkennung anzusprechen.

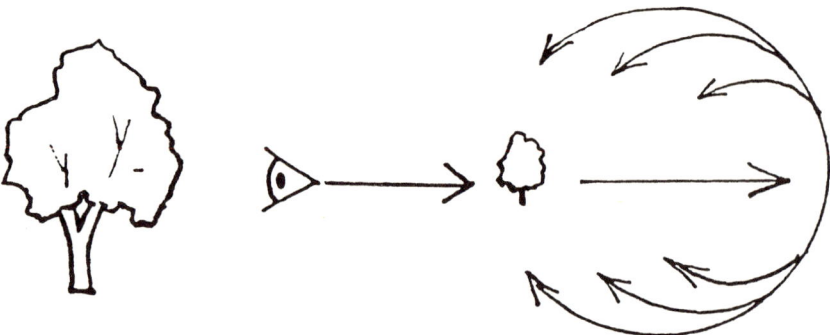

Ein Horizont aus Raum und Zeit

In unserem Vorstellungsvermögen entsteht ein Horizont aus unterschiedlichen Wahrnehmungen. So kann er – und das dürfte die häufigste und wichtigste Form der Orientierung sein – aus den Informationen über Raum und Zeit gebildet werden. Diese Informationen beziehen sich auf die konkreten Räume unserer Umwelt, z. B. Landschaften, Städte, Straßen und Häuser oder, wenn sie die Zeit betreffen, auf deutlich darstellbare Handlungsverläufe oder zeitlich definierte Teile von Handlungen.

Informationen über Raum und Zeit stellen von daher bei der Gestaltung eine sichere Einführung in Handlungs- oder Erlebnisstrukturen dar. Dabei muß für die Neubildung eines Horizonts ein erheblich größerer gestalterischer Aufwand betrieben werden, als wenn wir einen bereits bestehenden Horizont nur ansprechen bzw. erweitern sollen.

Ein erstes Beispiel, bewußt einfach gewählt: Es geht um Handlungen in einer bestimmten Umgebung. Bitte stellen Sie sich diese Einstellungsfolge vor:

1   2   3

Hier bestimmt ausschließlich die Handlung die Orientierung, also der Zeitverlauf. In einem gewissen Zeitraum findet etwas statt. Die Aktionen, wie etwa das Radfahren und Angeln, sind uns gut bekannt und bedürfen keiner weiteren Erklärung. Der aktive Radfahrer bildet einen Gegensatz zu dem ruhigen Angler. Die unterschiedlichen Handlungen der beiden vertragen sich nicht gut, sie stehen, wenn man sie abwechselnd nacheinander wahrnimmt, in einem Konflikt zueinander. Man erwartet vielleicht ein Zusammentreffen der beiden Akteure. Wir haben zunächst noch in einer schlichten Form etwas dramatisiert, was in der Realität womöglich nicht dramatisch ist. D. h. wir haben etwas gestaltet, indem wir die Bilder einander zugeordnet haben. Wer die Abfolge so sieht, weiß allerdings nicht, wo sich die Akteure befinden und wie sie sich zueinander verhalten.

Ganz anders ist die Wirkung, wenn wir in die Sequenz eine räumliche Orientierung einfügen.

  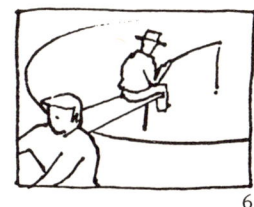

Sequenz mit räumlicher Orientierung. – Beide Tätigkeiten sind räumlich geordnet und voneinander getrennt. Dadurch kann kein Konflikt entstehen. Räumliche Orientierung entspannt die Sequenz.

Der scheinbar bestehende Konflikt zwischen den beiden agierenden Personen ist durch die räumliche Trennung, die in der ersten Einstellung dargestellt wird, nicht mehr existent. Die Situation wird durch die Landschaftstotale völlig entspannt.

Bei der Landschaft, die wir dem Zuschauer zeigen, handelt es sich um ein Klischee. Jeder kennt ähnliche Bilder und kann sich dementsprechend schnell orientieren.

Ganz anders sieht es in einem Industriebetrieb aus. Wieder gehen zwei Personen einer Tätigkeit nach. Einer hantiert mit einem Werkzeug herum, der andere sitzt ruhig an einem Steuergerät. Wer tut also was, wie stehen sie zueinander, und wo halten sie sich überhaupt auf?

Zwei weniger bekannte Sujets in einer Sequenz können ohne orientierende Einstellungen vom Zuschauer nicht unterschieden werden. Die Aussage: Verschiedene, nicht weiter spezifizierte Arbeiten.

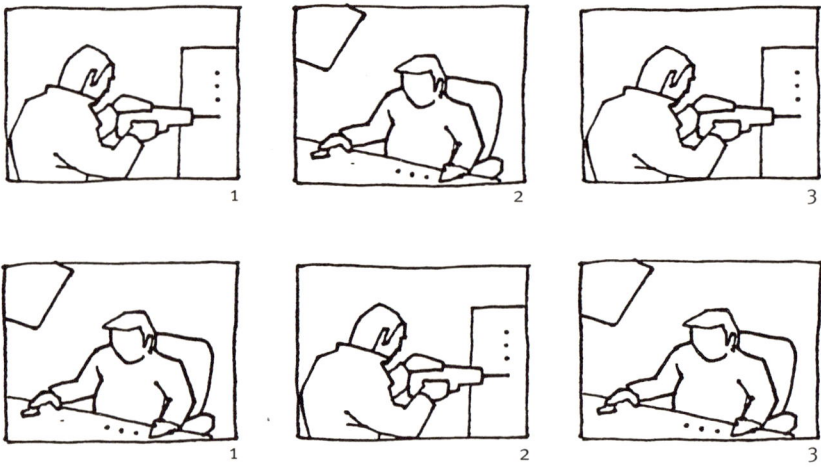

Den Zweck dieser Handlungen können wir – anders als beim Radfahrer und beim Angler – nicht erkennen. Die Bilder haben also zunächst keinen Sinn für uns. So können sie auch keine Dramatik entwickeln. Also versuchen wir, mit einer totalen Einstellung der Werkhalle den Betrachter zu orientieren. Der Eindruck ist allerdings verwirrend. Nur der geschulte Blick eines Technikers könnte in dem Durcheinander aus Maschinen und Roboterarmen etwas erkennen. Die Mehrzahl der Zuschauer verfügt noch nicht über einen Horizont für diese Situation.

In der Sequenz werden zwei inhaltlich völlig unterschiedliche Arbeiten gezeigt, die dem Zuschauer kaum bekannt sein dürften. Die Orientierung mit je einer Totalen am Anfang und am Schluß reicht nicht aus, um diese Arbeiten zu charakterisieren.

Diese Sequenz ist also logisch und richtig aufgebaut, und doch bleibt sie unverständlich, weil die Orientierung für einen technisch unerfahrenen Zuschauer nicht ausreicht.

Damit sie verstanden werden kann, müssen wir die Orientierungsphase erweitern. Dazu muß die besondere Eigenart der Werkshalle deutlicher gezeigt werden. Das erreichen wir mit weiteren Halbtotalen, also nicht etwa mit Nahaufnahmen, die einen Fokus bilden würden.

Die Mitteleinstellungen 2 und 4 weisen noch einmal auf die unterschiedlichen Arbeitsplätze hin – der Aussagewunsch wird verständlicher.

So erschließen wir dem Zuschauer einige Zusammenhänge innerhalb dieser Fabrik, die später im Film wieder aufgegriffen werden können. An diesen Beispielen erkennen wir recht gut den unterschiedlichen Gestaltungsaufwand, den wir für wiederholtes Erkennen einerseits und für eine Neuorientierung andererseits einsetzen müssen.

Orientierung durch Zeichen

Die zweite Möglichkeit der Orientierung kann im semantischen Bereich liegen, im Bereich der Zeichen und ihrer Bedeutungen. Hierbei wird ein vorhandener räumlicher Horizont über Zeichen oder Symbole angesprochen. Zeigen Sie in einer Sequenz etwa zuerst einen Gartenzwerg und dann einen Garten und ein Haus, dann wird der Zuschauer zu einer anderen Deutung kommen als bei einer Blüte, einem Garten und einem Haus.

Für die semantische Orientierung gibt es natürlich noch drastischere Beispiele. Ich habe viel in Ländern der sogenannten Dritten Welt gearbeitet und war immer wieder mit dem Problem bitterer Armut konfrontiert. So ehrlich dann unser Bemühen auch gemeint war, diese Armut als Berichterstatter glaubhaft darzustellen, so sehr sind wir oft mit der Art unserer Gestaltung gescheitert.

Zwei Beispiele für semantische Orientierung. – In beiden Fällen führt der Rückzoom von einer Großeinstellung zum selben Haus, dessen Bewohner dadurch unterschiedlich eingeführt werden. Im einen Fall werden sie als Blumenfreunde, im anderen als Gartenzwergliebhaber charakterisiert.

2. VOM SEHEN UND VERSTEHEN

So stehen z. B. in allen tropischen Ländern auch neben der allerärmsten Hütte ein paar Bananenstauden. Für den reiselustigen Mitteleuropäer hat so ein grüner Puschel viel Ähnlichkeit mit einer Palme, und schon liegt ein sanfter Schleier von Tropenromantik über allen doch so ernstgemeinten Bildern. Was kann ich dagegen tun? Ich bitte ein paar Kinder, nach einer toten Ratte zu suchen, und lege diesen Kadaver vor die Kamera. Ich beginne meine Einstellung mit dem Ka-

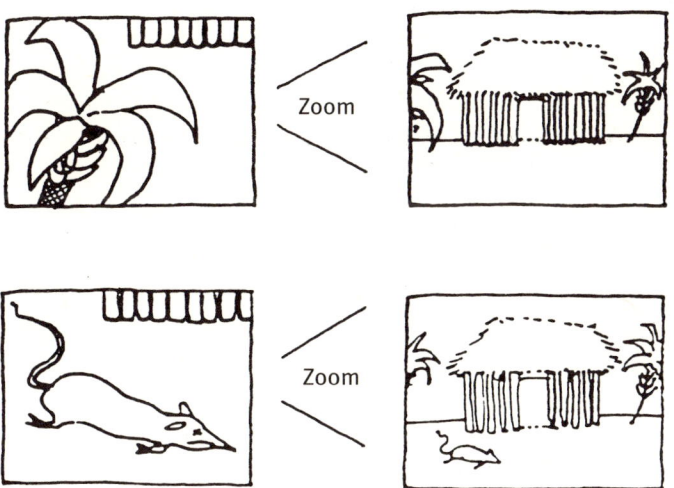

Die Palme ist bei uns ein Symbol für Urlaub und Tropenromantik, nicht für die Armut der Menschen in der »Dritten Welt«. Beginnt die Sequenz mit dem Bild einer toten Ratte, wird die Bambushütte ganz anders verstanden werden.

daver und schwenke dann auf die Hütte unter Bananenstauden. Und schon ist es vorbei mit der Tropenromantik, und es eröffnet sich eine Chance, das bedauernswerte Leben der armen Menschen wirkungsvoll darzustellen. Es gibt kaum ein besseres Beispiel für die Wirksamkeit einer Orientierung über Zeichen oder Symbole. Und es wird niemand ernsthaft behaupten können, der Gegenstand des Filmberichtes sei dadurch entstellt und verfälscht worden.

Orientierung muß aber nicht ausschließlich über visuelle Informationen ablaufen, sondern kann auch auditiv auf der Basis von Geräuschen oder verbal stattfinden. Auch dafür ein Beispiel: Eine Story kann durchaus mit dem großen Gesicht eines Kindes beginnen. Wenn man gleichzeitig im Text den Begriff *Schule* vermittelt, so ist ein bekannter Horizont angesprochen, und wir begreifen dieses Kindergesicht sofort als dasjenige eines Schülers oder einer Schülerin.

So kann jede Art von allgemein verständlichen Zeichen oder Symbolen zur Orientierung am Anfang einer Einstellungsfolge, einer Sequenz eingesetzt werden. Die Verständlichkeit ist unerläßliche Voraussetzung für diese Funktion. Sie muß bereits durch eine einzelne Einstellung abgesichert sein, denn mehrere Einstellungen wären schon wieder eine ganz neue Sequenz, also eine ganz andere Gestaltungsform.

Bekannte Klischees eignen sich besonders gut zur semantischen Orientierung.

Ein Sonnenuntergang orientiert über die Tageszeit. Der Adler steht für den Plenarsaal des Bundestages. Das Schild »Verwaltungsgericht« orientiert über den Ort der Verhandlung.

Wahrnehmung von Gegenständen und Personen

Wir können die horizontbildende Wahrnehmung nicht nur in räumliche, zeitliche und semantische Orientierungsmöglichkeiten unterteilen, sondern wir müssen auch den Unterschied zwischen der Wahrnehmung von Gegenständen und der von Personen beachten. Die Orientierung an Gegenständen, die sich hauptsächlich in Raum und Zeit abspielt, kann relativ schnell erreicht werden, so bei einem dem Zuschauer bereits prinzipiell bekannten Raum etwa mit zwei Einstellungen.

Komplizierter und schwieriger ist die Orientierungsphase bei der Wahrnehmung von Personen. Über die Personenwahrnehmung auf dem Bildschirm gibt es bis jetzt nur wenige wissenschaftliche Arbeiten, die zudem widersprüchliche Ergebnisse aufweisen. Wichtig ist festzustellen, daß die Orientierungsphase bei der Personenwahrnehmung wesentlich länger dauert als die Orientierung über Gegenstände, also über Raum und Zeit. Steht uns eine unbekannte Person – auch im Bild – gegenüber, läuft unausweichlich ein vorbewußter Prozeß ab. Wir müssen vor allem immer neu klären, ob uns die Person sympathisch oder unsympathisch ist. Erst wenn diese Freund-Feind-Feststellung beendet und die Orientierungsphase abgeschlossen ist, dann können wir begrifflich wahrnehmen, also zum Beispiel dem Inhalt eines Statements oder Interviews im Fernsehen folgen.

Während wir bei Gegenständen oder Räumen in den meisten Fällen nur die Fragen klären müssen, was man mit dem Gegenstand anfangen könnte oder ob z. B. ein Raum begehbar ist, läuft der Orientierungsprozeß bei Personen wesentlich komplexer ab. Denn es muß überprüft werden, was diese Person mit mir machen könnte, wie ich darauf reagieren würde, welchen Wert eine Aussage dieser Person für mich haben und ob ich zu ihr Vertrauen haben könnte.

Diese Arbeitsvorgänge im Gehirn kosten erheblich mehr Zeit als die Orientierung in Raum und Zeit.

Diese Tatsache könnte – würde man darauf eingehen – tiefgreifende Konsequenzen für die üblichen Formen der Berichterstattung haben. Es ist etwa nachgewiesen, daß Kurzstatements oder Interviews mit einer Länge von zwanzig bis vierzig Sekunden ihren

Beispiel **A**   1   2   3

Beispiel **B**

1   2   3

Die Darstellung von Personen bedarf einer besonderen Orientierungsphase. Das unvermittelt eingeschnittene Statement in Beispiel **A** genügt nicht. Besser funktioniert Beispiel **B**. Die Person wird zusammen mit den zu zeigenden Objekten eingeführt.

eigentlichen verbal vermittelten Inhalt nur zu einem kleinen Teil dem Zuschauer übermitteln. Diese enttäuschende Wirkung kommt besonders dann zustande, wenn die inhaltliche Einleitung dieses Statements nicht zu den Bildern der befragten Person paßt. Die Orientierungsphase setzt ein, wenn bereits der verbal vermittelte Inhalt des Statements verstanden werden sollte; die nicht abgeschlossene Orientierungsphase verhindert dann den angestrebten Transfer des Inhalts.

Begriffe – Muster im Gehirn

Schon allein die unterschiedlichen Möglichkeiten zur Orientierung lassen uns ahnen, wie kompliziert der Wahrnehmungsprozeß verläuft.

Aus dieser Einsicht in die Vielfalt erklärt sich, warum es keine »Kochrezepte« für die Gestaltung von Filmen geben kann. Genauso unterschiedlich, wie die Horizontbildung im Gehirn verlaufen kann, so differenziert müssen auch unsere Orientierungsphasen in der filmischen Darstellung aufgebaut sein, wenn sie die begriffliche Wahrnehmung im Gehirn vorbereiten sollen.

Man kann also nicht etwa sagen, eine *Totale* sei filmsprachlich grundsätzlich die richtige Einstellung für eine Horizontbildung. Orientieren, also einen bestimmten Horizont ansprechen, kann durchaus auch eine Großeinstellung, wenn es sich dabei um die Darstellung eines eindeutigen Begriffs oder eines Symbols handelt. Wichtig ist nur, daß wir über die Horizontbildung hinaus zu einer begrifflichen Darstellung – zur Bildung eines Fokusses – vor diesem Horizont gelangen.

Auch der *Fokus* ist nur eine Modellvorstellung. Wir wissen, daß ein Begriff an vielen Stellen im Gehirn gleichzeitig gespeichert wird. Diese Tatsache ist nur schwer zu verstehen. Als Hilfskonstruktion stellen wir uns eine Art Brennpunkt dieser Einzelaufzeichnungen vor.

Unter Fokus in unserem Sinn verstehen Wissenschaftler also die sich überlagernden Projektionen mehrerer Speicherungen im Ge-

hirn, bei dem sich viele Einzelinformationen so
ordnen, daß ein zentraler Begriff entsteht. So
könnte der Fokus auch ein begrenztes Muster
genannt werden. Wie können wir uns das vorstellen?

Im Gehirn sind die Speicherzellen, die Neuronen, durch ein kompliziertes Leitungssystem
aus Nervenfasern miteinander verbunden. Dies
nennen wir das Grundmuster. In dieses »Ver-
drahtungssystem« sind die Synapsen eingebaut,
Schaltstellen, die eine Verbindung zwischen
bestimmten Neuronen herstellen oder unterbre-
chen können. Kommen nun immer wieder die
gleichen oder zumindest sehr ähnliche Informationen in eine Neuronenregion, so ergibt sich
ein festes Synapsenschaltbild und damit ein bestimmtes Leitungsmuster zwischen den Neuronen. Bei häufigem Gebrauch des immer glei-
chen Musters müssen die Synapsen nicht mehr umschalten, und ihre
Schaltfähigkeit bildet sich deutlich zurück. Man nennt das die *dynamische Degeneration.*

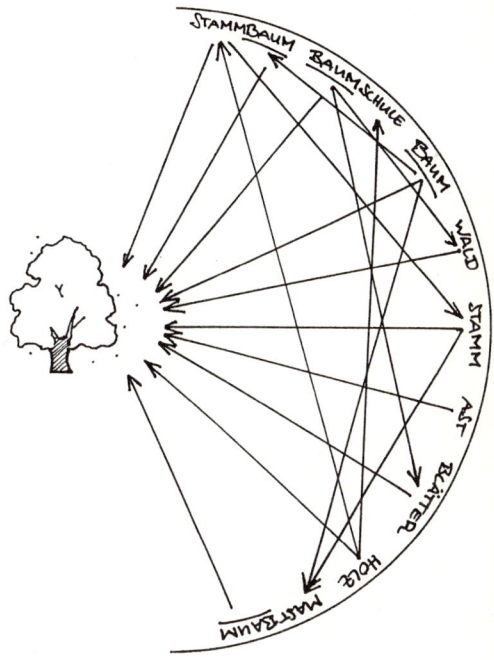

**Informationsspeicherung
im Gehirn. –** Da jeder
Fokus mit einer Vielzahl
ähnlicher Begriffe ver-
bunden ist, sind die Ver-
arbeitungsprozesse
sehr komplex.

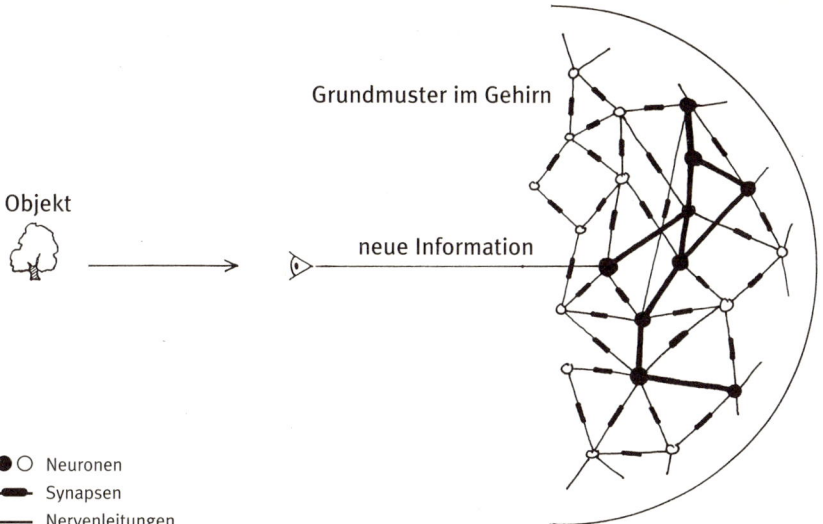

Grundmuster im Gehirn

Objekt

neue Information

● ○ Neuronen
Synapsen
Nervenleitungen

Grundmuster. – Im Netzwerk der Nervenverbin-
dungen stellt sich
eine neue Information
durch die Aktivierung
bestimmter Neuronen
als flüchtiges Muster
dar.

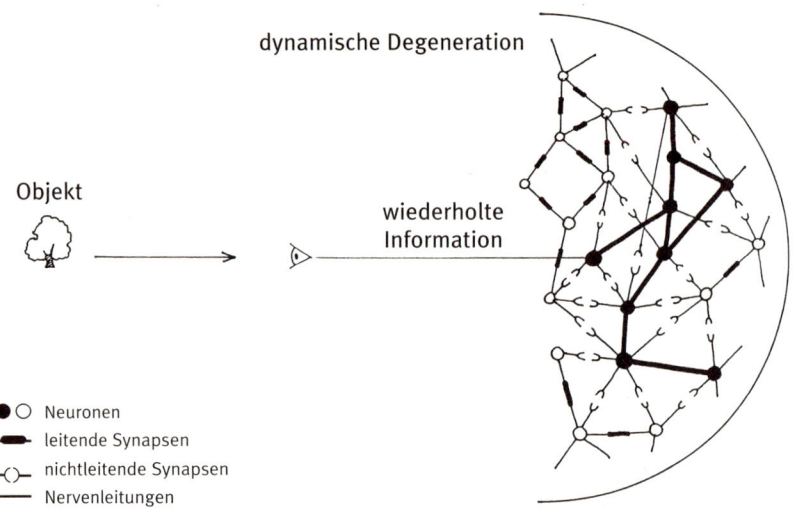

Grundmuster. – Bei wiederholter Beanspruchung derselben Neuronen bildet sich durch dynamische Degeneration der Synapsen ein beständiges Muster aus.

dynamische Degeneration

Objekt

wiederholte
Information

● ○ Neuronen
◀▬ leitende Synapsen
◁○▷ nichtleitende Synapsen
▬▬ Nervenleitungen

Auf diese Weise wird eine Langzeitspeicherung im Gehirn erreicht. Solche Strukturen repräsentieren also jeweils einen Begriff. Eine größere Anordnung von Begriffen in Form aneinandergrenzender Muster ergibt einen Horizont. Die Aktivierung einer Musterregion durch die Information erreichen wir, indem wir orientierende Gestaltungsmittel einsetzen. Erst wenn die Gesamtregion aktiviert ist, können wir innerhalb dieser Region die Informationsaktivität für einen Teilbereich, also ein einzelnes Muster, verstärken, indem wir die Gestaltungsmittel entsprechend differenzieren. Auf diese Weise bilden wir innerhalb eines Teilhorizontes einen Fokus.

Im umgekehrten Fall, wenn also nicht zuerst der Horizont aktiviert wird, weil z. B. durch räumlich, zeitlich oder begrifflich nicht zusammenhängende Großeinstellungen nur einzelne Muster in unterschiedlichen Regionen angesprochen werden, kann im Gehirn keine zusammenhängende Vorstellung entstehen. Das Gehirn mit seinem programmatischen Auftrag, eine geschlossene Vorstellung von der Realität zu bilden, verweigert dann entweder die Verbindung der Muster, oder es ergänzt die fehlenden Horizontteile nach eigenen Möglichkeiten. Dieses Verhalten führt in der Praxis zu einer Interpretation der Bilder, die mit dem Aussagewunsch desjenigen, der den Film gemacht hat, kaum noch etwas gemeinsam hat.

Ordnung in endlosen Horizonten

Die Komplexität der Verarbeitung und Informationsspeicherung im Gehirn erlaubt uns allerdings nicht, den Vorgang der Begriffsbildung oder der Begriffserregung einfach nur in den Kategorien von *Horizont* und *Fokus* in der bis jetzt beschriebenen Weise zu begreifen. Es ist kaum möglich, sich vorzustellen, daß wir alle Begriffe vor ein und demselben Horizont bilden können. Tatsächlich lösen eingehende Informationen im Gehirn sehr weitreichende Arbeitsprozesse aus. Diese Prozesse werden um so umfangreicher, je komplexer die eingehende Information ist oder je mehr die Erregung einer bestimmten Sphäre im Gehirn über einen längeren Zeitraum anhält. Für solche komplexen Vorstellungen müssen wir das einfache Denkmodell von Horizont und Fokus erheblich erweitern. Vorstellbar ist also eher schon ein Gesamthorizont, der sich aus sehr vielen Einzelhorizonten zusammensetzt und wie ein Kugelhaufen oder eine Ansammlung von Seifenblasen aussehen könnte.

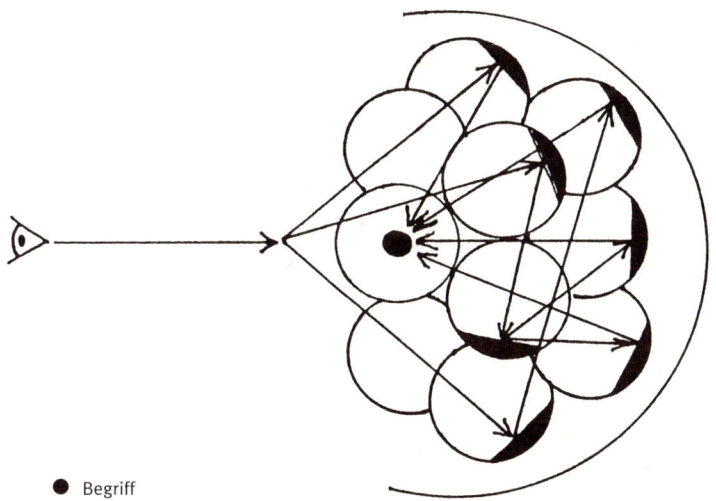

● Begriff

Begriffsbildung im Gehirn. – Komplexe Begriffe können wie ein Fokus aus den Speicherungen in vielen unterschiedlichen Horizonten verstanden werden.

Dieses Modell zeigt uns, wie unterschiedlich und kompliziert die Begriffsbildung verlaufen kann. Ein Fokus kann in nur einem Horizont gebildet werden. Der Begriff *Baum* ist vor dem Hintergrund *Wald* sicherlich einfach darstellbar.

Dagegen muß der Begriff *Weltwirtschaftskrise* aus den Reflexionen sehr vieler unterschiedlicher Horizonte zusammengefaßt werden. Leider haben wir noch keine genaue Vorstellung davon, was dabei tatsächlich in unserem Kopf passiert.

Das Denkmodell kann die Arbeitsweise des Gehirns nur spekulativ und schematisch darstellen. Immerhin wird uns dadurch aber ein beachtliches Phänomen unseres Denkens anschaulich. Es ist uns nämlich nicht möglich, einen isolierten Einzelbegriff zu denken. Ein Einzelbegriff kann immer nur der im Augenblick am stärksten erregte Punkt einer hierarchisch geordneten Struktur sein, der durch seinen höheren Erregungsgrad der augenblickliche Mittelpunkt unseres Denkens zu sein scheint. Diese punktuell höhere Erregung erleben wir als *Konzentration*.

Daß unser Denken so funktioniert, läßt sich an einem einfachen Beispiel nachweisen: Versuchen wir einmal, ausschließlich den Begriff *Stamm* zu denken. Es wird uns nicht gelingen, denn zwanghaft drängt sich uns die Frage auf: »Was für ein Stamm?« Unser Gehirn versucht, den Begriff in eine unserer Denkhierarchien einzuordnen. Anders gesagt: Der Begriff ist nur vor einem Horizont vorstellbar, denn wir können nicht einfach *Stamm* denken, ohne dabei auch Wurzel, Äste, Zweige, Blätter, Baum und Wald zu denken. Dabei erweitert sich der Denkprozeß, je länger der Begriff *Stamm* erregt wird, und wir denken vielleicht nicht nur an den Baumstamm, sondern auch an Stammbaum, Indianerstamm, Stammtisch usw.

Die Frage stellt sich, warum wir bei einer so hierarchisch geordneten Vorstellung immer noch auf das Horizont-Fokus-Denkmodell zurückgreifen müssen und nicht bei der *Muster*-Vorstellung bleiben, welche der Physiologie relativ nahe steht. Gerade diese *Muster*-Vorstellung entspricht recht gut den tatsächlich bis jetzt im Gehirn entdeckten Strukturen. Doch das *Muster*-Modell weist auch eine Schwäche auf, die erkenntnistheoretisch noch nicht geklärt ist. Wir wissen nämlich nicht, wie die Zeit gespeichert und in welcher Form sie in eine biochemische Potenz umgesetzt wird, die jederzeit wieder abgerufen werden kann.

Die Funktionen des Gedächtnisses sind uns bekannt und verständlich. Kaum aber können wir das Verblassen einer Erinnerung im

Laufe der Zeit mit unserem grafischen *Muster*-Modell in Einklang bringen. So kehren wir zu der modellhaften Halbkugelform des Horizontes zurück. Mit immer neu eingehenden Informationen projizieren wir auf diesen Horizont in zeitlicher Abfolge einander überlagernde Schichten von Begriffsmustern. Die Strukturen aus der jeweils jüngsten Schicht werden dann natürlich stärker in den unbesetzten Raum reflektieren als ältere Muster, die bereits von vielen anderen Schichten überlagert worden sind. Andererseits werden sich starke und gefestigte Muster oder solche von Wahrnehmungen, die sich immer wiederholen, so durchsetzen, daß ihre Struktur in allen Ablagerungsebenen aufs Neue entsteht. Begriffsmuster, die sich nicht wiederholen, werden unter vielen anderen Schichten begraben und geraten in Vergessenheit. Wir gewinnen also, wenn wir diese gespeicherten Informationen aus vielen Schichten abfragen, eine Vorstellung davon, über welchen Zeitraum der Begriff unverändert geblieben ist. Hat ein solches Muster in unterschiedlichen Schichten eine Veränderung erfahren, dann stellt es sich beim Abfragevorgang mit diesen Veränderungen dar. Es ist eigenartig, daß dieses Schichtenmodell tatsächlich dem Funktionieren unseres Vorstellungsvermögens entspricht – so, als ob man Folien mit unterschiedlichen Phasentrickzeichnungen übereinander legen würde. Das bedeutet im Einzelfall, daß wir uns über einen längeren Zeitraum zwar an dazugehörende, unterschiedliche Zustände erinnern, diese aber nicht in einer Art Zeitrafferaufnahme zu einem kontinuierlichen Prozeß verbinden können. Versuchen Sie etwa einmal, sich das kontinuierliche Altern eines menschlichen Gesichts vorzustellen. Es wird Ihnen nicht gelingen. Vielmehr sind es Einzelaufnahmen von Zuständen, welche in unserem Langzeitgedächtnis gespeichert sind.

Wie man sich erinnert

Wir haben nun einen Eindruck, wie man sich die Speicherung von Begriffen im Gehirn vorstellen könnte. Wir wissen, daß die *dynamische Degeneration* zu einer sehr statischen, aber auch sehr haltbaren Speicherung führt. Alte Menschen, die sehr schnell vergessen, was in den letzten Stunden oder Tagen geschehen ist, sind durchaus in der Lage, sich genau an Erlebnisse aus ihrer Jugend zu erinnern. Die fehlende Schaltfähigkeit der Synapsen ermöglicht ein sicheres Langzeitgedächtnis. Der Aufbau solcher Erinnerungen ist sicher keine zentrale Aufgabe der aktuellen Berichterstattung. Sie wendet sich eher an unser Kurzzeitgedächtnis. Dieses steht für die immer neue Musterbildung im Gehirn, und es beschäftigt den weitaus größten Teil unserer Gedächtnisfähigkeiten. Hier werden Gedanken hin und her bewegt, und es dauert einige Zeit, bis sie zu einer Langzeitspeicherung werden. Wie lange das allerdings dauert, ist nicht so genau festzustellen. Manche Wissenschaftler beschreiben das Kurzzeitgedächtnis mit einem Arbeitszeitraum bis zu 20 Minuten. Was darüber hinausgeht, soll Langzeitgedächtnis sein. Ich kann mir nicht vorstellen, daß diese Zeitangabe mit der dynamischen Degeneration in Einklang zu bringen ist.

Viel wichtiger für die Gestaltung der Berichterstattung ist eine weitere, vorgeschaltete Gedächtnisstufe, die *Ultra-Kurzzeitgedächtnis* genannt wird. Auf dieser Stufe wird nicht gespeichert, sondern verarbeitet. Das UKG arbeitet in einem Bereich bis zu ca. 20 Sekunden und verhindert, daß die Speicherkapazität des Gehirns überfordert wird. Unsere Augen sind in der Lage, 50 Millionen Dateneinheiten pro Sekunde an das Gehirn weiterzuleiten. Diese Speicherkapazität wäre ohne eine einschneidende Vorauswahl deshalb sicher schnell erschöpft.

Im *Ultra-Kurzzeitgedächtnis* wird ausgewählt, was wir für wichtig genug halten, um uns daran zu erinnern. Zu flüchtige oder unwichtig erscheinende Eindrücke werden durch Folgeinformationen ausgelöscht. Das ist ein Mechanismus, den wir bei der Filmgestaltung berücksichtigen müssen. Für die Praxis bedeutet das: Einzelinformationen, die keinen längeren Gedankengang auslösen, werden nicht erinnert. Der Trend zu immer kürzeren Formen der Berichterstattung hat damit eine absolute physiologische Grenze, die bei etwa 20 Sekunden liegt.

Ein Beispiel: Unvermittelt wird in einen Bericht das Statement einer unbekannten Person eingeschnitten, das nicht länger als 25 Sekunden ist. Automatisch setzt die Personenorientierung ein. Sie

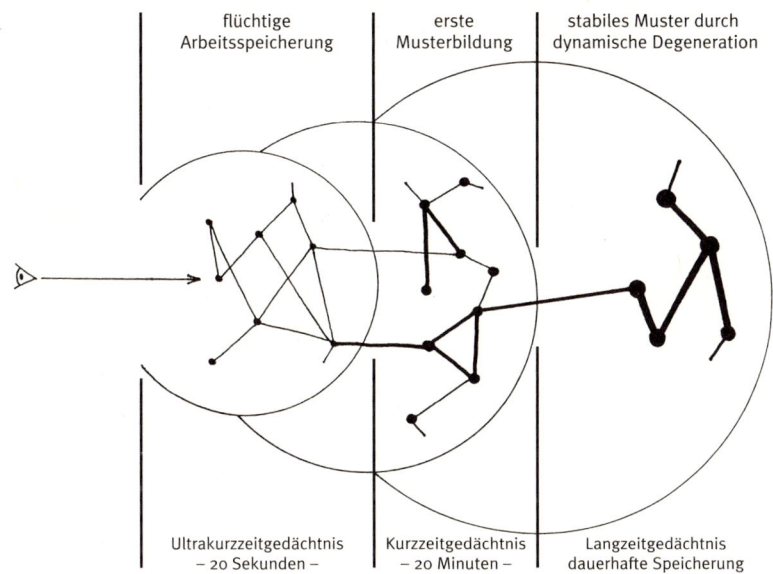

flüchtige Arbeitsspeicherung	erste Musterbildung	stabiles Muster durch dynamische Degeneration

Ultrakurzzeitgedächtnis – 20 Sekunden –	Kurzzeitgedächtnis – 20 Minuten –	Langzeitgedächtnis dauerhafte Speicherung

Begriffsbildung im Gehirn. – Beim Einspeichern werden verschiedene Gedächtnisarten durchlaufen, bevor etwas ins Langzeitgedächtnis Eingang findet.

nimmt 10 bis 15 Sekunden in Anspruch. Erst dann kann der Zuschauer sich auf den Inhalt der verbalen Aussage konzentrieren. Die verbleibenden 10 Sekunden reichen nicht aus, um die Aussage im Kurzzeitgedächtnis zu etablieren. So wird das ganze Statement durch Folgeinformationen gelöscht. Wie schade, denn an diesem Statement hat der Autor gearbeitet, es mußte erdacht und verabredet werden. Ein Kamerateam mußte zum Drehort fahren. Der Interviewpartner mußte den Termin einplanen. Die Cutterin hat sich damit einige Zeit beschäftigt, der Fernsehsender hat seine Sendezeit zur Verfügung gestellt, und der Zuschauer ist trotzdem zum Narren gehalten worden. Das alles nur, weil der Filmautor nicht über das elementarste Wissen der Gestaltung verfügt oder sich mit seinem Wissen nicht gegen den Redaktionsleiter durchsetzen kann.

Denn in Redaktionen werden ganz andere Gestaltungskriterien beachtet: ein 30-Sekunden-Statement pro Parteivertreter. Mit unserer Wahrnehmung und einer Gestaltung, die den Zuschauer respektiert, hat das erwiesenermaßen nichts zu tun.

Der Prozeß der Begriffsbildung im Gehirn ist eng mit dem Orientierungsverhalten verknüpft. Wir können keinen Einzelbegriff wahrnehmen, also keinen Fokus bilden, ohne dazu einen Horizont zu haben. Begriffe müssen also in unser Orientierungssystem einzuordnen sein, sonst haben sie keine Bedeutung für uns. Das hängt mit der Art der Speicherung im Gehirn zusammen.

In einem Netzwerk von Neuronen und Synapsen wird durch die *dynamische Degeneration* ein Muster ausgebildet, das erhalten bleibt. Ein Begriff wird an vielen Stellen des Gehirns gespeichert, und es gibt keine deutliche Abgrenzung der Begriffe voneinander. Überlagerungen und Beeinflussungen sind unvermeidbar und ermöglichen überhaupt erst unsere Assoziationsfähigkeit. Außerdem bilden wir Begriffshierarchien aus. Alle Begriffe sind also nach einer bestimmten Ordnung miteinander verbunden. Diese Verbindung und die Fähigkeit zur Assoziation sind beispielsweise der Grund dafür, daß weniger präzise Gestaltungsformen oft zu völlig unterschiedlichen Interpretationen im Kreis der Zuschauer führen. Ungeklärt ist bis heute noch, wie unsere zeitlichen Vorstellungen im Gehirn gespeichert werden. Auch dazu habe ich ein handhabbares, provisorisches Denkmodell vorgestellt. Danach werden ältere Speichereinheiten von neuen überlagert oder auch ganz abgedeckt. Zeitvorstellungen sind eng mit unserem Erinnerungsvermögen verknüpft. Offensichtlich verfügen wir über unterschiedlich arbeitende Erinnerungsstufen: das Langzeitgedächtnis mit einer dauerhaften Speicherung, das Kurzzeitgedächtnis, das so funktioniert wie der Arbeitsspeicher in einem Computer, und das Ultra-Kurzzeitgedächtnis, das uns zu einer Vorauswahl speicherungswürdiger Ereignisse verhilft. Für die Berichterstattung haben die beiden Kurzzeitspeicher besondere Bedeutung.

3 PROBLEME MIT DER BILDGESTALTUNG

Eine bewegte Story

»Also«, sagte er, und man merkte gleich, daß er um Bedeutung rang, »also, ich möchte das sehr modern drehen, *swinging, speedy, moving, motionmäßig*, na, Sie wissen schon, was ich meine.« Der Kamera- mann wußte es. An diesem Drehtag, mit diesem Autor würde er sein Stativ nicht brauchen und die Kamera nicht ruhig halten dürfen, so wie es seinem Fachwissen und seinem Verständnis von Bildgestaltung eigentlich entsprach. Nein, heute würde er die Kamera frei im Raum bewegen, der Konzentration und der Ästhetik wieder einmal eine Absage erteilen müssen, weil es modern ist!

Wie kommt es zu einer derartig gravierenden Verdrängung von bereits lange etabliertem Fachwissen? Liegt es an dem für den Film- bericht verantwortlichen Fernsehjournalisten, der sicherlich nur be- müht ist, eine gute Arbeit abzuliefern? Oder sind die Herren des mitt- leren Managements der Fernsehanstalten, also die Redaktionsleiter, dafür verantwortlich? Was heißt überhaupt *modern*? Geht es dabei bloß um schrille optische Effekte, oder haben wir tatsächlich anders zu sehen gelernt?

Das ist vielleicht gar nicht so leicht zu beantworten, und deshalb sollten wir uns für unsere Zwecke einmal mehr auf das rein Hand- werkliche besinnen.

Wir sollten uns also zunächst ein paar Gedanken darüber machen, wieviel und was der Fernsehjournalist eigentlich von der Arbeit des Kameramanns wissen sollte. Das ist übrigens nicht nur im Zusammenhang mit einer besseren Gestaltung von Filmberichten wichtig; das spielt auch eine wichtige Rolle bei der Arbeit im Team. Eine wohlwollende, entspannte Teamarbeit bedarf gegenseitiger Achtung. Das Wissen um die spezifische Sachkundigkeit des Kollegen ist die unbedingte Voraussetzung für eine gute Zusammenarbeit.

Ein Kameramann hält nicht gerne einfach irgendwo »drauf«, er möchte – und er muß – wissen, welchen Aussageabsichten seine Bilder dienen sollen.

Nun könnte man vielleicht – und das geschieht gar nicht so selten – die Ansicht vertreten, der Journalist und Filmautor müsse blindes Vertrauen in die Qualifikation seiner Mitarbeiter haben. Er brauche selber nichts von der Kameraarbeit zu verstehen, denn schließlich arbeite er mit einem Spezialisten zusammen. Diese Ansicht halte ich für falsch. Ich glaube, blindes Vertrauen hat entweder mit Ignoranz oder mit Dummheit zu tun. Erst wenn man die Möglichkeiten des spezialisierten Kollegen erkennen kann, wird man seine Kompetenz auch zu schätzen wissen.

Und aus der Sicht des betroffenen Kollegen, in diesem Fall des Kameramannes, verhält es sich genauso. Er fühlt sich erst akzeptiert, wenn der Journalist das Angebot seiner spezifischen Ausbildung voll zu nutzen weiß, wenn er feststellt, daß dieser Kollege sich bei seinen Wünschen und Anforderungen etwas Bestimmtes vorgestellt hat. Niemand läßt sich gerne von einem Ahnungslosen anleiten und kritisieren. Dagegen kann man Anleitung und Kritik von einem Partner mit viel Kompetenz recht leicht annehmen.

In vielen Arbeitsjahren als Kameramann habe ich immer wieder erlebt, daß Journalisten scheinbar glauben, sie müßten nicht viel über die Bildgestaltung mit der Kamera wissen. Oft waren es durchaus sehr engagierte Kollegen. Sie waren ehrgeizig und darum bemüht, gute Berichte abzuliefern. Und trotzdem hatten sie aus relativem Unwissen heraus nur einen geringen Anspruch an die Arbeit des Kameramannes, und sie wußten das nicht einmal. Diese Eigenart zu erklären ist nicht leicht.

Meine These lautet: Ein Mensch, der ohne Probleme das Sehen erlernt hat, glaubt auch, er könne sich problemlos mit Bildern ausdrücken.

Dieser Anspruch ist verständlich, doch nicht richtig. Offensichtlich kann unser Gehirn die *Bildsprache unserer Augen* verstehen, ohne daß wir sie bewußt erlernen mußten. Visuelle Wahrnehmung scheint also für uns etwas sehr Einfaches zu sein. Darum können wir nicht verstehen, daß der umgekehrte Vorgang, die Bildgestaltung, uns Schwierigkeiten bereiten sollte.

Verdrehte Verhältnisse

Lassen wir die Theorie noch beiseite, bleiben wir am Drehort, und wundern wir uns. Filmautoren lassen oft ein Vielfaches von dem drehen, was sie später in ihrer Story verwenden können. Man nennt so etwas das *Drehverhältnis*. Eine Minute eines fertig bearbeiteten Films setzt, bei guter Planung, mindestens das Fünffache an Kameralaufzeit voraus, ohne daß der Kameramann einen Fehler gemacht hat. Auch das Zehnfache wäre noch eine respektable Leistung. Wir sprechen dann von einem Drehverhältnis von 1:10. Leider sieht das in der Praxis ganz anders aus. Filmautoren leiten ihre Kameramänner heute oft zu einem Vielfachen dieses Drehverhältnisses an. Nicht selten wird das Zwanzigfache der endgültigen Berichtlänge gedreht. Das bedeutet, für einen Filmbericht von drei Minuten Länge werden Aufnahmen von etwa einer Stunde Gesamtdauer erstellt.

Das heißt nicht unbedingt, daß Filmautoren, die zu solchen Drehverhältnissen anleiten, schlechte Journalisten sind. Nein, sie haben nur nicht gelernt, in einer aktiven, geplanten Bildsprache zu denken und ihren Kameraleuten damit viel Arbeit zu ersparen.

Sehen dagegen, die passive Bildsprache, ist ihnen vertraut. Wenn sie ihr gedrehtes Material bei der Nachbearbeitung auswerten müssen, wird ihnen sehr schnell klar, wie wenig sich davon nur sinnvoll in ihrem Bericht verwenden läßt. Eine solche Arbeitsweise ist nicht gerade ökonomisch. Wer denkt dabei außerdem an das Seelenleben des Kameramannes, von dessen Arbeit nur der zwanzigste Teil wirklich verwendet wird? Man stelle sich eine solche Ausschußquote einmal bei einem Handwerker oder gar bei einem Industriebetrieb vor!

Derartig hohe Drehverhältnisse sind selten auf Fehlleistungen des Kameramannes zurückzuführen. Sie entstehen durch einen Mangel an Konzeption. Konzeptionell denken aber kann man nur, wenn man sich über die Möglichkeiten seiner Mittel im klaren ist. Damit meine ich in diesem Fall die Gestaltungsmittel, denn die Herstellungsmittel wie z. B. Kamera und Schnittanlage sind im Verhältnis dazu recht einfach zu verstehen. Außerdem sollte man den Gebrauch dieser Geräte wie auch die der Beleuchtungstechnik wirklich den Spezialisten überlassen. Wer sich jedoch dafür interessiert, für den gibt es ausreichend Fachzeitschriften, die über den neuesten Stand der Technik informieren.

Von Journalisten und von der Bildgestaltung

Schriften, die sich mit der detaillierten Gestaltung von berichterstattenden Filmen beschäftigen, gibt es nur wenige. Auf den folgenden Seiten werde ich mich deshalb bemühen, jene Gestaltungsmittel der Kamera zu beschreiben, welche mir für die Berichterstattung wichtig erscheinen. Leider gibt es in der Filmgestaltung kein Rezept, das ich einfach empfehlen könnte. Deutlich machen möchte ich dagegen, daß jede gestalterische Maßnahme beim Zuschauer eine bestimmte Wirkung hinterläßt.

Ein Beispiel: Ich kann nicht einfach sagen, daß eine unruhige Kameraführung nicht sinnvoll oder sogar schlecht wäre, wenn Unruhe vermittelt und Konzentration verhindert werden sollen. Dann ist die »Wackelkamera« genau das richtige Gestaltungsmittel. Entscheidend ist stets der spezifische Verwendungszweck des Gestaltungmittels im Sinne unseres Aussagewunsches.

Der Filmgestalter muß sich über die Wirksamkeit seiner Mittel im klaren sein. Nur so können wir einen gezielten Informationstransfer erreichen und unbedachte oder zufällige Wirkungen ausschließen.

Ich komme zu meinem Beispiel zurück: Eine allzu unruhig geführte Kamera kann dem Zuschauer vorbewußt solchen Streß vermitteln, daß er einem relativ schwierigen Text zu diesen Bildern nicht mehr gewachsen ist, ihn einfach nicht versteht.

Welcher Journalist aber möchte schon, daß sein Text nicht verstanden wird? Wüßte er etwas über Funktion und Wirkung der unruhigen Kameraführung, würde er sie in diesem Fall bestimmt vermieden haben. Er würde sie ganz gewiß nicht nur deswegen einsetzen, weil viel Bewegung im Bild gerade modisch erscheint!

Dazu noch ein kurzer Exkurs: In diesen Zusammenhang gehört nämlich auch die bange Frage, welche Kriterien den Fernsehverantwortlichen eigentlich zur Verfügung stehen, um die Qualität einer Arbeit zu beurteilen.

Ein Handwerksmeister kennt die Möglichkeiten seiner Mitarbeiter und die der eingesetzten Bearbeitungsgeräte recht genau. Technische Genauigkeit ist leicht meßbar, und für die Toleranzen von Maschinen gibt es genaue Maßeinheiten.

Fragt man jedoch einen ganz normalen Redaktionsleiter nach Ergebnissen der Wahrnehmungsforschung, wird man eher mit Peinlichkeiten als mit reichem Wissen überschüttet. Noch schlimmer steht es oft um das Fachwissen der für die Gestaltung verantwortlichen Journalisten, der sogenannten Redakteure, die eigentlich Autoren und Regisseure sind. Auf die Frage nach dem dramaturgischen Konzept eines Dokumentarfilmes bin ich immer wieder darauf verwiesen worden, daß wir ja schließlich keinen Spielfilm drehen!

Nun muß ich gestehen, daß sich die Forderung nach einem *dramaturgischen Konzept,* bezogen auf einen Korrespondentenbericht von drei Minuten, auch für mich recht gewaltig anhört. Das bedeutet aber nicht, daß wir die Existenz von Bildsprache und Spannungssteuerung einfach ignorieren dürfen. Jede Geschichte, und sei sie noch so unscheinbar, muß gut erzählt werden, wenn sie die Zuschauer erreichen soll.

Leider ist das Wissen darüber nicht sehr verbreitet, obwohl die Grundzüge meiner Meinung nach sehr einfach zu verstehen und zu erlernen sind. Tatsächlich führt die allgemeine Mißachtung dieses Wissensgebietes oft zu skurrilen Mißverständnissen: Bei einer Podiumsdiskussion zur Verleihung des »Deutschen Kamerapreises« wurde mir von einem profilierten Journalisten entgegengehalten: »Wissen Sie, mit der Bildsprache ist das doch ganz einfach. Der Kameramann nimmt die Bilder auf, und ich mache die Sprache dazu!« Daß dieser Satz nicht im Scherz gesagt wurde, macht die Sache besonders traurig.

Bei der Bedeutung, die visuelle Medien heute in unserer Gesellschaft haben, sollte das Erlernen der filmischen Bildsprache und ihrer Grammatik zu den Grundfächern der Ausbildung jedes Fernsehjournalisten gehören. Leider ist genau das nicht der Fall. Der Weg zum Fernsehjournalisten folgt nicht einer geregelten Ausbildung. Es gibt unterschiedliche Versuche und Ansätze für eine Standardisierung. In der Regel sind es medienkundliche Zusatzstudien nach einem bereits abgeschlossenen Vollstudium eines beliebigen Fachs. Über ein Praktikum oder ein Volontariat kommen diese Kollegen dann in einen Fernsehbetrieb. *Learning by doing* heißt die Zauberformel. So lernen sie den Produktionsbetrieb kennen und ein wenig auch, wie man mit der Technik umgeht. Von differenzierter Bildgestaltung aber erfahren sie kaum etwas.

Hier schließt sich der Kreis, und ich kehre zu unserem gequälten Kameramann zurück. *Modern* soll er drehen, und darum wird er mit der Kamera nicht zur Ruhe kommen. Er wird schwenken, sich drehen, bei der Aufnahme mit der Kamera laufen, sie in eine Schieflage bringen und Bilder absichtlich verwackeln, nur um modern zu wirken.

Sein Redakteur wird damit zufrieden sein, denn er kann eine auffällige Story abliefern, und dafür wird er von seinem Redaktionsleiter auch noch gelobt werden. Alle handeln nach bestem Wissen und Gewissen, und niemand hat Zweifel daran, etwas Gutes vollbracht zu haben.

Eine Einstellung muß man haben

Die Vorbilder geben ihnen Recht. Preisgekrönte Dokumentarfilme arbeiten schon lange mit erheblich bewegter Kamera. Außerdem präsentiert die Werbung, deren Zuschauerwirksamkeit über alle Zweifel erhaben scheint, häufig kaum erkennbar kurze Schnitte und Kamerabewegungen, die man erdbebengemäß mit »Zehn« auf der Richter-Skala einordnen müßte.

Solche Gestaltungsformen können natürlich für Werbung und Dokumentarfilm hervorragend geeignet sein. In der Berichterstattung, mit ihrem Anspruch auf hohen Informationstransfer, erscheinen sie mir dagegen außerordentlich fragwürdig. Allerdings auch nicht unbedingt falsch, denn es gibt grundsätzlich kein Rezept für den perfekten Filmbericht. Dagegen sollte es immer die Überlegung geben, welches Gestaltungsmittel ist sinnvoll im Sinne des Aussagewunsches, also im Sinne eines hochwertigen Informationstransfers.

Darum werde ich nun versuchen, häufig verwendete Gestaltungsmittel der Kamera in ihrer Funktion und ihrer Wirkung auf die Zuschauer zu beschreiben. Diese Wirksamkeit sollte meiner Meinung nach das vorherrschende Motiv für die Wahl der Mittel sein. Alles andere wäre Selbstdarstellung, Manieriertheit oder einfach sinnlos vergeudete Sendezeit.

Beginnen wir mit dem Einfachsten, der *Einstellung*. Nein, das Ding heißt nicht: Bild, nicht Closeup, Take, Aufnahme oder Shot, vor allen Dingen heißt es nicht *Szene*! Diese Bezeichnung findet man oft, z. B. in Gebrauchsanweisungen von Schnittanlagen und in den entsprechenden Fachzeitschriften. Der häufige Gebrauch macht es jedoch nicht zutreffender. Die *Szene* ist ein Begriff aus der Dramaturgie. Er ist genau definiert und durch nichts so einfach zu ersetzen.

Das gleiche gilt für den Begriff *Einstellung*. Wenn man eine Kamera einschaltet, dann dreht man eine Einstellung – so lange bis man die Kamera wieder ausschaltet. Doch eine Einstellung ist auch noch viel mehr!

Betrachtet man etwas aus einem bestimmten Blickwinkel, dann hat man auch eine besondere Meinung zu diesem Objekt, man hat eine besondere Einstellung dazu. Ob distanziert oder engagiert, das Bild drückt einen bestimmten Standpunkt aus, einen Standpunkt, aus dem man eine einzigartige Einstellung zu einem Objekt gewinnen kann. Die Einstellung ist also grundsätzlich eine Funktion des Standpunktes, den wir innehaben. Dieser Begriff ist von großer Bedeutung für die Filmgestaltung. *Einstellung* nennt man eben nicht nur das Stück Film oder Band zwischen dem Ein- und dem Ausschalten der Kamera, sondern der Begriff drückt auch den Standpunkt des Berichterstatters zum Aufnahmeobjekt aus, wie beispielsweise: deutlich oder undeutlich, von vorne oder hinten, aufblickend oder von oben herab, absolute Nähe oder große Distanz. Die Einstellung ist

Basiskonzept der Fotografie, nicht etwa des Films, wie ich später noch deutlich machen werde.

Wir haben über die grundsätzliche Funktion der Einstellung nachgedacht. Jetzt können wir uns mit den Variationsmöglichkeiten beschäftigen. Versuchen wir uns einmal vorzustellen, was uns nach dem Verständnis einzelner Einstellungen auf dem Bildschirm alles so entgegenkommt.

...und sie bewegt sich doch!

Es zappelt, springt und schaukelt, schwebt, rast und dreht sich – wann immer wir mit einem Klick, Klick, Klick von Sender zu Sender durch das Satellitenangebot zappen, finden wir alles in Bewegung. Man könnte glauben, der Fernseher fällt gleich aus der Schrankwand. Wenn nicht gerade irgend etwas explodiert, Flugzeuge abstürzen, Schiffe zerschellen, dann rasen Automobile, die der Schwerkraft enthoben zu sein scheinen, durch die Gegend, oder Bildschirmhelden mit ungeahnten Kräften zerfetzen ihre Gegner.

Hätten wir die Gelegenheit, dieses Bewegungsfeuerwerk analytisch zu betrachten, dann würden wir entdecken, daß es nicht nur die Bildinhalte sind, die sich bewegen, sondern daß sich auch noch der Standpunkt des Betrachters ständig und meistens mit großer Rasanz verändert. Ein naiver Betrachter müßte den Eindruck haben, eine Kamera sei grundsätzlich mit Rädern oder Flügeln ausgestattet, was wirklich nicht der Fall ist, wie ich nachhaltig versichern möchte.

Versuchen wir einmal darüber nachzudenken, welche Betrachtungsweise uns gewisse Filmgestalter aufzwingen, dann werden wir schnell darauf kommen, daß solches Verhalten eigentlich nicht unserer biologischen Natur entspricht. Menschen sitzen viel, sie stehen herum, und wenn es sich nicht vermeiden läßt, dann gehen sie auch – lieber langsamer als zu schnell, lieber bedächtig und zielstrebig als gehetzt oder verfolgt. Menschen reden gerne miteinander. Dabei verharren sie, um sich anzuschauen. Wenn sie einen guten Standpunkt haben, lassen sie den Blick schweifen. Interessiert sie etwas besonders, dann nehmen sie sich Zeit, um einen Gegenstand in Ruhe zu betrachten, ihn zu begreifen. Dieses *Mit-den-Augen-Begreifen* ist die Voraussetzung dafür, etwas zu verstehen. Noch mehr Zeit benötigen wir, wenn wir Zusammenhänge zwischen offensichtlich getrennten Objekten erkennen sollen. Wir müssen nachdenken, wir vergleichen neue Bildeindrücke mit bereits erlebten aus der Erinnerung. Das dauert seine Zeit. Wie schwierig es ist, Bilder zu erkennen und zu verstehen, mußten wir spätestens bei der Entwicklung der Computer lernen. Die riesigen Datenmengen der Bildverarbeitung werden uns noch lange zu schaffen machen.

Doch zurück zur Bewegung. Wir haben erkannt, daß Bilder, wie sie bei Kamerabewegungen entstehen, unserem ererbten Verhaltens- und Erlebnisrepertoire nicht entsprechen. Trotzdem sind hochgradig bewegte Bilder offensichtlich ein Erfolgsrezept, zumindest ein kommerzielles. Wann immer sich etwas bewegt, schauen wir hin. Einschaltquoten beweisen, daß nur wenigen der rettende Griff zur Notbremse gelingt, indem sie den Kasten einfach abschalten. Woher kommt diese unabwendbare Faszination der »Zappelbilder«? Das zu erklären, mache ich einen kleinen Ausflug in die menschliche Entwicklungsgeschichte.

Es ist leicht zu verstehen, daß die Wahrnehmung von Bewegungen eine Überlebensstrategie war, die im Prozeß der Evolution Vorteile verschaffen konnte. Ich will fressen und nicht gefressen werden. Auslösendes Signal für den Jagd- wie für den Fluchtreflex war Bewegung. Unsere Augen entsprechen noch heute diesem Konzept. In einem ganz kleinen Bereich der Netzhaut können wir scharf sehen, farbig nur in einer wenig größeren Umgebung. Etwas erweitert ist die Zone des schwarzweißen Sehens, und am äußeren Rand der Retina nehmen wir keinen Bildeindruck, sondern nur noch Veränderung, also Bewegung wahr. Dieser Wahrnehmungsreiz – weil in frühesten Zeiten überlebenswichtig – ist immer noch so stark, daß wir uns zwanghaft und ohne die Möglichkeit bewußter Kontrolle jeder Bewegung zuwenden müssen, um sie auf eine eventuelle Gefahr zu überprüfen. Wäre das nicht der Fall, könnten wir nicht schnell genug ausweichen. Die Reaktion auf einen geworfenen Stein ist nur möglich, weil unser bewußtes Denken einfach abgeschaltet wird. Hätten wir bei dem Steinwurf darüber nachdenken können, ob wir zur Abwehr den Arm vor unser Gesicht halten sollen, hätten wir vielleicht ein Auge verloren. Wir verstehen jetzt, daß starke Bewegungsreize unsere bewußte Denkfähigkeit behindern.

So erklärt sich also der Erfolg des Actionfilms. Die vorbewußte Überlebensstrategie zwingt uns, auf Bewegungen zu achten. Das optische Reizfeuerwerk schaltet unser kritisches Denken aus. Erst nach dem Konsum der opulenten Mangelware können wir uns darüber ärgern, was wir da wieder für einen Mist angeschaut haben! Werbung und Sendeankündigungen geben uns dann noch den Rest.

Was für eine traurige Fernsehkultur, wenn der einzig ruhende Pol in der Flut der Erscheinungen das Senderlogo in der Bildschirmecke ist!

Gefragt, wie es zu einem spürbaren Verfall des Fachwissens auf dem Gebiet der Bildgestaltung im Bereich der Berichterstattung kommen konnte, scheinen mir die Gründe offensichtlich: Fernsehjournalisten interessieren sich zu wenig für die Gestaltung der Bilder, und noch weniger tun das ihre Redaktionsleiter!

Mit der Gestaltung folgt man Trends, die man für modisch hält. Kaum einmal wird der Wirkungsgrad auf den Zuschauer überprüft, solange nur die Einschaltquoten für die Sendung stimmen. Eine solche Haltung führt zu traurigen Arbeitsverhältnissen. Völlig sinnlose Mehrarbeit ist an der Tagesordnung, weil unkontrolliert viel gedreht und verarbeitet wird. Konzepte werden, wenn es sie überhaupt gibt, aus der hohlen Hand entwickelt. Der Begriff *Dramaturgie* ist ein Fremdwort aus der Theaterwelt. Man müßte eine andere Einstellung zu dieser Arbeit haben, und mit dem Begriff *Einstellung* haben wir uns dann ausführlich beschäftigt. Sie ist nicht nur Kameraposition und Bildausschnitt, sondern repräsentiert die Einstellung des Berichterstatters zu seiner Story, zu seinem Aufnahmeobjekt und zu seinen Zuschauern. Eine klare Einstellung in einem Film ist so wichtig wie ein deutliches Wort im Artikel einer Zeitung. Mit den Augen *begreifen* lassen, das sollte der Sinn der Bildgestaltung sein.

Doch was bedeuten schon deutliche Worte? Letztlich ist doch wieder alles in Bewegung. Wir können nicht folgen, fühlen uns aber verfolgt. Glaubt man den Fernsehmanagern, dann ist das ein Gewinn, zumindest für sie. Wir aber sitzen artig vor der Glotze, um festzustellen: ... und sie bewegt sich doch!

4 UMGANGSFORMEN MIT DER KAMERA

Nach dem Ausflug in die »Bewegungstheorie« wenden wir uns nun endlich der Praxis zu. Dabei geht es zunächst einmal um die Kamerabewegung in ihrer ganzen Bandbreite, was mich zwingt, im weiteren sehr geordnet vorzugehen.

Ich wage als erstes eine Aufzählung:

1. Kameragewackel – die unruhige Führung
2. Erweitertes Bildfeld – der Schwenk
3. Fußmärsche und Fahrten
4. Scheinfahrten – der Zoom
5. Innere Montage – die hohe Schule

Es gibt leider noch sehr viel mehr Bezeichnungen für Kamerabewegungen. Man darf sich aber nicht irritieren lassen! Nur diese fünf entsprechen dem Wesen der jeweiligen Bewegung.

Allerdings: So zeitgemäß die Arbeit mit der Handkamera auch erscheinen mag, bei der Ausführung gezielter Bewegungen mit hohem Qualitätsanspruch an die Bilder reicht die Handarbeit bei weitem nicht aus. Der Einsatz elektronischer Aufnahmegeräte hat durch die mögliche Trennung von Kamerakörper und Sucher (Monitor) zu einer rasanten Entwicklung von Kamerastützgeräten geführt. So fliegen heute z. B. Kameras an Seilen, Schienen oder Kranarmen durch Zuschauerräume, während der Kameramann am Monitor sitzt und steuert.

Seit Abel Gance 1921 seine Kamera an einem Pendel über die inszenierte französische Nationalversammlung schwingen ließ, ist der Wunsch nach einer beweglichen Kamera beim Drehen immer stärker geworden. Deshalb ist die Entwicklung der Kamerabewegungen gleichzeitig auch die Geschichte der Entwicklung der Stative. Was mir davon für die Berichterstattung interessant erscheint, möchte ich im Folgenden beschreiben.

Ein sicherer Standpunkt

Vielleicht war es immer der Wunsch des Menschen zu fliegen und sich frei im Raum bewegen zu können. Die heutigen Möglichkeiten der Kameratechnik kommen diesen Phantasien entgegen. Allerlei Bewegungsapparate wie Dolly, Kran oder Fluggerät machen es möglich, zumindest für die Kamera.

Als der Film erfunden wurde, war eine Kamera ein großer Holzkasten, den man nicht in der Hand halten konnte. Zudem mußte man kräftig an einer Kurbel drehen, um den Apparat in Funktion zu versetzen. Darum wurden diese Holzkästen auf ein Dreibein, ein Stativ, gestellt. War die Kamera schwer genug und das Stativ entsprechend massiv, so daß die Kurbelbewegungen es nicht umwerfen konnten, dann entstanden – aufgrund der Trägheit des Apparates – einigermaßen ruhige Bilder, obwohl man »drehte«.

So war also ganz zu Anfang die Dreharbeit an das Stativ gebunden. Das änderte sich erst mit dem Einsatz von Federwerken und Elektromotoren an den Kameras. In den zwanziger und dreißiger Jahren gab es unzählige Erfindungen und Entwicklungen.

Alle einfachen Aufnahmegeräte mußten aber immer noch ohne gleichzeitige Tonaufnahme auskommen, weil die laufende Kamera einen fürchterlichen Lärm machte. Für synchrone Tonaufnahmen verwendete man Geräte, die eine Schalldämmung hatten und dadurch so groß und schwer wurden, daß man sie wieder nicht in der Hand halten konnte.

Hollywood bewegte seine Technicolor-Mammutkameras mit gewaltigem Geräteaufwand, aber so etwas rentierte sich eben nur beim Spielfilm und war im dokumentarischen Bereich völlig unmöglich.

Die ersten perfekten Handkameras wurden dann Ende der dreißiger Jahre von Arnold und Richter gebaut. Als die Kamera der Kriegsberichterstatter kam die »ARRI« im Zweiten Weltkrieg zu traurigem

Ruhm. Auch sie war noch keine Tonkamera, die »Wochenschau« dieser Zeit mußte fast durchgehend mit Musik unterlegt werden. Nach der »erzwungenen« Beweglichkeit, die bei Kriegseinsätzen nicht zu vermeiden war, kehrte die Kamera erst einmal wieder artig auf ihr Stativ zurück. Das Drehen mit einer frei in der Hand gehaltenen Kamera und die entsprechenden »Wackelbilder« waren kein Thema, bis Anfang der sechziger Jahre die französische »Eclair« auf den Markt kam. Das war eine leise laufende Schulterkamera, mit der man fast zwölf Minuten durchgehend synchrone Bild- und Tonaufnahmen drehen konnte. Die »Eclair« sollte eine bewegliche Reportagekamera sein. Doch es wurde daraus eine Bewegung der entfesselten Kamera. Schwitzende Kameramänner rannten mit laufender »Mühle« durch die Gegend, wo immer der Raum es zuließ. Man lief neben, vor oder hinter allem her, was sich bewegte, und erst das Ende der Filmrolle garantierte das Abschalten der Kamera. *Cinéma vérité* hieß diese Bewegung, das wahrhaftige Kino. Ob es wohl die richtige Bewegung für die bewegte Kamera war?

Die unruhige Kamera

Meiner Meinung nach gehört die dokumentarische Kamera in die Hand. Nur in Ausnahmefällen sollte ein Stativ verwendet werden, wenn z. B. mit einer langen Brennweite, also mit einem Teleobjektiv, aufgenommen werden muß.

Warum kein Stativ? Moderne Kameras sind nicht mehr sehr schwer und lassen sich leicht in der Hand halten oder auf der Schulter tragen. Von einem dokumentarischen Kameramann wird heute vor allem Anpassungsfähigkeit verlangt. Er muß schnell und möglichst unauffällig auf jede Veränderung einer Situation reagieren können. Allein durch den Aufbau des Stativs könnte eine Szene zu einer Inszenierung geraten. So ist die Handkamera für die hochwertige Berichterstattung, besonders aber für alle reportageähnlichen Formen, heute eine fast unabdingbare Voraussetzung.

Das allerdings bedeutet nicht, daß die Kamera *unruhig* geführt werden müßte. Die Geschicklichkeit des Kameramannes spielt dabei eine große Rolle; es gibt aber auch gute technische Hilfsmittel, eine unruhige Kameraführung zu vermeiden, wenn man nur will! Was aber ist nun eigentlich so problematisch an einer »Wackelkamera«?

Erinnern wir uns an den Actionfilm. Bewegungsreiz mindert prinzipiell unsere Fähigkeit zum begrifflichen Denken. Dieses jedoch fordern wir für den Informationstransfer, den wir bei der Berichterstattung anstreben. Beobachtende Menschen nehmen üblicherweise eher einen ruhigen Standpunkt ein; außerdem haben unsere Augen gegenüber der Kamera einen faszinierenden Leistungsvorteil, sie arbeiten ohne wahrnehmbare Bildbegrenzung. Die Netzhaut des Auges bildet nur in ihrem kleinsten, mittleren Teil scharf und farbig ab. Nach außen werden Bildinhalte sanft abgeblendet. Wir können das leicht nachvollziehen. Wir halten die Hände ausgestreckt mitten in unser Gesichtsfeld und bewegen sie dann bei geradeaus gerichtetem Blick nach hinten. Es gibt keine Bildumrandung wie bei einer Kamera. Selbst wenn wir laufen, kopfstehen, uns bewegen, erleben wir ein ruhiges Bild. Diese Art der Wahrnehmung hat sich offensichtlich evolutionsgeschichtlich als Überlebensstrategie herausgebildet.

Anders bei der Kamera. Ihr Bild ist durch einen Rahmen begrenzt, der sich uns als starre Linie darstellt. Wenn wir nun die Kamera bewegen, verändert sich der Bildinhalt im Verhältnis zu seiner Umrandung. Linien und Bildpunkte des Inhalts schneiden den Rand. Es entsteht eine Relativbewegung am Bildrand, obwohl unser Aufnahmeobjekt völlig statisch ist. Bei gezielten Kamerabewegungen nutzen wir diese Wirkung für die Gestaltung. Leider jedoch wirkt dieser Effekt auch dann, wenn wir es nicht beabsichtigen. Setzen wir eine Kamera nicht auf ein Stativ, sondern drehen aus der Hand, dann können wir die ungewollte Relativbewegung am Bildrand nicht ausschließen. Da der Betrachter aber jeder Bewegung folgen muß, wird der Blick immer wieder zum Bildrand geleitet. Die Konzentration auf den Bildinhalt, der im Zentrum des Bildes liegen sollte, wird dadurch gestört. Die Ablenkung nimmt in gleichem Maße zu, in dem sich die Relativbewegung am Bildrand verstärkt. Die Wackelkamera behindert deshalb unser begriffliches Wahrnehmen. Das geschieht leider, ohne in unser Bewußtsein zu dringen. Anders gesagt: Wir bemerken nicht, daß wir nicht mehr konzentriert sind.

Der Filmgestalter, der eine unruhige Kameraführung einsetzt, sollte sich deshalb darüber klar sein, daß er mit diesem Mittel die bewußte Wahrnehmung des Zuschauers ausschalten kann. Kameraleute werden sich immer bemühen, ihr Gerät so ruhig wie möglich aus der Hand zu führen. Man sollte sie nicht unbedacht daran hindern, indem man vielleicht eine *living camera* oder *moving motion* verlangt, ohne sich für die Wirkung solcher Effekte zu interessieren oder ohne sie ganz bewußt einsetzen zu wollen.

Bis hierher haben wir über zufällige Kamerabewegungen nachgedacht, und ich habe eindringlich davor gewarnt. Nun kommen wir

Bei unruhig geführter Kamera (schematisch dargestellt durch die Bildrahmenverschiebungen) entsteht bei den Linien, die den Bildrand schneiden, eine künstliche Bewegung. Das stört beim Betrachten und lenkt ab.

zu den gezielt eingesetzten Kamerabewegungen, dabei handelt es sich um sinnvolle und wirksame Gestaltungsmittel.

Der Schwenk – das erweiterte Bildfeld

Schaut man zum ersten Mal durch eine Kamera, wird man die Enge des Bildausschnitts als ganz besonders bedrückend empfinden. Aus diesem Grund haben unerfahrene Filmgestalter ein auffallendes Bedürfnis, die Kamera von ihrem Standpunkt aus in jede Richtung zu bewegen. Sie schwenken, um der Einschränkung des Blickwinkels zu entkommen, und weil sie meinen, der Schwenk entspräche einer Wendung des Kopfes. Tatsächlich aber kennen wir den Schwenk als natürliches Seherlebnis überhaupt nicht. Die Drehbewegung des Kopfes wäre zwar noch vergleichbar, aber die Augen spielen nicht mit. Sie fixieren bewegte Objekte und verweilen so lange auf ihnen, bis das Gehirn diese identifiziert, d. h. *gesehen* hat. Erst dann springen die Augen zum nächsten markanten Bildinhalt usw. Wir sehen also einen Schwenk als eine Folge von relativ kurzen, harten Schnitten.

Beobachten Sie einmal eine Person, die sich umschaut. Beobachten Sie die Augenbewegungen. Sie werden die Pupillensprünge feststellen, mit denen Objekte fixiert werden, während der Kopf sich gleichmäßig weiterwendet.

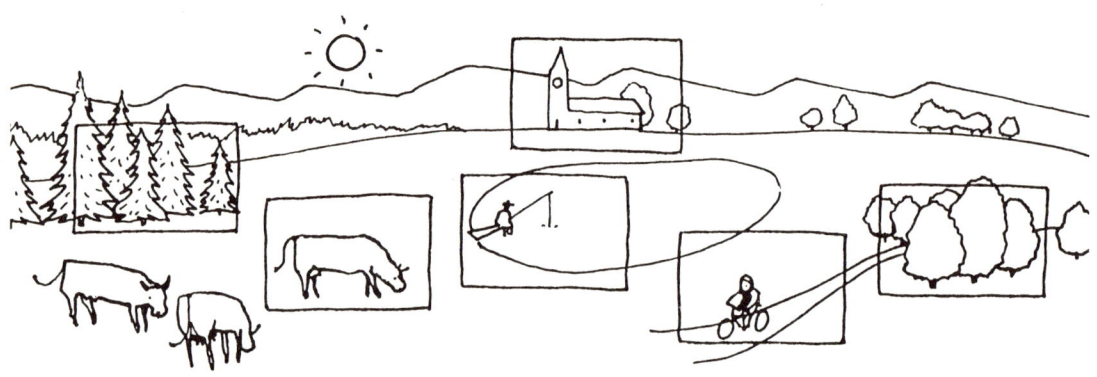

Natürliche Wahrnehmung. – Wenn wir uns umschauen, bleiben die Augen an einzelnen Objekten haften und machen daraus eine stehende Einstellung. Wir erleben eine Folge harter Schnitte.

Der Schwenk deckt sich also nicht mit unseren natürlichen Sehgewohnheiten. Wir sprechen deshalb von einer Verfremdung, einer Manipulation, die eine eindringliche Wirkung haben kann. Beschäftigen wir uns darum mit den Gelegenheiten, einen Schwenk sinnvoll einzusetzen.

Die Umschau, also eine erweiterte Totale, ist sicher die häufigste Anwendungssituation. Allerdings ist der Schwenk in diesem Zusammenhang nur von mäßiger Wirksamkeit. Genauer gesagt: Die Totale soll die räumliche Einordnung aller in einer Sequenz verwendeten Einstellungen ermöglichen. Angemessen räumlich einordnen kann unser Gehirn aber nur, wenn wir ein wirkliches Nebeneinander aller Details betrachten können.

Diese Möglichkeit zur gleichzeitigen Betrachtung geht natürlich bei einem Schwenk verloren, denn er zeigt erst das eine und dann weitere Objekte. Wenn wir also zu einer Sequenz eine räumlich orientierende Einstellung benötigen, sollten wir eine feststehende Totale wählen. Der Schwenk sollte die Notlösung für jene engen räumlichen Situationen bleiben, die wir mit einer statischen Totale nicht erfassen können. Sollten wir ihn trotzdem anwenden, sind weitere Besonderheiten seiner Wirkung zu bedenken. Untersuchen wir einmal mehr unser Sehverhalten. Interessiert uns etwas, dann verharren wir mit dem Blick, gehen näher heran, betrachten das Objekt von allen Seiten. Genau das Gegenteil vermittelt der Schwenk. Er vermittelt, daß keines der gezeigten Details unser Interesse wecken sollte.

Also schweift unser Blick weiter und weiter. Filmgestalter sollten sich jedes Mal, wenn sie sich für einen Schwenk entscheiden, fragen, ob sie tatsächlich Desinteresse erreichen wollen. Denn nur dann wäre er richtig und sinnvoll eingesetzt. Eine wirksame Anwendung findet er allerdings bei der Darstellung von räumlichen Beziehungen, wenn wir etwa sagen wollen: Neben dem Haus steht ein alter Baum. Der Redner wendet sich an seine Zuhörer. In unmittelbarer Nähe der Müllhalde wird eine Wohnsiedlung gebaut usw.

In diesen Fällen muß die Kamerabewegung mit einem ausgeprägten Motiv beginnen und nach dem Ende des Schwenks auf einem weiteren verweilen. Diese Motive sollten jeweils ausreichend lange zu betrachten sein; man braucht also ein ruhiges Bild vor dem Schwenk und eines danach. Auf diese Weise kann man differenzierte Abstände oder Nähe ausdrücken.

Der Schwenk mit der Kamera ist zur allgemeinen Orientierung weniger geeignet als eine Totale, weil der Schwenk das gleichzeitige Betrachten verschiedener Objekte und deren räumliche Einordnung verhindert.

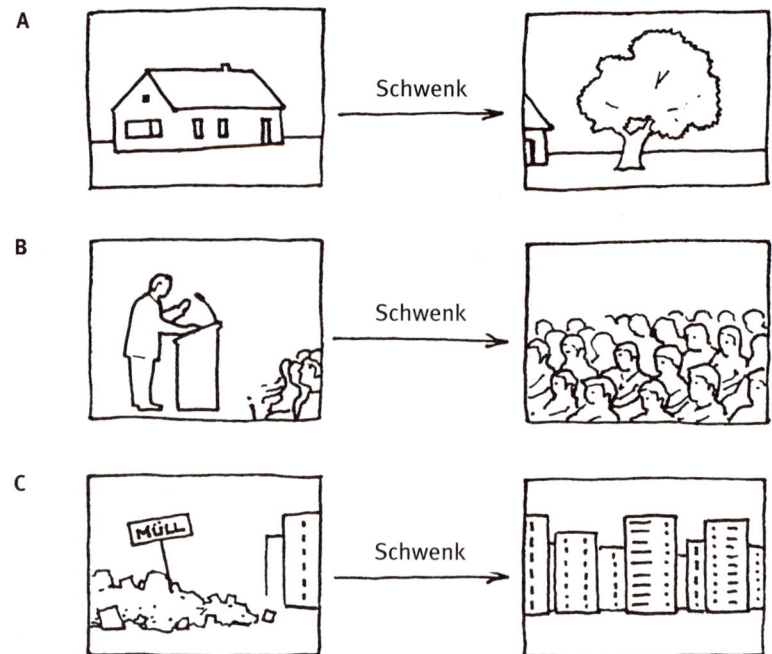

Kameraschwenks sind gut geeignet, um das räumliche Nebeneinander von Objekten oder Personen zu verdeutlichen.
A: Neben dem Haus steht ein Baum.
B: Der Redner spricht zu seinem Publikum.
C: Neben der Müllhalde befindet sich eine Wohnsiedlung.

A

Schwenk

B

Schwenk

C

Schwenk

Doch man kann auch in die Ferne schwenken, um z. B. Gleichzeitigkeit an unterschiedlichen Orten auszudrücken. Dazu verwendet man den Reißschwenk, dessen Bewegung so schnell angelegt ist, daß wir einzelne Bildinhalte nicht mehr erkennen können. In diesen verrissenen Bildern verbirgt sich dann auch der Wechsel zwischen den beiden Einstellungen. Die erste endet mit einem Reißschwenk, die zweite beginnt damit. Der nicht wahrnehmbare Umschnitt verbindet beide Schwenks scheinbar zu einem einzigen. Ein Beispiel: In London drehen wir eine Totale des Buckinghampalastes, die wir mit einem schnellen Schwenk beenden. In Washington beginnen wir eine Einstellung des Weißen Hauses mit einem Schwenk, verharren einige Sekunden auf dem Gebäude und schwenken dann in die gleiche Richtung weiter. In Moskau beginnen wir wieder mit einem Schwenk aus dem »Nichts« und bleiben auf dem Kreml stehen. Bei der Montage der Einstellungen legen wir die Schnitte nun – für den Betrachter nicht erkennbar – jeweils in den verrissenen, verwischten Teil des Schwenks. In der Wirkung der Sequenz befinden wir uns dann fast

gleichzeitig am Buckinghampalast, am Weißen Haus und vor dem Kreml.

Der Reißschwenk als Übergang zu einem anderen Raum hat sich als unmißverständliches Ausdrucksmittel bewährt. Leider wird er nur selten eingesetzt. Er ist mit viel Handarbeit verbunden, deshalb bevorzugt man heute per Rechner programmierte Einstellungswechsel.

Es gibt noch eine ganz andere Art zu schwenken. Sie fordert dem Kameramann höchste Konzentration und Geschicklichkeit ab, weil hier die Kamerabewegung das leisten muß, was unsere Augen absolut perfekt können, nämlich ein bewegtes Objekt fixieren. Aus filmischer Sicht handelt es sich eigentlich nicht um einen Schwenk. Vielmehr geht es darum, aus einem bewegten Objekt eine *feste* Einstellung zu machen. Gemeint ist damit z. B., einen einzelnen Fußballspieler aus einem Spiel oder einen Passanten aus einer Menge herauszugreifen, einen Rennwagen in einer Kurve oder zwei Pferdeköpfe beim Zieleinlauf groß im Bild zu haben. Die handwerkliche Geschicklichkeit des Kameramanns ist dabei erheblich gefordert. Er schwenkt mit seinem Gerät wild hin und her, und trotzdem wird das Ergebnis kein Schwenk, sondern eine stehende Einstellung sein.

Das liegt daran, daß unser Gehirn den verrissenen Hintergrund völlig aus dem Bewußtsein verdrängt, weil wir uns ausschließlich auf das Objekt konzentrieren. Vorbewußt allerdings hat solch eine Aufnahme eine sehr eindringliche und dramatische Wirkung.

Der Reißschwenk ist ein sicheres Gestaltungsmittel, um die Gleichzeitigkeit unterschiedlicher Schauplätze darzustellen. Der Schnitt zwischen den einzelnen Einstellungen ist zwischen die verrissenen Bilder gelegt und für den Betrachter nicht zu erkennen.

Objektbewegung ← → Kamerabewegung

Schwenkt die Kamera mit einem bewegten Objekt mit, dann wird daraus eine **stehende Einstellung.** Durch den verrissenen Hintergrund haben solche Bilder jedoch eine hohe Dramatik.

Wir wissen bereits, daß wir als Betrachter mit zwanghafter Aufmerksamkeit auf jede Bewegung reagieren. Bei dieser Art des Schwenks wird auf raffinierte Weise eine stehende Einstellung mit einem hohen Maß an Bewegungsreiz kombiniert. Das hat zur Folge, daß wir länger konzentriert hinschauen können, als es unserer normalen Sehgewohnheit entspricht – eine Tatsache, die für die Filmgestaltung von großer Bedeutung ist. Leider können wir derartige Einstellungen mit einem Schwenk nicht beliebig lange andauern lassen, da die Kamera an einen festen Standpunkt gebunden ist.

Eine weitere Steigerung erreichen wir, wenn wir die Kamera der Bewegung des Aufnahmeobjekts anpassen. Das gelingt etwa mit einer Fahrt oder einem Gang, also mit weiteren Gestaltungsmitteln hoher Intensität. Sie müssen jedoch gekonnt und relativ aufwendig angelegt werden, damit sie nicht einfach nur als Wackelkamera wahrgenommen werden. Mit dieser Problematik möchte ich mich jetzt beschäftigen.

Fußmärsche und Fahrten

Gänge und Fahrten sind die Möglichkeiten der Kameraarbeit, mit denen die Dramatik erheblich verstärkt werden kann. Nur muß man die technische Ausführung wirklich beherrschen, um nicht etwa einen gegenteiligen Effekt zu erreichen.

Gehen wir wieder einmal von den natürlichen Wahrnehmungsmöglichkeiten des Menschen aus. Wir wissen bereits, daß wir einen räumlich orientierenden Schwenk nur als eine Reihe harter Schnitte, also eine Aneinanderreihung einzelner Einstellungen wahrnehmen können. Ganz ähnlich ergeht es uns, wenn wir uns in einem Raum bewegen und unseren Standpunkt laufend verändern. Unsere Augen fixieren prägnante Punkte und schalten übergangslos von einem Objekt zum anderen. Eine Fahrt im Sinne eines gleichmäßigen Fluges durch den Raum erleben wir also nicht. Trotzdem sehen wir bei einem Gang viel mehr als aus einer statischen Beobachtungsposition.

Stellen wir uns vor, wir gehen durch einen Wald und beobachten dabei einen Vogel oder ein Reh. Immer wieder werden sich Äste und

Baumstämme durch unser Gesichtsfeld schieben. Diese beachten wir nicht bewußt, denn unser Blick ist mit Interesse auf das Tier gerichtet bzw. auf die gerade verdeckte Stelle, an der es sich befinden müßte. Diese perspektivische Verschiebung findet in geringerem Maß auch im Hintergrund statt. Daraus ergibt sich ein sich permanent veränderndes Bild. Immer neue, sich schneidende Linien erzeugen einen ständigen Bewegungsreiz für unsere Augen. Eigentlich müßten wir uns jeder dieser *Scheinbewegungen* zuwenden; trotzdem bleibt unsere Konzentration ausschließlich bei dem beobachteten Tier.

Diese Fähigkeit verdanken wir wohl unserem aus grauer Vorzeit vererbten Flucht- bzw. Jagdverhalten: eine Sehweise, die wir nur

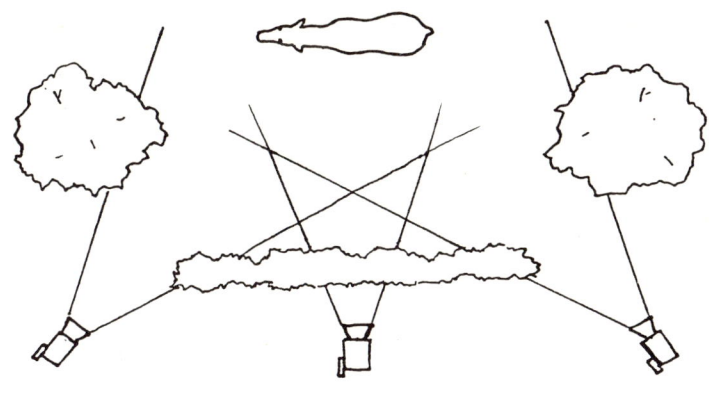

Kamerafahrt. – Während die Größe des Aufnahmeobjekts unverändert bleibt, da aus gleichem Abstand aufgenommen wird, werden die Anschnitte im Vordergrund perspektivisch verschoben. Das dramatisiert die Bilder und verstärkt den räumlichen Eindruck.

Fahrt der Kamera

unter Anspannung oder Streß zu leisten vermögen. Unsere bewußte Aufmerksamkeit bleibt bei dem beobachteten Objekt. Vorbewußt verarbeitet unser Gehirn trotzdem alle damit einhergehenden perspektivischen Verschiebungen zu einer komplexen räumlichen Orientierung.

Kamerafahrt. – Auch im
Spielfilm wird von
den darin liegenden
Möglichkeiten ausgiebig
Gebrauch gemacht.

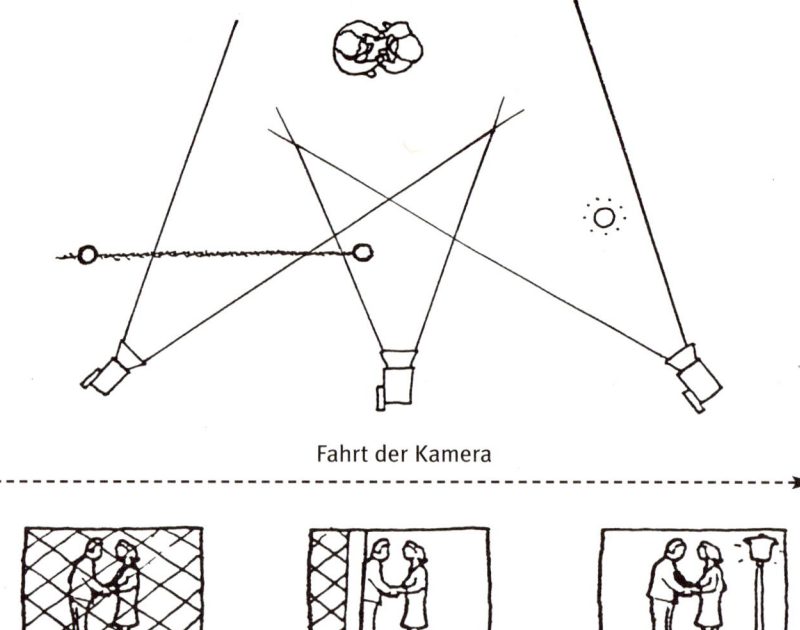

Fahrt der Kamera

Betrachten wir nun die Filmgestaltung als einen der Wahrnehmung reziproken Prozeß, dann können wir davon ausgehen, daß perspektivische Verschiebungen den Zuschauer in Spannung versetzen. Zumindest aber wird die Aufmerksamkeit verstärkt, und zwar mit rein formalen Mitteln, also noch nicht über den Inhalt. Die Kamerafahrt bietet sich als die am intensivsten wirkende Aufnahmetechnik geradezu an. Allerdings muß dabei bedacht werden, daß wir ununterbrochene Anspannung nicht endlos aushalten können, ohne zu ermüden. Funktionieren wird dieser Gestaltungsmechanismus also nur, wenn wir ihn relativ sparsam einsetzen. Nur in einem Wechsel zwischen Spannung und Entspannung können wir auch längere Zeit aufmerksam sein.

Bei der zweiten Variante der Fahrt haben wir kein Objekt im Bild, dem wir folgen. Die Kamera bewegt sich stellvertretend für eine handelnde Person durch den Raum. Der anhaltende Bewegungsreiz der perspektivischen Verschiebung steigert unsere Aufmerksamkeit.

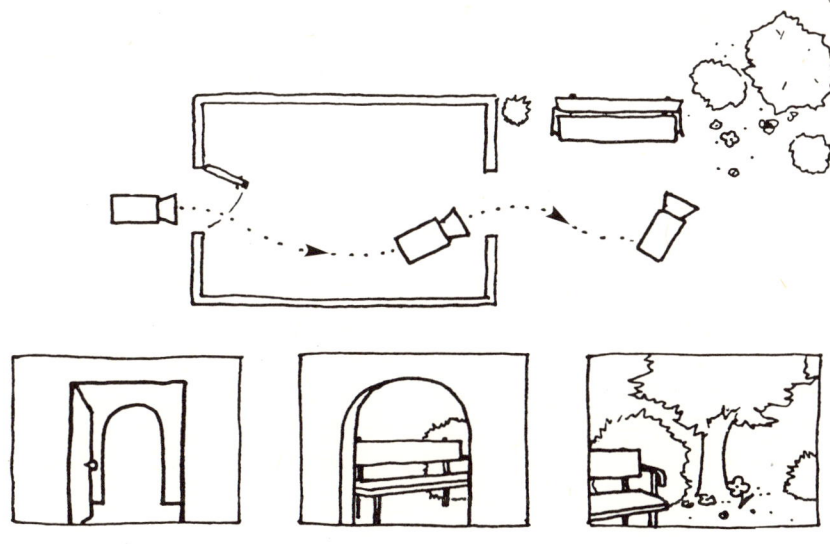

Gleichzeitig wird unsere Raumwahrnehmung aktiviert. Das empfinden wir als angenehm, weil das zweidimensionale Bild von Leinwand oder Bildschirm nicht unseren Wahrnehmungsgewohnheiten entspricht. Sehr viel mehr hat eine solche Fahrt aber nicht zu bieten. Als orientierende Einstellung ist sie relativ ungeeignet, weil sie, genau wie der Schwenk, keine gleichzeitige Betrachtung von Details ermöglicht. Zur inhaltlichen Darstellung kann man sie überhaupt nicht verwenden, denn der immer neue Bewegungsreiz behindert sogar die begriffliche Wahrnehmung.

Trotzdem ist diese Art der Kamerafahrt in der Praxis des berichterstattenden Films sehr beliebt. Besonders unerfahrene Journalisten wenden sie sehr gerne an. Das hat einen leicht verständlichen Grund: Ein permanent wechselnder Bildinhalt bildet keinen begrifflichen Fokus. Dadurch fällt es leicht, derartige Aufnahmen mit jedem beliebigen Text zu unterlegen. Warum diese Vorgehensweise dem Informationstransfer schadet, ist eine Frage, die ich in dem Abschnitt »Der Text« noch ausführlich behandeln werde.

Bis jetzt habe ich mich nur mit der Fahrt beschäftigt und nicht mit dem Gang. Eigentlich ist das auch nicht nötig, weil es sich theoretisch um das gleiche Gestaltungsmittel handelt. Das Gehen mit laufender

Kamera entspricht in seiner Funktion völlig der Kamerafahrt. Der Unterschied liegt in der Ausführung. Auch einem guten Kameramann geraten Gänge mit der Kamera leicht zu einem erheblichen Bildgewackel, dessen Nachteile wir inzwischen kennen.

Trotzdem werden Gänge immer wieder bei den unpassendsten Gelegenheiten von einem Kameramann gefordert. Das geschieht mit der Begründung, ein Gang sei eine subjektive Einstellung und dadurch ein Mittel der Reportage. Leider sind diese Bezeichnungen, auf die Berichterstattung bezogen, häufig falsch gewählt.

So ist z. B. die Reportage der subjektive Bericht aus Sicht einer Person, des Reporters. Subjektive Aufnahmen in einem Film müssen deshalb deutlich einer handelnden Person zugeordnet werden. Das aber kostet Zeit, die ein 3-Minuten-Bericht kaum zu bieten hat. Außerdem passen subjektive Darstellungselemente vielleicht in einen Korrespondentenbericht, nicht aber in einen Nachrichtenfilm!

Wollen wir Dramatik, dann ist der Gang eine Möglichkeit, sie herzustellen. Bevorzugen wir einen möglichst effektiven Informationstransfer, sollten wir zu wirksameren Mitteln der Bildgestaltung greifen. Eines dieser Mittel ist der Zoom. Er hat eine hohe Wirksamkeit, ist auf den ersten Blick sehr faszinierend und wird deshalb besonders oft unbedacht und darum falsch eingesetzt.

Der Zoom – eine scheinheilige Fahrt

Früher gab es nur Objektive mit einer nicht veränderbaren Brennweite. Diese Objektive konnten die Aufnahmeobjekte nur in einer bestimmten Größe abbilden, weil man ihren Bildwinkel nicht verändern konnte. Es gab also Teleobjektive mit einem sehr engen Abbildungswinkel für Fernaufnahmen. Es gab besondere Linsen für Porträtaufnahmen und Weitwinkelobjektive für totale Aufnahmen, die einen weiten Raum zeigen sollten. Je nach Aufgabenstellung mußte also eine Optik gegen eine andere ausgetauscht werden, was viel Zeit kostete und darum gerade die dokumentarische Arbeit sehr behinderte.

Dann wurde 1937 bei Zeiss die erste Optik konstruiert, deren Brennweite veränderbar war. »Transfokator« hieß das Gerät, welches von den Praktikern einfach *Gummilinse* genannt wurde. Die Idee war genial. Eine einzige Optik sollte alle anderen ersetzen. Ein unschätzbarer Vorteil, gerade für die immer unter Zeitdruck arbeitenden Berichterstatter.

Aber auch geniale technische Ideen haben ihre unangenehmen Nebenwirkungen. Man konnte die Brennweite nun auch bei laufender Kamera verändern. Die Gummilinsenfahrt, der Zoom, war erfunden. Ich glaube, es gibt kein anderes Gestaltungsmittel der Kamera, was *so häufig so falsch* eingesetzt wird!

Sehen wir einmal genauer hin: Auch heute in der Praxis immer noch als Zoom*fahrt* bezeichnet, fehlt dem Zoom die typischste Eigenheit der wirklichen Kamerabewegung, der echten Fahrt – die Veränderung der Perspektive. Denn beim Zoom wird der Kamerastandpunkt nicht verändert. Eine sogenannte Zoomranfahrt ist also nicht

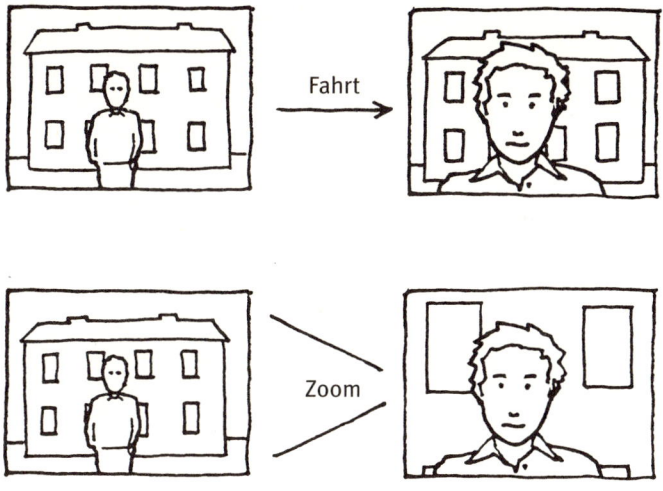

Die unterschiedliche Wirkung von Fahrt und Zoom. – Eine Fahrt verändert hauptsächlich die Größe der Objekte im Vordergrund. Der Hintergrund bleibt fast unverändert. Der Zoom liefert lediglich eine Ausschnittvergrößerung des anfänglichen Bildes, und die räumliche Orientierung des Bildes geht verloren.

mehr als eine Ausschnittvergrößerung des vorherigen Bildes, und umgekehrt ist eine Zoomrückfahrt eben nur eine Öffnung des Bildwinkels. Das meine ich nicht abfällig, sondern eher voller Bewunderung.

Einen Zoom oder etwas Vergleichbares gibt es in der natürlichen Wahrnehmung nicht. Vielleicht resultiert daraus die Faszination, die wir für einen Zoom empfinden. Eigenartig, daß wir ihn nicht als aufgesetzt oder gar künstlich empfinden! Niemals aber können wir ihn unbeachtet lassen.

Der Zoom hat eine ganz klar definierte Bedeutung. Er ist der besondere Hinweis, ein nicht zu übersehender Wechsel vom Allgemeinen ins Spezielle, das Ausrufezeichen der Bildsprache. Natürlich funktioniert das Ganze auch rückwärts. Das heißt, nicht das Besondere, sondern das Allgemeine, nicht nur eine Person, sondern alle Zuschauer werden ins Bild gerückt. Eigentlich eine ganz klare Sache!

Trotzdem ist ein falsch eingesetzter Zoom wohl der häufigste Gestaltungsfehler im berichterstattenden Film. Man fragt sich, wie so etwas möglich ist. *Niemand »!« würde wohl »!« einen vernünftigen Satz »!« so »!« schreiben.* Im berichterstattenden Film dagegen werden mindestens so viele *Ausrufezeichen* gesetzt, weil es oft kaum eine Einstellung ohne Zoom gibt. Nicht etwa, weil man so viele besondere Hinweise geben wollte, sondern einfach weil es immer wieder nur aus Versehen geschieht.

François Truffaut wird die Bemerkung nachgesagt: Wenn der Kameramann sich langweilt, weil sein Bild zu langweilig ist, dann zoomt er heran. Und wenn er dann merkt, daß es dadurch nicht besser wird, dann zoomt er wieder zurück. – Ich denke, Truffaut hat recht: Kameraleute langweilen sich, weil man sie nicht mit einem deutlichen Aussagewunsch fordert.

Überlegen wir einmal, wie es zu der Faszination durch den Zoom kommt. Es kann wohl nicht bloß die Freude an den besonderen Hinweisen sein! Nein, ich denke, es ist wieder nur der Bewegungsreiz, der uns fasziniert. Zu der natürlichen Bewegung im Bild kommt die scheinbare Annäherung an das Aufnahmeobjekt. Außerdem entsteht natürlich eine Relativbewegung am Bildrand, die in diesem Fall besonders ausgeprägt ist. Darüber hinaus vermittelt der Zoom einen so hohen Bewegungsreiz, daß diesem nicht nur der Zuschauer, sondern bereits der Kameramann unterliegt.

Oft allerdings zoomt der Kameramann auch aus einem anderen Grund. Er will bei einem sehr schnellen Brennweitenwechsel die Kamera nicht erst ausschalten, um sofort wieder präsent zu sein. Arbeitszoom nennt man so etwas. Leider werden häufig diese Hilfsmittel nicht herausgeschnitten, sondern in der Story verwendet. Dadurch gibt es dann eine so wilde Zoomerei, daß der Zuschauer oft Schwierigkeiten hat, den Bericht noch zu verstehen. Das liegt gerade daran, daß der Zoom ein so wirksames Gestaltungsmittel ist. Ein begrifflicher Fokus wird auf jeden Fall gebildet. Wenn dieser nicht Teil des Aussagewunsches ist, sondern das Produkt einer unbedachten Anwendung des Zooms, trägt das Bild mehr zur Verwirrung als zum Verständnis des Berichts bei.

Ein Beispiel: Ein Politiker begrüßt einen ausländischen Kollegen. Sie sitzen an einem kleinen Tisch, auf dem ein Blumenstrauß steht. Der Text wird sich mit dem gespannten Verhältnis beider Länder befassen. Der Kameramann, der sich im Sinne von Truffaut langweilt, zoomt auf die Blumen – in vielen Fällen ist es auch der Kronleuchter! Man wird sich also fragen, was der Konflikt der beiden Länder mit einem Blumenstrauß oder einem Kronleuchter zu tun hat.

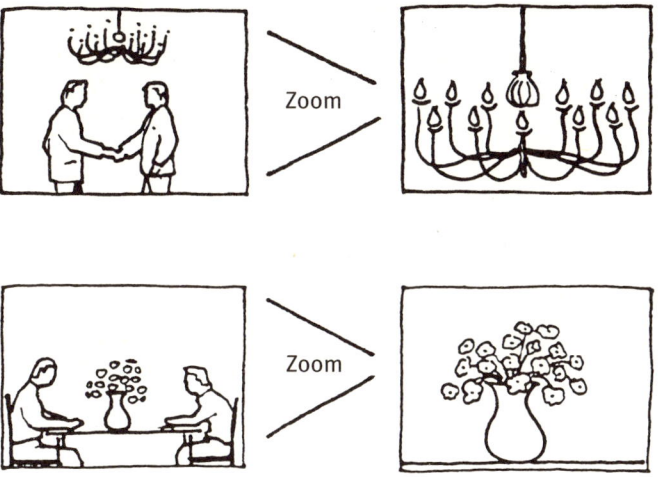

Wenn ein Kameramann sein Bild langweilig findet, zoomt er. Mit dem Aussagewunsch des Autors hat das meist wenig zu tun.

Leider sind derartige Bilder oft in Nachrichtensendungen zu sehen, darum ein weiteres Beispiel: Man berichtet von den Beschlüssen des Kabinetts. Dazu werden Bilder der sich begrüßenden Minister gezeigt. Der Kanzler, in diesem Fall noch Helmut Kohl, nestelt wie gewohnt an der Krawatte, was mit einem Zoom ganz deutlich gezeigt wird. Wie sollen die Zuschauer den politischen Inhalt eines

Regierungsbeschlusses verstehen, wenn man sie mit solchen Bildern ablenkt?

Wir haben uns jetzt mit den Möglichkeiten der bewegten Kamera beschäftigt. Obwohl ich bis jetzt deutlich vor zu viel Kamerabewegungen gewarnt habe, muß ich der Vollständigkeit halber von einer besonderen Art der Kamerabewegung schreiben, die in der normalen Fachsprache keinen Namen hat. Ich nenne sie die *innere Montage*.

Innere Montage – die hohe Schule der Kameraführung

Was ich mir darunter vorstelle, hat ein bißchen mit Hollywood und viel mit anspruchsvollem Dokumentarfilm zu tun.

Die Amerikaner haben es uns gezeigt. Ein Kameralauf enthielt nicht nur eine Einstellung. Nein, die Kamera wurde beweglich montiert und reagierte auf die handelnden Personen. Einmal gab es eine Totale, dann fuhr die Kamera auf eine Zweiereinstellung, sie schwenkte auf ein ganz nahes Gesicht, und mit einsetzender Aktion des Schauspielers entfernte sie sich wieder in eine Totale.

Bei einer solchen Szene ist alles geplant und geprobt. Auf diese Weise wurden eine oder mehrere Sequenzen gedreht, ohne die Kamera abzuschalten. Das Ziel – durch Bewegung dramatisierte Bilder – hatte einen großen Vorteil bei der Nachbearbeitung. Eine solche Szene erforderte nur noch wenig zusätzliche Schnittarbeit.

Sehr selten finden wir solche Elemente der Kameraarbeit auch bei den Dokumentarfilmern. Allerdings muß dazu auch ein wirklicher Könner die Kamera führen. Dann wird die Totale durch einen Gang mit einer näheren Einstellung verbunden. Vielleicht gibt es einen verdichtenden Zoom, danach einen Reißschwenk und einen Rückzoom und dann wieder einen Gang zurück in die Totale.

Als Beispiel wähle ich die Szene eines Parteitags.

Diese Arbeitsweise erfordert vom Kameramann besondere Geschicklichkeit und großes Einfühlungsvermögen, denn der Dokumentarfilmer hat keine Möglichkeit zu proben. Doch nicht nur der perfekte Umgang mit dem Gerät ist Voraussetzung. Der Kamera-

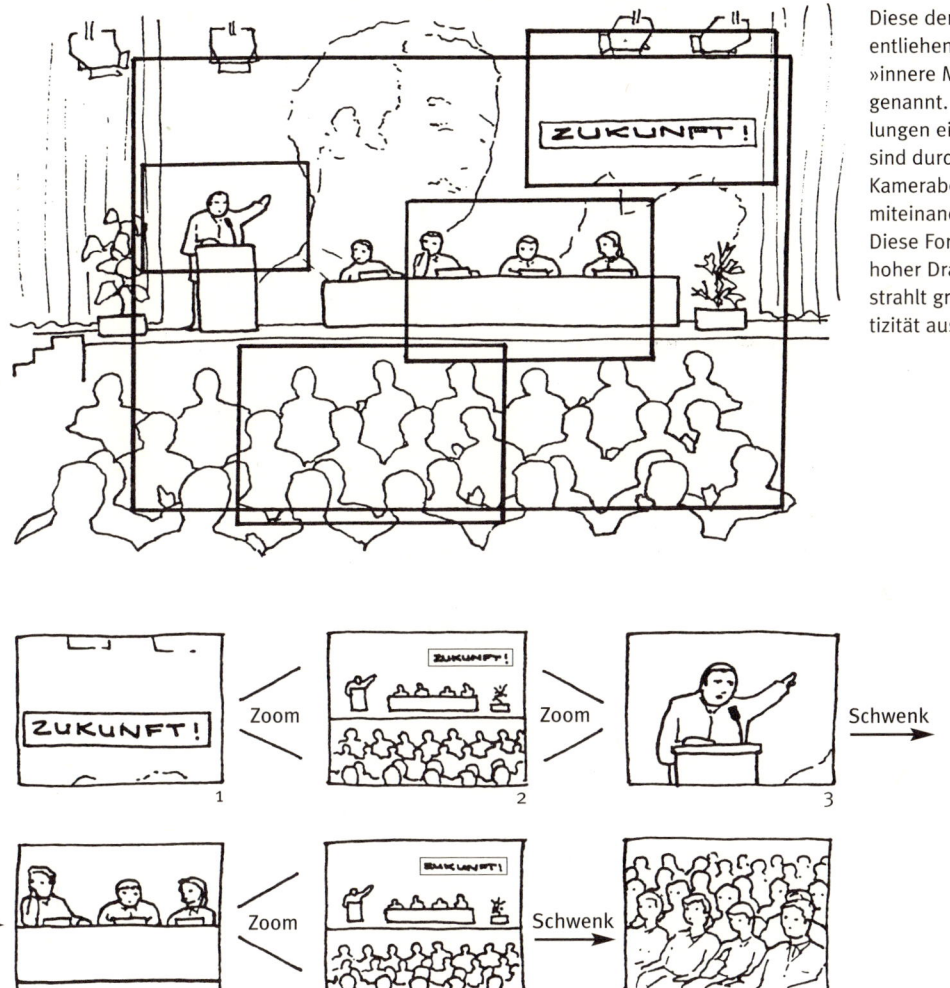

Diese dem Spielfilm entliehene Technik wird »innere Montage« genannt. Die Einstellungen einer Sequenz sind durch gezielte Kamerabewegungen miteinander verbunden. Diese Form ist von hoher Dramatik und strahlt große Authentizität aus.

mann muß auch inhaltlich fit sein und über ein gutes Zeitgefühl verfügen, denn seine verbundenen Einstellungen müssen bereits die endgültige Länge haben.

Dringend erforderlich kann diese Aufnahmetechnik in Situationen sein, bei denen zum Bild der einen Kamera auch der gesamte Ton durchgehend aufgenommen werden muß, also z. B. bei einer Diskussion oder bei einer musikalischen Darbietung. Der Kameramann muß also ohne Unterbrechung aufnehmen und trotzdem ganz unterschiedliche Einstellungen mit Kamerabewegungen und Zooms so harmonisch verbinden, daß eine sinnvolle Sequenz entsteht. Das ist die hohe Schule, auch für den Redakteur, der dem Kameramann vorher seine Aussageabsicht sehr genau mitgeteilt haben muß.

Auf den vorhergehenden Seiten haben wir uns mit den Kamerabewegungen beschäftigt. Zuerst ging es dabei um die unruhig geführte Kamera, die bei unbeabsichtigtem Einsatz nur als Fehler gewertet werden kann. Die Relativbewegung am Bildrand ist dafür verantwortlich, die bei jeder Kamerabewegung entsteht. Dieses Phänomen kennen wir aus der natürlichen Wahrnehmung nicht, weil unsere Augen nicht mit einem Rahmen ausgestattet sind. Dieser Effekt verleiht allen Kamerabewegungen eine gewisse Verfremdung. Wir können also von unseren Körperbewegungen nicht einfach auf Kamerabewegungen schließen wie z. B.: Ich drehe meinen Kopf, also kann ich auch mit der Kamera schwenken. Wie sich Schwenk und Fahrt von realen Wahrnehmungserlebnissen unterscheiden, habe ich eingehend beschrieben. Ganz besonders habe ich mich mit dem Zoom auseinandergesetzt, ihn als problematische Scheinfahrt, aber auch als besonders intensives Gestaltungsmittel eingeordnet.

Mit der »inneren Montage« habe ich schließlich die hohe Schule der Kameraführung beschrieben.

5 RAHMENBEDINGUNGEN – DER UMGANG MIT BILDAUSSCHNITTEN

Größen und Differenzen

Differenzen entstehen in einem Filmteam sehr schnell, vor allem, wenn es um die Größen geht. Damit meine ich nun nicht etwa die großartigen Starjournalisten und ihren Geltungsdrang, sondern die Einstellungsgrößen der Kamera und ihre oft recht verwirrenden Benennungen.

Man spricht von *Totalen* und von *Naheinstellungen,* von *Halbtotalen* und von *Großaufnahmen.* Leute, die nicht gut Bescheid wissen, sagen noch lieber *Closeup* und sind dann gleich überfordert, wenn der Kameramann auch Englisch spricht und einen *halfshot* vorschlägt. Das deutsche *halbnah* ist meiner Meinung nach auch nicht viel genauer und erzeugt ebenso viel Verwirrung wie der Begriff *Halbtotale,* um so mehr, als es nicht einmal eine vernünftige Definition für eine *Totale* gibt.

Diese Begriffsvielfalt hat mitunter zu lustigen Wortschöpfungen geführt: So wurde z. B. bei der alten Berliner UFA die Aufnahme eines Gesichts, in der das Kinn und der Haaransatz abgeschnitten waren, eine *Protze* genannt. Oder noch ein wenig derber: Eine Einstellung, die die Person ohne Beine zeigte, hieß *italienischer Schnitt,* weil die Bildbegrenzung bei den Genitalien also »gen Italien« lag.

Diese fast babylonische Sprachverwirrung führt verständlicherweise zu dauernden Mißverständnissen, die leicht zu vermeiden wären. Um also noch deutlicher zu machen, was ich meine, möchte ich das am häufigsten angewandte Einstellungssystem vorstellen. Es geht von fünf differenzierten Einstellungsgrößen aus, die allesamt jeweils auf die Abbildung einer Person bezogen sind. Demnach nennt man eine Einstellung, die eine Person in ihrer Umgebung zeigt, eine *Totale.*

Einstellungsgrößen. –
1 Totale – 2 Halbtotale –
3 halbnah – 4 nah –
5 groß; das sind die am
häufigsten verwendeten
Bezeichnungen für
ein Regelsystem unter-
schiedlicher Einstel-
lungsgrößen. Leider
bezeichnen diese Unter-
scheidungen nur Ge-
wohnheiten und folgen
keiner klaren Logik.

Einer besseren Definition bin ich bis jetzt noch nicht begegnet, und ich muß gestehen, ich empfinde sie als völlig unzureichend. Dementsprechend zeigt die Großaufnahme den Kopf der Person, und die drei anderen Einstellungsgrößen liegen irgendwo dazwischen. Daraus ergeben sich dann die folgenden Bezeichnungen: Totale, Halbtotale, halbnah, nah und groß. Diese Ausdrucksweise vermittelt zumindest den Anschein einer Ordnung. In der Praxis muß man trotzdem immer noch erraten, was eigentlich gemeint ist.

Ein Beispiel: Stellen wir uns vor, wir drehten eine Augenoperation. Kern der Aussage wäre dann das Geschehen am Augapfel. Ist in diesem Fall nun der enge Bereich um den Kopf des Patienten eine To-

tale oder eine Großaufnahme? Mißverständnisse sind vorprogrammiert. Wir brauchen eine Definition ohne Personen- oder Objektbezug. Das bedeutet, wir müssen die Benennungskriterien dem Aussagewunsch anpassen. Wagen wir deshalb eine andere Definition: Die Totale ist eine Einstellung, die räumlichen Überblick über alle Details verschafft, die in einer Sequenz, also einer Einstellungsfolge, gezeigt werden. Das bedeutet, die Benennung der Einstellungsgröße kann nur aus dem Inhalt der Sequenz, also aus dem Aussagewunsch abgeleitet werden. Daraus ergibt sich eine andere Benennungsstrategie.

Das »Prinzip der Ausschließlichkeit«

Der Grundgedanke ist ganz einfach: Ich möchte nicht so viel wie möglich in einem Bild zeigen, sondern ausschließlich das, was meinem Aussagewunsch entspricht. In diesem Sinne wäre es falsch zu sagen: Ich will ein *Closeup!* Viel genauer beschreibe ich meinen Aussagewunsch, wenn ich sage: Ich möchte nur das Gesicht im Bild haben, ich möchte das ganze Haus im Bild haben, ich möchte nur das Werkstück im Bild haben usw.

Das ist eine Sprache ohne verfängliche Fachausdrücke, die jeder Kameramann gerne annehmen wird. Zudem ist diese Ausdrucksweise für den Kameramann eine Herausforderung. Er darf nun keine Elemente mehr ins Bild nehmen, die ihm aus rein ästhetischen Gründen der Bildgestaltung gefallen, sondern er muß sich wirklich auf den geforderten Aussagewunsch konzentrieren. Diese Arbeitsweise setzt natürlich Fachwissen und Zielstrebigkeit aller Beteiligten voraus. Gerade darum führt sie, wenn sie gelingt, zu den besten Ergebnissen.

Das *Prinzip der Ausschließlichkeit* bedeutet also: Ich möchte nur das im Bild haben, was meine Aussage unterstützt, und nicht irgendwelchen zufälligen Unsinn! Das ist nicht ganz so böse gemeint, wie es sich anhört, aber ich weiß aus eigener Erfahrung gut genug, wie schnell sich mangelnde Konzentration negativ auf die Bildgestaltung auswirken kann.

Und dabei sind die Unaufmerksamkeiten des Kameramannes immer noch das kleinere Übel. Die Mehrzahl der Gestaltungsfehler entsteht zweifellos durch Mißverständnisse bei der Anleitung zu Dreharbeiten: »Mach mir mal ein *Closeup,* und jetzt mach mir mal eine ganz *Große*«, womit dann häufig eine Totale gemeint ist oder etwas Ähnliches, und schon sind wir wieder in Babylon!

Der Redakteur sagt dem Kameramann was er drehen soll: »Mach doch mal die Kirche … und auch den ganzen See … und dann natürlich den Mann« usw. Undifferenzierte Vorgaben an den Kameramann führen zu undeutlichen Aussagen.

  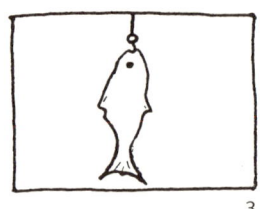

»Ein Mann – angelt – einen Fisch.« Ein deutlich formulierter Aussagewunsch leitet den Kameramann zu klar verständlichen Bildern.

Nicht gleich, aber ähnlich

Mit der Benennung von Größen haben wir also keine großen Probleme mehr, wenn wir vor allem den Aussagewunsch der einzelnen Einstellung beschreiben. Etwas schwieriger wird es, mit dem Einstellungssystem an und für sich umzugehen. Denn Einstellungen müssen, um eine Sequenz zu bilden, miteinander verbunden sein, so wie Worte in einem Satz. Sie müssen auch einen gewissen Wiedererkennungswert aufweisen, den man z. B. durch räumliche Überlappungen der Bildinhalte erreichen kann. Solche Bilder können sich leicht sehr ähnlich werden, was für die erwünschte Aussage und für den interessierten Zuschauer von Nachteil wäre. Warum das so ist?

Erinnern wir uns an unser Sehverhalten bei einem Schwenk. Unsere Augen gleiten nicht, sondern fixieren markante Bildpunkte. Schauen Sie sich einmal in Ihrer augenblicklichen Umgebung um, und versuchen Sie zu beobachten, wie Ihre Augen sich verhalten. Sie werden merken, daß Ihr Blick ruckartig von einem Objekt zum anderen hüpft. Zumindest in dem sehr engen Bereich, in dem wir scharf sehen können, was ca. drei Grad unseres Blickfeldes ausmacht, wird von Hüpfer zu Hüpfer der gesamte Bildinhalt ausgetauscht. Wir sind also mit dem *harten Schnitt*, dem plötzlichen Wechsel von einem Bild zum anderen, durchaus vertraut. Die Funktion ist aber noch komplizierter. Offensichtlich ist unser Gehirn auf diese abrupten Bildwechsel angewiesen. Sie sind so etwas wie ein Auftrag zum ständig erneuten Erkennen.

Versuchen Sie also, einen beliebigen Gegenstand so lange wie möglich anzuschauen. Nach sechs bis zehn Sekunden werden Sie ein starkes Bedürfnis nach einem kleinen Blick zur Seite empfinden. Erst dann können Sie das Objekt wieder konzentriert betrachten.

Bei der Filmgestaltung haben wir nun die Möglichkeit, dieses Sehverhalten der harten Schnitte zu simulieren. Nehmen wir zur rechten Zeit einen Einstellungswechsel vor, dann bleibt unser Zuschauer auf den Bildschirm konzentriert. Langweilen wir dagegen mit einem zu langen Schnitt, dann riskieren wir einen Seitenblick auf die Bierflasche, der die Konzentration auf unseren Filmbericht ganz erheblich stören könnte. Man mag nun annehmen, eine Reihe völlig unterschiedlicher Bilder sei deshalb des Beste für uns. Dabei vergißt man jedoch, daß bei natürlicher Wahrnehmung durch das vorbewußte Sehen im unscharfen Bereich unserer Augen eine ständige Bestätigung der Raumorientierung erhalten wurde. Ohne diese abgeschlossene Orientierung können wir nicht begrifflich wahrnehmen.

Diese Orientierung sollten wir in einer Einstellungsfolge, in einer Sequenz, am einfachsten durch die räumliche Überlappung der Bildinhalte von Einstellung zu Einstellung erhalten. So führen wir den Betrachter dahin, wo wir ihn haben wollen – und lassen ihm dennoch die vorbewußte Sicherheit, genau zu wissen, wohin er geleitet wird.

Der Kameramann muß sich bemühen, die Orientierung in seinen Bildern nicht zu verlieren und von einer Einstellung zur nächsten völlig neue Konturen des Bildes anzubieten. Er muß also auf eine ausreichende Differenzierung der Einstellungen zueinander achten.

Sequenz **A**   1   2   3

Sequenz **B**

1   2   3

Setzt man wie in **A** hinter eine Totale eine sehr nahe Einstellung, verliert der Zuschauer leicht die Orientierung. Um das zu vermeiden, kann man wie in **B** mit einer Verbindungseinstellung arbeiten, die eine orientierende Brücke zwischen der Totalen und der Großeinstellung des Aussagekerns schlägt.

Eine unbedachte zweite Einstellung wie in Sequenz **A** führt leicht zu Verwirrung. Denkt der Mann am Teich tatsächlich an die Kirche, oder nicht doch, wie in Sequenz **B**, an den Fisch, den er gerade angelt?

Sequenz **A**

Sequenz **B**

Dazu reichen unterschiedliche Einstellungsgrößen oft nicht aus, da diese vordringlich durch den Aussagewunsch bestimmt werden. Geeigneter ist eine deutliche Änderung des Kamerastandpunktes, die neue Konturen bei gleichbleibenden Bildinhalten ergibt. Man kann daraus eine einfache Regel ableiten: Größenveränderungen niemals auf der Achse! Diese Maxime hat es allerdings in sich, und deshalb bedarf sie eines eigenen Kapitels.

Zwei Achsen, zwei Regeln – große Verwirrung

Um sich ähnliche Konturen zu vermeiden, sollte man eine Veränderung der Einstellungsgröße nicht auf der optischen Achse vornehmen. Also nicht etwa mit dem Zoom nur ein wenig »hin und her rutschen« oder die Kamera einen Meter nach vorne oder nach hinten schieben. Wenn man weiß, daß die optische Achse theoretisch durch den Mittelpunkt aller Linsen eines Objektivs verläuft, dann ist es ganz einfach. Die optische Achse zielt auf den Bildmittelpunkt, wenn ich durch den Sucher der Kamera schaue. Will ich nun die Einstellungsgröße ändern, darf ich das nicht auf dieser gedachten Linie.

Statt dessen sollte ich meinen Standpunkt etwa zu einer Seite hin verändern. Eine seitliche Verschiebung der Kamera – und zwar nicht

Sequenz **A** 1 2 3

Sequenz **B**

1 2 3

Einstellungen aus gleicher Richtung wie in Sequenz **A** liefern sehr ähnliche Konturen. Das ist für den Wahrnehmungsprozeß von Nachteil. Ein Umschnitt auf eine andere Perspektive wie in Sequenz **B** vermeidet den Konturenfehler und bringt mehr Räumlichkeit in die Darstellung.

zaghaft, sondern vielleicht um 45 oder gar 90 Grad verändert die Konturen des neuen Bildes vollkommen.

Diese Standpunktwechsel von Einstellung zu Einstellung entsprechen nun ganz und gar nicht unserem normalen Wahrnehmungsverhalten. Trotzdem akzeptieren wir die dabei entstehenden Bildfolgen mühelos, wie uns jeder Spielfilm mit der Auflösung seiner Szenen beweist. Den Grund dafür hat die Wahrnehmungsforschung bis jetzt noch nicht definitiv geklärt. Sehr wahrscheinlich aber erscheint mir folgende Hypothese: Unser Körper bewegt sich ständig, auch in vermeintlichen Ruhezuständen. Wir atmen, lehnen uns zurück, greifen nach etwas. Der Kopf verändert dabei ständig seinen Standpunkt, wenn auch nur um wenige Millimeter oder Zentimeter. Wir erleben diese Bewegungen nicht bewußt, also nicht etwa so wie eine Art von Kameragewackel!

Vorbewußt erleben wir auch die perspektivischen Verschiebungen, die sich selbst bei der kleinsten Bewegung ergeben. Mit unserer gesamten räumlichen Empfindung sind wir auf die Perspektive angewiesen. Schon der geringe Abstand unserer beiden Augen ergibt einen perspektivischen Unterschied, den das Gehirn als räumliches Sehen auswertet. Das funktioniert jedoch nur in einem Bereich bis zu ca. sechs Metern. Darüber hinaus können wir die räumliche Tiefe nur noch über Änderungen der Perspektive erkennen.

Wir sind also daran gewöhnt, daß perspektivische Veränderungen von unserem Gehirn verarbeitet werden, ohne daß unser Bewußtsein damit belastet wird. So nehmen wir auch die relativ kargen Perspektivenwechsel einer Filmsequenz dankbar an. Standpunktwechsel der Kamera, besonders jede echte Fahrt – nicht etwa ein Zoom! – sind ein Gewinn an räumlicher Information für den Zuschauer.

Man könnte nun meinen, je mehr man mit der Kamera um das Aufnahmeobjekt herumhüpft, um so besser sei die räumliche Information. Weit gefehlt! Seitliche Verschiebungen weg von der optischen Achse sollen sein, doch nur innerhalb bestimmter Grenzen. Es gibt da nämlich noch eine andere Achse, die man beachten muß! Und die bereitet den meisten Filmgestaltern Schwierigkeiten. Glücklicherweise gibt es auch dafür wieder eine Regel. Sie lautet: Man darf mit der Kamera nicht über die Achse springen! Sehr einfach, aber welche Achse bitte und warum nicht? Gemeint ist die *Handlungsachse,* aber die ist relativ schwer zu definieren. Stellen wir uns die Blickrichtung zwischen zwei handelnden Personen vor, die sich ansehen! Es gibt eine Linie zwischen ihren Augen. Diese Linie, die man sich durch die Köpfe der Personen hindurch verlängert denken müßte, nennt man die Handlungsachse. Über diese Achse also darf man mit der Kamera nicht springen! Klären wir, warum nicht.

Betrachten wir eine Person von einer Seite der Handlungsachse, dann ist die Nase vielleicht gerade nach links gerichtet. Stellen wir uns nun vor, auf der anderen Seite der Handlungsachse zu sein, dann würden wir dieselbe Nase nach rechts gerichtet sehen. Natürlich geht es nicht nur um die Nasenrichtung! Sondern um alle im Bild gezeigten Objekte, die seitenverkehrt gezeigt werden, wenn man mit der Kamera die Handlungsachse überspringt. Dieser Seitentausch verwirrt den Betrachter, und er braucht einige Zeit, um sich neu zu orientieren.

Nun ist die Handlungsachse zwischen zwei Personen noch relativ leicht aufzufinden. Schwierig wird es dagegen, wenn viele Personen an einem runden Tisch sitzen. Ich denke, dabei sollte man dann wirklich auf die Kompetenz der Mitarbeiter vertrauen.

Als Resümee aus dieser Achsenverwirrung gilt: Die *optische Achse* sollten wir nach jeder Einstellung verlassen. Einmal, um neue Kon-

Kamerapositionen bei
eine Dialogszene:

optische Achse

Der Achssprung. –
Die Kamera darf sich
nur auf einer Seite der
Handlungsachse
bewegen. In diesem
Fall sind alle Kamera-
positionen unterhalb
der Handlungsachse
richtig.

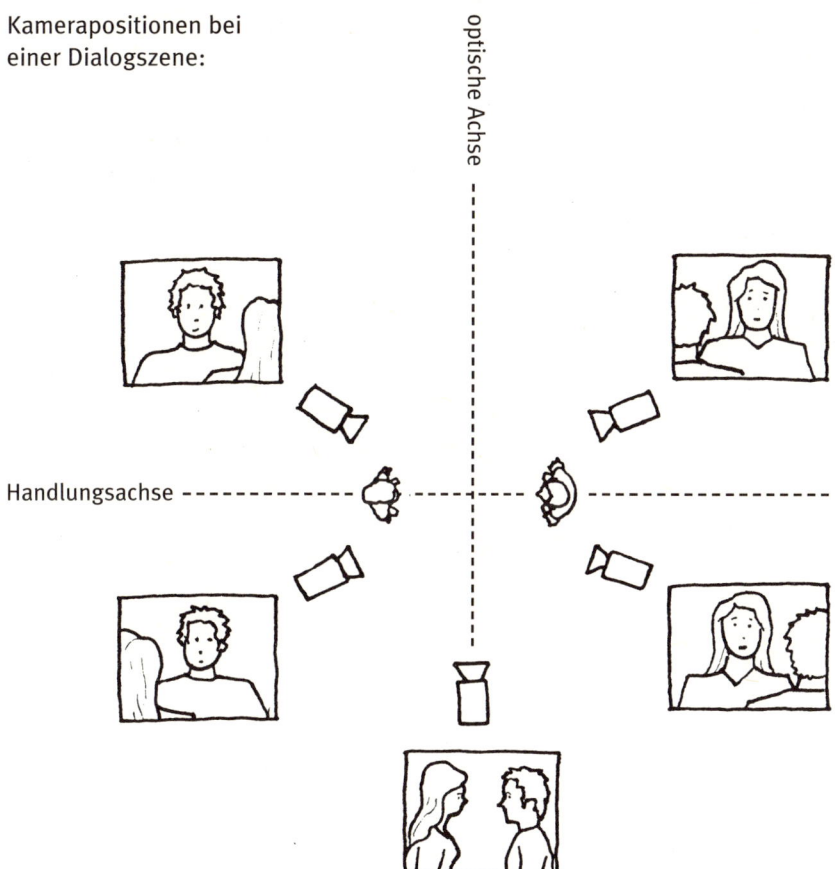

Handlungsachse

turen zu zeichnen, zum anderen, um eine Änderung der Perspektive
zu erreichen. Die *Handlungsachse* dürfen wir innerhalb einer Sequenz
nicht überspringen, es sei denn, wir möchten die Orientierung des Zuschauers bewußt durcheinanderbringen.

Sequenz, Orientierung, begriffliche Einstellung: über einige Seiten
gehe ich hier schon mit Begriffen um, die ich noch nicht besprochen
habe. Bis jetzt fehlte allerdings die passende Gelegenheit dazu. Diese
ist nun gegeben, denn im Folgenden geht es um die Funktion der
Sequenz.

Was eigentlich muß man in einem Bild, in einer Einstellung, alles zeigen? Ein kontrollierter Bildausschnitt ist die präzise Formulierung der Filmsprache. Nicht so viel wie möglich soll eine Einstellung zeigen, sondern gerade nur so viel, wie absolut notwendig ist, um eine Aussage zu transportieren. *Vieles* verwirrt, *weniges* ist klar und eindeutig zu erkennen. Diese Gestaltungsstrategie nenne ich das *Prinzip der Ausschließlichkeit*. Sie sollte das wichtigste Mittel der Verständigung zwischen Autor und Kameramann sein. In der Praxis führen Mißverständnisse über den Inhalt von Einstellungen zu schlechten Ergebnissen.

6 EINE EINSTELLUNG MACHT KEINEN FILM

Sequenz – die kleinste filmische Einheit

Immer wieder trifft man Kollegen, die sprechen mit großer Anerkennung von besonders guten Bildern, also einzelnen Einstellungen eines Kameramannes. Solchen Leuten muß man nicht weiter zuhören, denn sie wissen mit Sicherheit nicht viel über den Film. Tatsächlich ist die einzelne Einstellung nur von geringer Bedeutung, denn sie ist für sich genommen nicht *filmisch!*

Ach, wie gerne würde ich mich nun um eine Erklärung drücken, was dieses Wort *filmisch* bedeutet! Es ergeht einem damit so wie mit dem Begriff *Dokumentarfilm*. Kaum daß man eine Definition wagt, wissen alle anderen sofort, daß sie falsch ist! Meistens allerdings haben sie selbst auch keinen besseren Vorschlag. Doch hier und jetzt bin ich wohl in der Pflicht: *Filmisch* bedeutet natürlich *der Art des Films entsprechend.* Was aber ist die Art des Films?

Aus meiner Sicht ist es die Möglichkeit, audiovisuelle Wahrnehmungsvorgänge so realitätsnah zu simulieren oder zu interpretieren, daß der zu transportierende Inhalt – und sei es auch ein fiktiver – für den Betrachter realitätsnahe Züge gewinnt im Sinne von: Ich glaube etwas, weil ich es gesehen habe!

Im Spielfilm ist es für uns selbstverständlich, daß eine fiktive Person glaubhaft dargestellt wird. Imaginäre Personen werden von uns genauso akzeptiert wie erfundene Schauplätze. Dabei bedenken wir oft nicht, daß wir mit den gleichen gestaltenden Mitteln auch das – vielleicht ebenso fiktive – Image eines Politikers glaubhaft vermitteln können. Diese *magische Kraft* der Gestaltung durch Bilder und Töne nenne ich *filmisch.* Wir wollen uns nun damit beschäftigen, wie dieses *Filmische* in der Praxis funktioniert.

Nicht die einzelne Einstellung, sondern die Sequenz ist nämlich die kleinste filmische Einheit. Eine Sequenz ist eine Folge von Einstellungen, die zusammengehören. Eine Sequenz ist mehr als nur die Summe der Wirkungen ihrer einzelnen Einstellungen. Dieses *Mehr* ergibt sich aus den Beziehungen der Einstellungen untereinander. Bei der verbalen Sprache würde man in diesem Zusammenhang von Grammatik sprechen. So vergleiche ich die Sequenz in der Bildsprache mit dem Hauptsatz in der verbalen Sprache. Das ist zwar aus filmtheoretischer Sicht reichlich gewagt, doch es trägt zum Verständnis bei.

»Filmischen einen formuliere Hauptsatz (ich).« Sie werden einen Augenblick brauchen, um diesen Satz zu verstehen! Fast das gleiche geschieht bei einer Bildfolge, also einer Sequenz, wenn die spezifische Filmgrammatik nicht beachtet wird. Doch es gibt noch einen weiteren nachteiligen Unterschied: Den schwer verständlichen Satz in einem Schriftstück kann ich wiederholt lesen, bis ich den Sinn irgendwie verstanden habe. Bei der Filmdarstellung ist das ganz anders. Die Betrachtungszeit ist vorgegeben, und man kann keine Szene wiederholen, die man nicht verstanden hat. Aus diesem Grund muß der Filmjournalist sehr verantwortungsbewußt mit seinem Material umgehen. Recherchen und gute Informationen allein nützen wenig. Die Story muß unter sorgfältiger Beachtung formaler Gestaltungsmittel erzählt werden, die den inhaltlichen Transfer zum Zuschauer garantieren.

Vielleicht halten Sie meine Warnung für übertrieben. Wann immer Sie sich einen informativen Film anschauen, werden Sie sich auch informiert fühlen, selbst wenn dessen formaler Aufbau kaum zum Transport von Informationen geeignet war. Dieser scheinbar paradoxe Vorgang läßt sich leicht erklären: Die Fernseh- oder Filmproduzenten setzen auf das Vorwissen der Zuschauer. Dieses Vorwissen wird bereits mit geringsten Signalen zur Wiedererkennung angesprochen. Was darüber hinaus tatsächlich an neuer Information vermittelt wird, ist für den Zuschauer nur sehr schwer zu kontrollieren. Es obliegt also der Sachkundigkeit des Filmgestalters, wie hoch die Transferrate seines Berichts liegt.

Wenden wir uns der praktischen Gestaltung einer Sequenz zu: Wir müssen davon ausgehen, daß Menschen über zwei unterschiedliche

Wahrnehmungskonzepte verfügen. Das erste nenne ich die *Orientierung,* das zweite die *begriffliche Wahrnehmung.* Unser Orientierungsverhalten ist eine von der Evolution geprägte Überlebensstrategie, die bestimmten Zwängen, einem festen Ritual, unterliegt. Zuerst registrieren wir eine Bewegung und versuchen deren Ursprung zu erkennen. Dann untersuchen wir den Raum, in dem wir uns befinden. Wir überprüfen ihn vorbewußt auf für uns begehbare Wege, was in früheren Zeiten und unterbewußt auch heute noch bedeutet: auf Fluchtmöglichkeiten!

Natürlich setzt unser Orientierungsverhalten auch ein, wenn wir unerwartet einer fremden Person gegenüberstehen. Die Überprüfung der Validität ist auch ein Prozeß, den wir nicht einfach abschalten können. Die vorbewußten und darum unvermeidbaren Wahrnehmungsvorgänge sind das Problem der Filmgestalter. Denn solange wir die Orientierungsphase nicht abgeschlossen haben, sind wir nicht in der Lage, begrifflich wahrzunehmen.

Unter *begrifflicher Wahrnehmung* bzw. *Gestaltung* verstehe ich den gezielten Transport von Begriffen in den Kopf des Zuschauers, also die eigentliche inhaltliche Aussage.

Das Grundelement filmischer Gestaltung, die Sequenz, muß sich also daran messen lassen, ob sie als Darstellungseinheit den Wahrnehmungsmöglichkeiten des Betrachters gerecht wird. Deshalb werden wir uns jetzt sehr genau mit der Funktion der Sequenz beschäftigen. Ich weiß, daß Funktion ein schreckliches Wort für einen kreativen Menschen ist. Bitte bedenken Sie aber immer wieder: Wir beschäftigen uns hier nicht mit der Filmkunst im allgemeinen, sondern mit dem kleinen ABC und der Grammatik der Filmgestaltung. Wie also funktioniert nun eine Sequenz?

Die Konstruktion

Aufgabe der Sequenz ist es, den kleinsten in sich geschlossenen Bestandteil der Gesamtaussage eines Films zu transportieren. Soll diese kleinste Einheit sinnvoll gestaltet werden, muß die Arbeit durch einen präzisen Aussagewunsch angeleitet werden. Ich wähle ein Beispiel, das sich dem Thema des Kapitels entsprechend nur mit der Bildgestaltung und nicht noch mit einem eventuell später zu formulierenden Text beschäftigt:

Aussagewunsch: Auf der Mitgliederversammlung des Vereins hält der Vorsitzende eine Rede.

Aufnahmemöglichkeiten: Der ganze Saal, die Vereinsmitglieder, das ganze Podium und das Rednerpult.

Saal, Podium, Redner, Beisitzer und Zuschauer: eine häufig vorkommende Szenerie mit wenig Abwandlungen. Sportvereins- und Gewerkschaftsversammlungen, Bundestag, und Karnevalssitzungen laufen optisch nach immer gleichem Schema ab. Auch dem kreativsten Autor fällt dazu kaum etwas Neues ein.

Konstruktion der Sequenz: Zuerst bilden wir den Aussagekern. In diesem Fall ist das sehr einfach. Der Vorsitzende redet. Dazu benötigen wir zwei Einstellungen. Eine, die uns zeigt, daß es ausschließlich um den Vorsitzenden am Rednerpult geht. Eine weitere, die noch eindeutiger auf den Vorgang des Redens hinweist, also eine Einstellung, die ausschließlich den Kopf des Redners zeigt. Dem Inhalt der Rede können wir erst folgen, wenn unsere Orientierungsphase abgeschlossen ist. Darum besteht auch der Aussagekern noch aus zwei Einstellungen. Die erste zeigt Oberkörper und Kopf des Mannes am Rednerpult. Man kann erkennen, wie er gekleidet ist und sich bewegt. Das sind wichtige Dinge, um die Validitätsprüfung abzuschließen. Erst mit dem großen Kopf in der darauffolgenden Einstellung kommt der Redeausschnitt, den der Zuschauer inhaltlich verstehen soll.

1. Schritt

Aussagekern

Konstruktion einer Sequenz. – Im ersten Schritt wird der Aussagekern gebildet. Der Redner wird erst vorgestellt, damit man sich dann in der Großeinstellung auf seine Aussage konzentrieren kann.

Leider wird das in der Praxis der täglichen Berichterstattung zumeist ganz anderes gehandhabt. Eingeschnittene Statements sind oft nicht länger als 30 oder 40 Sekunden. Dazu wird dann noch ein Untertitel eingeblendet, um welche Person es sich handelt. Der erste Satz des Sprechenden fällt somit der Überlegung des Betrachters zum Opfer, was der Mann wohl für eine komische Brille auf der Nase hat. Dann wird der Titel gelesen. Beides zusammen dauert vielleicht zehn Sekunden. Sollte sich der zweite Satz des Redners nun direkt auf den ersten beziehen, dann kann der Zuschauer den Zusammenhang nicht mehr herstellen. Auf diese Weise geht der Sinn des ganzen Statements leicht verloren.

So sollte es nicht sein, deshalb zurück zur Konstruktion *unserer* Sequenz: Wir haben bereits den Aussagekern aus zwei Einstellungen gebildet. Jetzt müssen wir ihn mit einem Raum umgeben, mit der Orientierung. Wir beginnen also die Sequenz mit einer Totalen. Darin sollten bereits alle Bildanteile enthalten sein, die eine Rolle spielen. Ein Saal mit vielen Leuten, ein Podium mit einem Emblem des betreffenden Vereins im Hintergrund und das Pult mit dem Vorsitzenden, der spricht.

Eine Totale enthält viele Details, und wir haben Schwierigkeiten, sie in wenigen Sekunden zu überblicken. Darum muß man sehr dar-

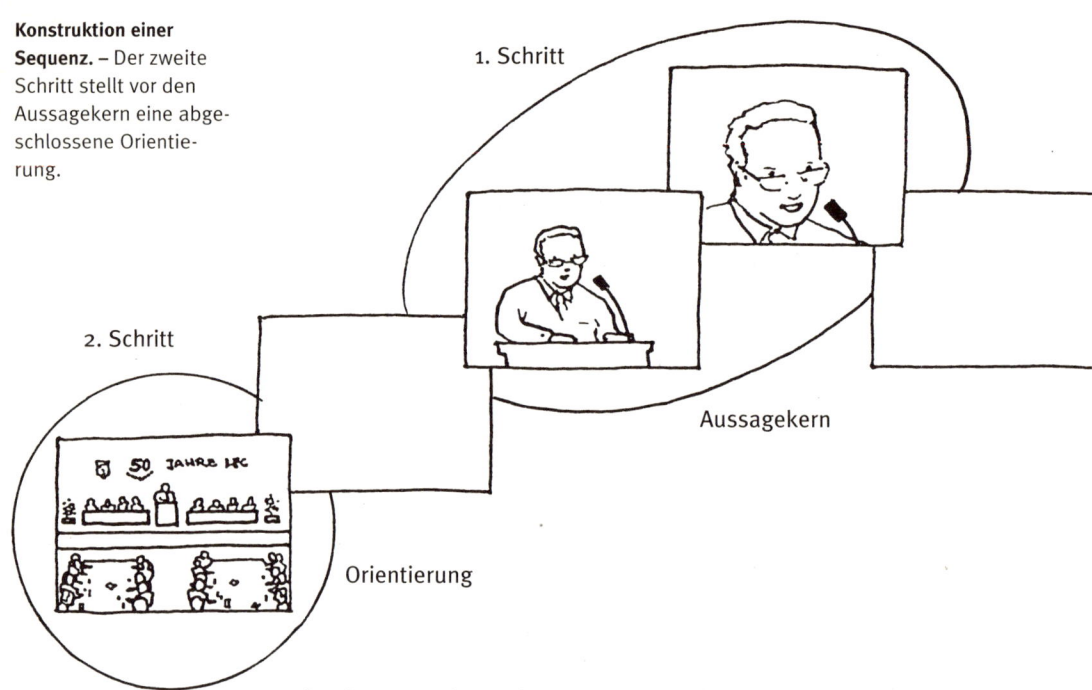

Konstruktion einer Sequenz. – Der zweite Schritt stellt vor den Aussagekern eine abgeschlossene Orientierung.

1. Schritt

2. Schritt

Aussagekern

Orientierung

auf achten, nicht mehr zu zeigen, als absolut notwendig ist. In eine Totale gehören also nur jene Bildinhalte, die in der folgenden Sequenz noch deutlicher gezeigt werden müssen oder sollen.

Das Problem der »zweiten Einstellung«: Etwas schwieriger wird es mit der zweiten Einstellung, denn sie soll eine Verbindung zwischen der räumlichen Orientierung und dem Aussagekern herstellen. Das ist komplizierter, als es klingt.

Erleben wir eine solche Szene nämlich in der Realität, dann werden wir uns nach der orientierenden Übersicht auf eines der sich bietenden Details konzentrieren und es genauer betrachten. Das bedeutet, unsere Augen fixieren den Gegenstand unseres individuellen Interesses. Bei der filmischen Darstellung hat der Betrachter diese Freiheit nicht, denn er ist gezwungen, der Bildauswahl des Filmgestalters zu folgen. Er führt den Blick, indem er ihm ausschließlich das zeigt, was gesehen werden soll. Warum also nicht direkt auf den Aussagekern der Sequenz umschneiden? In unserem Fall ist das der Redner. Warum also nicht die Totale und dann direkt der Kopf des Vorsitzenden? Ganz einfach: Wir laufen Gefahr, bei zu großen Einstellungsdifferenzen die Orientierung wieder zu verlieren und damit die Konzentration auf den Redeausschnitt, dessen Verständnis vom Filmgestalter gewünscht wird. Will er die Aufmerksamkeit des Zuschauers sicher führen, dann muß er diesen Orientierungsverlust vermeiden. Die verbindende zweite Einstellung der Sequenz hat deshalb die Aufgabe, einen erheblichen Bildanteil der Totalen zu wiederholen. Außerdem muß sie bereits das Objekt, das uns interessiert, deutlich hervorheben.

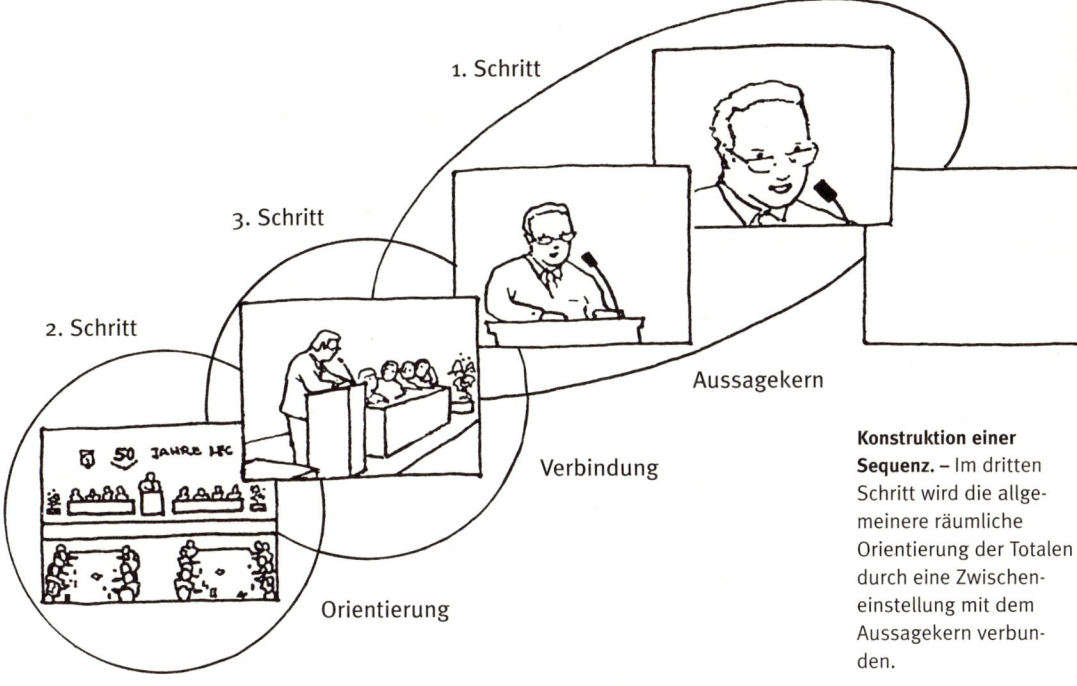

1. Schritt

3. Schritt

2. Schritt

Aussagekern

Verbindung

Orientierung

Konstruktion einer Sequenz. – Im dritten Schritt wird die allgemeinere räumliche Orientierung der Totalen durch eine Zwischeneinstellung mit dem Aussagekern verbunden.

Das ist eine Art notwendiger und legitimer Manipulation, bei der uns bewußt wird, wie wir die Aufmerksamkeit des Zuschauers gezielt leiten können. Wenn eine Sequenz die kleinste Aussageeinheit eines Films ist, dann erkennen wir jetzt in dieser Aufmerksamkeitssteuerung eine reduzierte Funktion der Dramaturgie. Auch wenn sie uns im Einzelnen oft unerheblich erscheint, dürfen wir auf diese Funktionalität nicht verzichten. Sie müssen sich nur vorstellen, wie sehr Sie der Artikel einer Zeitung empören würde, der keine vernünftigen Hauptsätze zustande brächte, dann verstehen Sie, weshalb die Filmgestaltung darauf aufbaut.

Unser filmischer Hauptsatz, die Sequenz, ist damit noch nicht abgeschlossen. Wir haben bis jetzt die Orientierung und den Aussagekern. Dieser hat uns in einen sehr speziellen Bereich der Szene geführt. Jetzt sollten wir vom Speziellen ins Allgemeine zurückkehren, um den Aussagekern noch einmal räumlich einordnen zu können. Damit bestätigen wir gewissermaßen seine Existenz und ent-

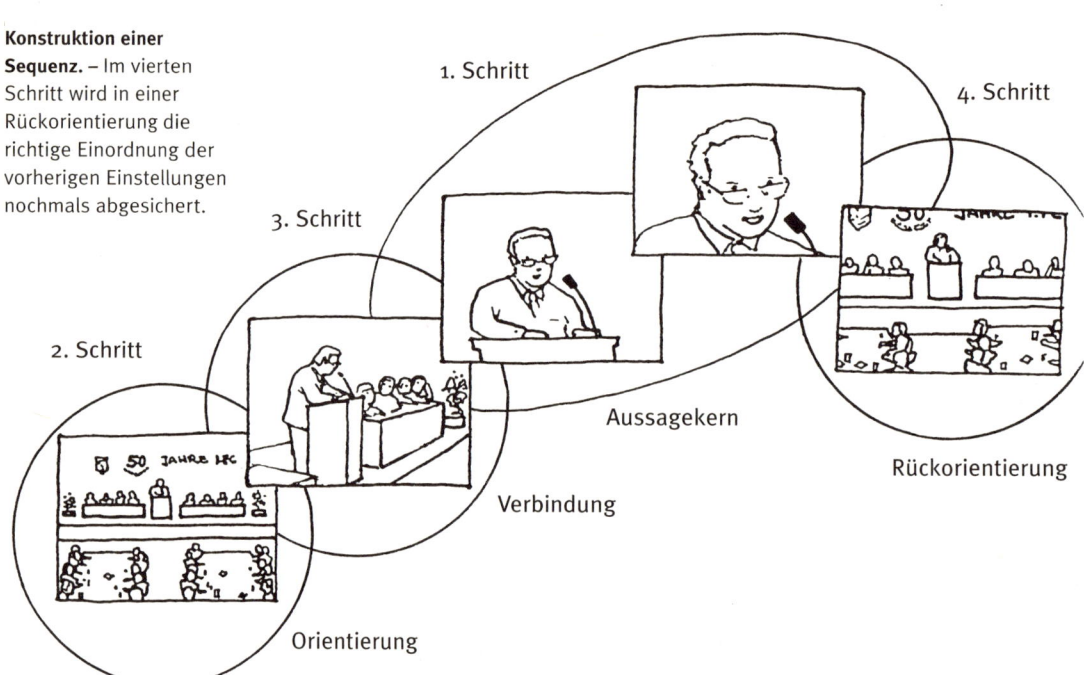

Konstruktion einer Sequenz. – Im vierten Schritt wird in einer Rückorientierung die richtige Einordnung der vorherigen Einstellungen nochmals abgesichert.

spannen gleichzeitig die Konzentration des Betrachters. Die letzte Einstellung der Sequenz sollte also wieder eine orientierende Wirkung haben.

Bis jetzt habe ich die Sequenz mit Blick auf ihre unterschiedlichen Einstellungen und deren Bildinhalte betrachtet. Sie hat aber, wie schon angesprochen, eine weitreichende Funktion, wenn wir sie als kleinste dramaturgische Einheit eines Films betrachten. Sie ist ein Mittel zur Steuerung der Aufmerksamkeit.

Spannen und Entspannen

Menschen können ihre Aufmerksamkeit nicht beliebig steigern oder aufrechterhalten. Denn Aufmerksamkeit bedeutet für unser Gehirn hohe Aktivität. So braucht jeder Mensch schon nach relativ kurzer Zeit einige Sekunden der Entspannung, um sich anschließend erneut konzentrieren zu können.

Beobachten wir erneut unser natürliches Sehverhalten unter diesem Blickwinkel. Versuchen Sie einen Gegenstand mit einem Blick zu fixieren. Schon nach sechs bis zehn Sekunden werden Sie den Zwang zu einem Seitenblick verspüren. Dieser Seitenblick entspricht Ihrem Bedürfnis nach neuer Orientierung. Immer wieder müssen wir uns nämlich über unseren Standpunkt klar werden, um das Geschehen vor unseren Augen richtig einschätzen zu können. Orientierung bestimmt die Art und den Grad unserer Aktivität. Entdecken wir etwas, das uns zu nahe kommt, dann reagieren wir mit Flucht, zumindest aber mit Aufmerksamkeit.

Ein Beispiel: Auf einem einsamen Waldweg kommt mir eine unbekannte Person entgegen. Ich möchte gerne ausweichen, doch der Weg ist schmal. Ich gehe weiter, habe aber ein unangenehmes Gefühl. Es läßt erst nach, als wir aneinander vorbeigegangen sind. Die unvermeidbare Annäherung hat Spannung in mir erzeugt.

Bei der Filmgestaltung nutzen wir diesen und vergleichbare Effekte ganz bewußt. Annäherung erzeugt Spannung, zunehmende Entfernung dagegen läßt uns entspannen. Die Sequenz mit ihrem in nahen Einstellungen dargestellten Aussagekern und ihren entfernteren Orientierungseinstellungen entspricht deshalb genau unserem natürlichen Wahrnehmungsverhalten. Nutzen wir also eine Folge von Sequenzen in diesem Sinn, dann können wir durch wiederholtes Spannen und Entspannen die Aufmerksamkeit des Zuschauers über längere Zeit aufrechterhalten.

Die Sequenz ist dementsprechend nicht nur die kleinste filmische Einheit eines Films, sondern auch die reduzierteste Funktion der Dramaturgie. Die Sequenz wird dadurch zum Grundbaustein der filmischen Sprache.

Konstruktion einer Sequenz. – Durch orientierenden Abstand und durch den Wechsel zu plötzlicher Nähe wird Spannung aufgebaut. Die Sequenz wird zum kleinsten dramatischen Baustein eines Films.

Für die Kameraarbeit bedeutet das, daß Kameraleute sich nach Möglichkeit niemals in einzelnen Einstellungen ausdrücken sollten, sondern vielmehr in einer unseren Wahrnehmungsbedürfnissen entsprechenden Einstellungsfolge.

Ökonomisches Arbeiten

Natürlich kann diese oben beschriebene Form einer Sequenz mit fünf Einstellungen keine Regel, sondern nur ein Denkmodell sein. Theoretisch kann man Sequenzen beliebiger Länge bilden. Man muß nur klare Vorstellungen von der beabsichtigten Wirkung haben.

Ein Beispiel: Stellen wir uns einen Antiquitätenladen vor, den wir in einem Filmbericht darstellen sollen. Wir orientieren mit einer Totalen des ganzen Raumes. Dann verdichten wir mit einer Einstellung, die gleichzeitig mehrere Antiquitäten zeigt. Nun folgt eine ganze Reihe dieser Objekte in sehr nahen, ausschließlichen Einstel-

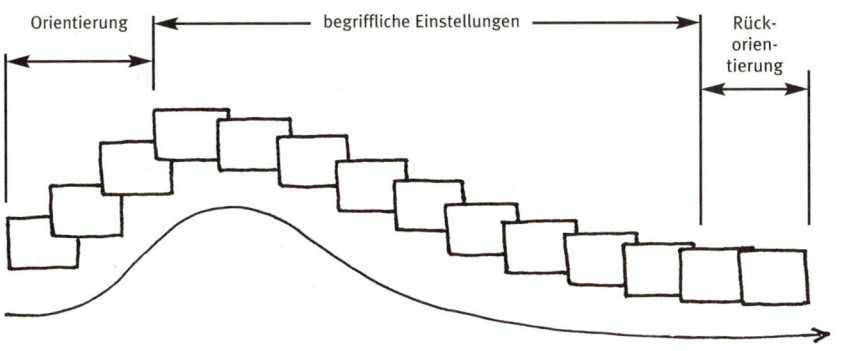

Orientierung   begriffliche Einstellungen   Rück-
                                                          orien-
                                                          tierung

Spannungs- und Aufmerksamkeitsverlust in einer Aufzählungsstruktur

Lange Sequenzen aus vielen Einstellungen sind nur schwer zu erinnern. Der Betrachter braucht den ständigen Wechsel zwischen Spannung und Entspannung, sonst reißt seine Aufmerksamkeit ab.

lungen. Nehmen wir an, wir zeigen zehn oder gar fünfzehn dieser Objekte. Zur Rückorientierung fügen wir jetzt noch einmal eine Totale des Raumes an.

Auch das ist eine Sequenz. Allerdings nimmt sie eine erhebliche Laufzeit in unserem kleinen Film in Anspruch. Außerdem ist der Betrachter durch die Aufzählung der Gegenstände völlig überfordert, denn an Details könnte er sich nur erinnern, wenn wir mit einem klaren Aussagekern einen Fokus gebildet hätten, um den sich die anderen Einstellungen gruppieren können.

Was für den Zuschauer bleibt, ist also lediglich der Eindruck: In einem Raum gibt es viele Gegenstände!

Dieses Ergebnis »Viele Objekte stehen herum« hätten wir auch mit einem Aussagekern aus zwei Einstellungen vermitteln können, die mehrere Objekte gleichzeitig darstellen.

Oft ist eine Folge aufzählender Einstellungen unnötig, weil sich das »Viele« in einen konzentrierten Aussagekern hineinpacken läßt.

Wir erkennen einmal mehr, daß konsequente Gestaltungsvorstellungen zu einer Optimierung der Arbeitsweise führen. Der Auftrag, ganz gezielt eine Sequenz nach einem gut durchdachten Aussagewunsch zu drehen, fordert einen Kameramann heraus und erspart ihm sinnlose Arbeit.

Der Anweisung »Dreh mal alles, was dir auffällt!« wird er nicht besonders ambitioniert begegnen, weil er weiß, daß die Mehrzahl seiner Einstellungen später nicht verwendet wird. Leider ist diese Arbeitsweise bei der Berichterstattung und anderen nicht szenischen Produktionen aber durchaus üblich. Mißverständnisse und Spannungen im Team sind dabei fast zwangsläufige Folgen. Außerdem ergeben sich völlig unsinnige Drehverhältnisse: Daß Aufnahmelänge und Sendelänge in einem Verhältnis von 20:1 oder gar 50:1 stehen, ist keine Seltenheit. Im Vergleich dazu verdreht ein gut angeleiteter Kameramann vielleicht das Achtfache von dem, was im fertigen Film erscheint. In einem dritten Beispiel für eine einfache Sequenz möchte ich eine sinnvolle Anleitung modellhaft, aber durchaus realitätsnah vorstellen.

Ein Traumredakteur

Der Redakteur trifft das Kamerateam mit dem Dienstwagen am verabredeten Platz und so ungefähr zur verabredeten Zeit. Ohne Aufforderung zwängt er sich auf den Rücksitz, indem er den Kampf gegen ein paar schlecht gestapelte Gerätekoffer gewinnt. Er stellt sich vor, und von vorne, wo der Kameramann und der Assistent sitzen, brummt es nur. Der Assistent, der auch den Wagen fährt, fragt nach dem Weg. Der Kameramann, der schon einige Arbeitsjahre auf dem Buckel hat und viel herumgekommen ist, ist sauer, daß er jetzt nur eine 2-Minuten-Story drehen soll, und ignoriert den Redakteur fürs erste. Der Redakteur gibt nicht gleich auf und wagt einen neuen Annäherungsversuch. Vorsichtshalber entschuldigt er sich für seine Verspätung, die nur wenig über das akademische Viertel hinausgegangen ist. Den Kameramann wirft das fast aus dem Sitz, und seine Worte kommen wie Löwengebrüll: »Was sind Sie denn für ein komischer Vogel?« – »Warum?«, fragt der Redakteur höflich. Offenbar amüsiert sich der andere köstlich. »Noch nie«, brüllt er, »hat sich ein Redakteur entschuldigt, wenn er zu spät gekommen ist.«

»Soll ich Ihnen sagen, was wir heute machen?«, fragt der komische Vogel. – »Ja«, brüllt der Kameramann, »und auch wann wir fertig sind!« – »Bei unserem ersten Schauplatz dauert es nur ein paar Minuten.« – »Das kenne ich«, brummt der Löwe resigniert, »und dann noch dieses und dann noch jenes.«

Sie erreichen den ersten Drehort, eine Filiale der Landessparkasse. Der Kameramann schultert sein Gerät und blickt durch den Sucher: »Also, Totale, Schild und Eingang?« Er zeigt sich routiniert. Der junge Journalist bleibt stark: »Nein danke, brauchen wir nicht!« Der Kameramann schaut auf. »Brauchen wir nicht?«, fragt er, als hätte er sich verhört. – »Nein!«

Der Redakteur erklärt noch einmal: »In unserem 3-Minuten-Film über den ersten Umgang der Leute mit dem Euro soll die zweite Sequenz den Umtausch der D-Mark zeigen. Der Aussagekern besteht aus zwei Einstellungen. Die erste zeigt nur den Kopf des Kassierers, der erklärt, welchen Euro-Betrag man für die gezeigte DM-Summe bekommt. In der zweiten Einstellung sieht man das Durchgabefach mit den bildfüllenden Euroscheinen. Wir beginnen die Sequenz mit einer totaleren Einstellung, in der eine Person an den Schalter tritt, aber wir brauchen dazu bitte nicht die ganze Schalterhalle! In der nächsten Einstellung sollte man, wenn möglich von der Seite, den Kunden und den Kassierer gleichzeitig und sehr nah sehen. Na, und dann folgen die beiden Einstellungen des Aussagekerns und dann natürlich noch einmal eine Einstellung von beiden Personen, bis der Kunde den Schalter verläßt.«

Ein paar Sekunden nachdem der Kameramann den Mund wieder geschlossen hat, fragt er ungläubig: »Wo haben Sie denn das gelernt?« Daraufhin ist er außerordentlich bemüht, diese fünf Einstellungen so gut wie möglich in seinen Kasten zu bekommen. Nach einer guten Viertelstunde packen sie die »Klamotten« zusammen und gehen. Die Stimmung ist gut, weil diese Arbeitsweise einen frühen Feierabend verspricht, nicht nur für die Kameraleute, sondern auch für den Redakteur. Derart gezielt gedrehtes Material wird auch bei

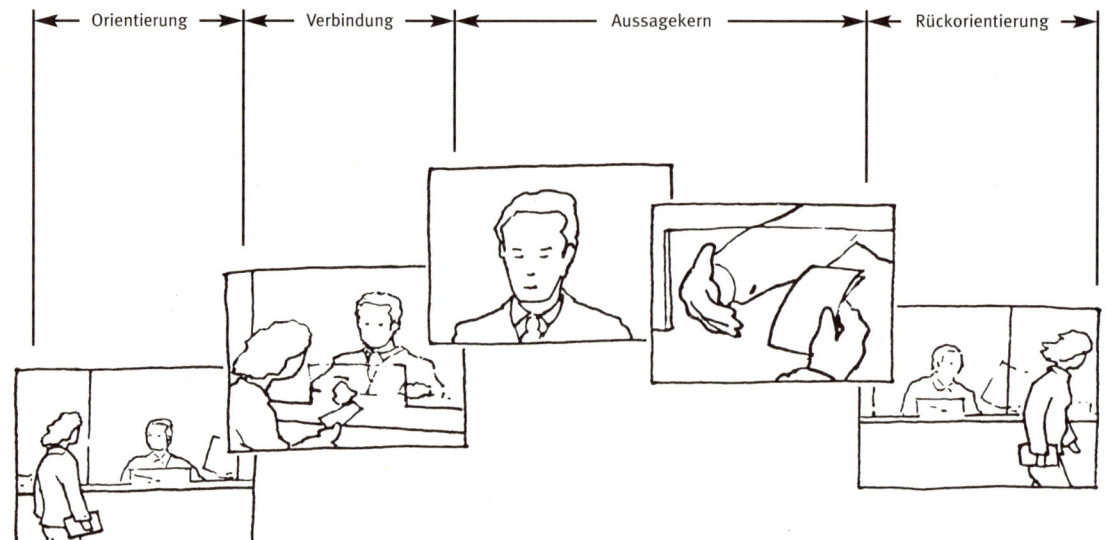

Ein klar formulierter Aussagewunsch führt zu einer verständlichen Sequenz. Das Nachdenken vor dem Drehen kommt der Darstellung zugute, aber auch der Arbeitsökonomie.

der Nachbearbeitung im Schneideraum keine Probleme bereiten. Das ganze Geheimnis dieser ökonomischen Arbeitsweise ist der deutlich formulierte Aussagewunsch. Für gute Dokumentarfilmautoren ist das eine Selbstverständlichkeit. Bei den kleinen Beiträgen der aktuellen Berichterstattung, bei den Nachrichtenfilmen und Korrespondentenberichten sind dagegen nicht unbedingt die informiertesten Filmgestalter am Werk. Das *versendet* sich, sagt sich mancher Redakteur oder Redaktionsleiter, denn schließlich stehen alle unter Zeitdruck, und nichts ist älter als ein Film von gestern. Und unter Kameraleuten persifliert man den Arbeitseifer dieser Filmautoren so: Drehverhältnis 20:1 – lieber 20 Minuten drehen lassen, als eine Minute nachdenken! Glücklicherweise sind nicht alle so!

> Die Sequenz ist die kleinste filmische Einheit. Ganz allgemein gesagt, entspricht sie so ungefähr einem Hauptsatz der verbalen Sprache. In einem meiner Denkmodelle stelle ich die *Normalsequenz* als eine Einheit aus fünf Einstellungen dar. Jeder dieser Einstellungen ist eine eigene Funktion zugeordnet, so ergibt sich eine Aufgabenverteilung. Doch eine Sequenz leistet mehr als die Summe ihrer Einzelleistungen. Zwischen den Einstellungen entsteht ein erkennbares System von Beziehungen, das die spezifische Wirkung des *Filmischen* ergibt.

Aus dramaturgischer Sicht bildet eine Sequenz den kleinsten Spannungsbogen innerhalb eines gesamten Films. Durch formale Mittel wird Orientierung vermittelt und dann ein Aussagekern gebildet. Mit einer Rückorientierung wird nach dem Aussagekern wieder für Entspannung gesorgt und zur nächsten Sequenz übergeleitet.

Die Sequenz ist also ein dynamischer Prozeß, mit dem Information sinnvoll transportiert werden kann. Diese Dynamik entspricht den natürlichen Funktionen unserer Wahrnehmung und verbindet einzelne Einstellungen zu einer Einheit.

Zum Schluß des Kapitels beschäftige ich mich zum ersten Mal mit einer ökonomischen Arbeitsweise, denn auch diese läßt sich, in ihrer kleinsten Form, aus der Sequenz ableiten. Die Funktionalität ihrer einzelnen Bestandteile erlaubt zielgerichtetes Arbeiten. Ist man sich über diese Funktion der Sequenz im klaren und arbeitet dementsprechend, kann man sich eine Menge unnötiger Arbeit ersparen.

7 FAST VERGESSEN –
DER GUTE TON

Um jedem Irrtum vorzubeugen: Es geht auf den folgenden Seiten nicht um die Tongestaltung im allgemeinen, sondern ausschließlich um die Möglichkeiten, die wir bei der Berichterstattung nutzen können. Das sind gar nicht so viele, aber immer noch genug, um eine Menge falsch machen zu können.

Schwierige Technik

Ein Videoamateur nimmt seinen Camcorder und beginnt zu drehen. Sein Gerät wiegt nur 750 Gramm und füllt gerade mal eine kräftige Männerhand. Ich schaue ihm eine Weile zu, dann unterbreche ich ihn und frage: »Wie halten Sie es denn mit der Tonaufnahme?« Er schaut mich erstaunt an: »Wie bitte«, sagt er, »ich mache doch Video.« Diese Antwort ist symptomatisch für das Interesse an der Tongestaltung. Der Ton ist einfach immer dabei, das ist heute eine Selbstverständlichkeit! Der Ton gehört doch irgendwie zum Bild – oder?

Geht man von unserer Wahrnehmung aus, dann sind wir absolut an audiovisuelle Gesamterlebnisse gewöhnt. Wenn ich einen Teller fallen lasse, dann klirrt es ordentlich! Der winzig kleine Camcorder nimmt das alles auch genauso auf, wie ich es erlebe.

Das war aber nicht immer so. Früher gab es den Stummfilm, der, nebenbei gesagt, kaum einmal als ein ausschließliches Seherlebnis präsentiert wurde, sondern fast immer mit einer Livemusikbegleitung. Das Pianoforte war damals sehr gefragt, und bei großen Veranstaltungen spielte natürlich ein Orchester. Einen wirklichen *Stummfilm* hat es – so gesehen – nie gegeben; was man darunter versteht, ist eher eine Filmaufnahme ohne synchronen Ton.

Erst 1928 wurde in Berlin ein Aufnahmeverfahren erfunden, das Bild und Ton miteinander verband. Die Tonsignale wurden auf einem Randstreifen des Films neben den Bildern aufgezeichnet; noch nicht magnetisch, sondern fotografisch. Die Signale wurden in Helligkeitsunterschieden aufgezeichnet. Damit erreichte man etwa 6000 Hertz, was nicht gerade den HiFi-Vorstellungen unserer Tage entspricht. Immerhin, Marlenes einzigartiger Schlager aus dem »Blauen Engel« wurde genau so aufgenommen und bewegt uns auch heute noch mehr als manche Dolby-Surround-Produktion.

Erst in den vierziger Jahren verbesserte sich die Tonqualität des Films durch die Entwicklung der Magnetophone. Der Ton wurde nun auf einem mit Eisenpartikeln beschichteten Band mit einer Technik aufgezeichnet, der wir – abgesehen von erheblichen Verfeinerungen – bis heute treu geblieben sind. Das Aufzeichnungsproblem war damit gelöst, nicht aber die Aufnahmetechnik. Man kann sich aus heutiger Sicht kaum mehr vorstellen, wie schlecht Mikrofone damals waren!

Dies war ein entscheidender Grund für die Entwicklung der Studiotechnik für Spielfilme. Und noch in den fünfziger Jahren war auch bei dokumentarischen Aufnahmen die Verwendung des Originaltons nur möglich, wenn der Redner das Mikrofon direkt vor der Nase hatte. Zu den schlechten Mikrofonen kam das Geratter der Kameras, das noch nicht von den Tonaufnahmen zu trennen war. Das erklärt den Reichtum an untermalender Musik in allen frühen Dokumentarfilmen.

Erst Anfang der sechziger Jahre verbesserten sich die Arbeitsmöglichkeiten. Leise laufende Kameras und Mikrofone mit einer stärkeren Richtwirkung wurden entwickelt. So ergab sich die erste Chance für den dokumentarischen Film, Bildaufnahmen routinemäßig mit Originalton herzustellen. Plötzlich war man in einer anderen *Filmwelt.* Die visuellen Abbilder der Filmaufnahme litten nicht mehr unter dem Mangel am Originalton, der bis dahin stets einen deutlichen Verfremdungseffekt hervorrief.

Diese technischen Möglichkeiten haben sich mittlerweile so weit entwickelt, daß sich der zu Anfang erwähnte Videoamateur einer speziellen Tonaufnahme nicht mehr bewußt ist.

Bei der praktischen Arbeit der Profis wird dieses Problem noch deutlicher: Durch die Automatisierung der Tonaufnahme ist nämlich das Bewußtsein für eine differenzierte Tongestaltung weitgehend verlorengegangen.

Der gute Ton im Team

Der Assistent löst den Sicherheitsgurt des Rücksitzes und befreit den Sony-Camcorder aus seiner Fesselung. Er geht verhältnismäßig vorsichtig mit dem Gerät um, es kostet immerhin über 120000 DM. Dann öffnet er den Kofferraum des Dienstwagens und kramt in einem der Aluminiumkoffer. »Soll ich angeln?« wendet er sich lustlos an seinen Kameramann. Einen Augenblick lang sehen sie sich an, suchen vergeblich nach einem Gefühl, das Arbeitseifer erzeugen könnte, und sagen dann wie aus einem Munde: »Nein, der Japaner!« In diesem kargen Dialog spiegelt sich die ganze Misere der Tonaufnahme beim berichterstattenden Film. Dazu muß ich ein paar Dinge näher erläutern.

Der Assistent fragte, ob er angeln soll. *Angeln* ist tatsächlich ein Fachausdruck. Er besagt, daß jemand das Mikrofon an einer Stange, der Angel, so nah wie möglich an die Schallquelle heranbringen muß. Dabei darf er natürlich auf keinen Fall mit dem Mikro in den Bildausschnitt der Kamera geraten. Ein Abbruch der Aufnahme und wilde Beschimpfungen wären die Folge. Trotzdem verspricht die Angelmethode große Vorteile. Sie garantiert, daß ein Interviewpartner auch bei einem sehr hohen Umgebungsgeräusch noch gut zu verstehen ist.

Der Spielfilm kennt eine noch größere Ausgabe der Angel, die Galgen genannt wird. Der Mann, der dieses Gerät bedient, ist der Galgenfahrer. Er kann die Länge des Auslegers verändern und das Mikrofon an der Spitze des Galgens in alle Richtungen wenden. Solche Techniken verlieren jedoch an Bedeutung, weil es immer bessere Richtmikrofone gibt, die spitzwinklig nur den Schall einer bestimmten und engen Zone aufnehmen können.

Doch zurück zu unserem Kamerateam. Die beiden hatten sich gegen das Angeln entschieden, weil ihnen der Arbeitsaufwand zu groß erschien und ihrer Meinung nach die bessere Qualität der geangelten Tonaufnahme in diesem Fall keine Rolle spielen würde. So entschieden sie sich für den »Japaner«. Das ist ein Spitzname für das eingebaute Mikrofon des in Japan hergestellten Sony-Camcorders. Im Normalfall ist das ein recht ordentliches Mikrofon, mit dem man durchaus arbeiten kann. Allerdings hängt die Qualität der Tonaufnahme ganz entscheidend von der spezifischen Arbeitsweise des Kameramannes ab. Der »Japaner« arbeitet zufriedenstellend, wenn der Kameramann vorwiegend weitwinklig und immer mit demselben Bildwinkel arbeitet. Das ist so zu verstehen: Der Kameramann ändert von Einstellung zu Einstellung seinen Abstand zum Aufnahmeobjekt. Dabei entstehen Bildsprünge, die erwünscht sind, und natürlich auch Tonsprünge, die allerdings nicht erwünscht sind. Wir können sie aber ertragen, solange sie logisch mit den Bildsprüngen übereinstimmen. Das bedeutet, bei einer Totalen entsteht eine allgemeine Atmosphäre. Geht der Kameramann nun mit dem Weitwinkelobjektiv an eine Person so nah heran, bis er nur noch den Kopf im Bild hat, dann ist auch das eingebaute Mikrofon so dicht an der Person, daß gute Tonaufnahmen möglich sind. Außerdem entspricht der Tonsprung unserem normalen Hörverhalten bei einer vergleichbaren Annäherung in der Realität.

Eine völlig andere Wirkung entsteht, wenn der Kameramann sich zu einer Großaufnahme mit dem Teleobjektiv entschließt. Er steht dann weiter entfernt, hat aber vielleicht nur den Kopf einer Person im Bild. Passend zu diesem Bild erwartet der Zuschauer natürlich auch einen sehr nahen Ton, der aber tatsächlich – aufgrund des Abstandes zwischen Kameramann und Objekt – eher den Charakter einer allgemeinen Atmosphäre hat, in der man die Stimme der scheinbar nah aufgenommenen Person nicht mehr gut verstehen kann.

Das gleiche gilt auch für alle anderen Tonaufnahmesituationen: Benutzt der Kameramann das eingebaute Mikrofon, dann muß er seine ganze Arbeit darauf ausrichten, um zu einem brauchbaren Ton zu kommen. Insgesamt gesehen, erhält man mit einem geangelten Ton die weit besseren Ergebnisse. Trotzdem haben sich die beiden Kollegen für das eingebaute Mikrofon entschieden, was natürlich auch geringeren Arbeitsaufwand bedeutet. Doch die beiden sind nicht einfach nur faul, vielmehr halten sie einen besseren Ton, ja die Tonaufnahme im allgemeinen, für nicht besonders wichtig.

Das hat einmal damit zu tun, daß mit dem Umstieg von Filmgeräten auf elektronische Kameras der früher durchaus übliche dritte Mann im Team, der Tontechniker, eingespart wurde. Die Kameraleute mußten diese Arbeit übernehmen, ohne speziell dafür ausgebildet worden zu sein. Das zweite Problem entsteht durch die ständige Erfahrung, daß der Ton nicht mehr wichtig zu sein scheint. Auch dieses Phänomen muß ich erläutern: Offensichtlich haben wir die Neigung, Dinge wichtig zu nehmen, die uns Arbeit bereiten. Arbeit fordert ganz besondere Aufmerksamkeit von uns. Auch ist unser persönlicher Erfolg davon abhängig, denn für eine gute Leistung erhalten wir Lob. Wer aber sollte uns dafür loben, daß zwei Tonspuren mit automatischer Aussteuerung in einem Camcorder mitlaufen, wann immer man die Bildaufnahme einschaltet? Irgendwie nimmt uns technische Automation immer wieder etwas von der Motivation!

Doch der Ton erscheint auch aus einem anderen Grund unwichtig. Er ist für den Zuschauer in den meisten Filmberichten kaum noch zu hören. Das liegt daran, daß der Text die ganze Länge des Films beansprucht. Meistens wird er nicht von einem ausgebildeten Sprecher, sondern von den Journalisten selbst gesprochen. Viele haben sich niemals in ihrem Leben auch nur ein paar wenige Stunden Sprechunterricht gegönnt; zudem sprechen sie manchmal mit starkem Dialekt oder haben sogar einen Sprachfehler. Solche Schwächen vermindern aber die Verständlichkeit des Textes und zwingen den Tonmeister, bei der Endmischung den Geräuschpegel noch weiter herunterzuziehen. Das ist bedauerlich, denn ein realistisches Tonerlebnis verleiht den Bildern mehr Glaubwürdigkeit.

Unter diesen Bedingungen verlieren das Geräusch, der Toneffekt oder die Untermalungsmusik ihre Bedeutung als Gestaltungsmittel. Warum sollte also ein Kamerateam seine Aufmerksamkeit noch der Tonaufnahme widmen?

Schaue ich die aktuelle Berichterstattung an, dann kann ich zumeist keine Beispiele mehr für einen sinnvollen Einsatz der Tongestaltung finden. Also suche ich Zuflucht in der Theorie, um wenigstens die vorhandenen Möglichkeiten darstellen zu können.

Lichtbild und Klangbild

In der Realität sind visuelle und auditive Eindrücke nicht voneinander zu trennen. Praktisch löst jede Bewegung ein Geräusch aus. Die Schwingungen übertragen sich im Medium der Luft und werden als Schall in unseren Hörorganen wieder entschlüsselt.

Unsere Sinnesorgane haben sich entsprechend dieser physikalischen Gesetzmäßigkeit entwickelt. So sind wir seit Urzeiten an die Zusammengehörigkeit von Bild und Geräusch gewöhnt. Nehmen wir Bilder ohne das dazugehörige Geräusch wahr, befremden sie uns, wie beispielsweise das Schlagen eines Hammers, das wir aus größerer Entfernung beobachten. Der Schall erreicht uns immer etwas später als der Bildeindruck und vermittelt uns ein Gefühl des Unwirklichen. Dieser Eindruck irritiert uns in gleicher Weise, wie ein asynchron laufendes Statement oder Interview im Fernsehen.

Noch merkwürdiger ergeht es uns bei Geräuschen, die uns ohne sichtbaren Ursprung erreichen. Ein Preßlufthammer, den wir vor uns auf der Straße sehen, kann uns nicht erschrecken, selbst wenn der Geräuschpegel so hoch ist, daß er körperlich unangenehm wird. Dagegen kann ein leises, doch unerwartetes Geräusch direkt hinter unserem Rücken uns außerordentlich erschrecken. Wir fühlen uns erst wieder sicher, wenn wir die Ursache erkannt haben. So sind wir bestrebt, jedes Geräusch mit einem visuellen Eindruck zu bestätigen und zu erklären. Geräusche sind deshalb für uns wesentliche Aufmerksamkeitserreger.

Hier ist sicher der Grund dafür zu suchen, daß Geräusche, deren Ursprung wir nicht erkennen können, eher in unser Bewußtsein dringen als Geräusche, die mit visuellen Eindrücken verknüpft sind. Da »unsichtbare« Geräusche stärker ins Bewußtsein dringen als »sichtbare«, lassen sich aus ihnen Signale entwickeln, mit denen bei vielen Gelegenheiten die natürlichen Grenzen des Gesichtsfeldes überwunden oder erweitert werden können. Letztlich haben wir diesem Umstand vermutlich die Entwicklung unserer Sprache zu verdanken. Bei der Gestaltung eines filmischen Beitrags müssen wir also deutlich zwischen mehreren Geräuschqualitäten unterscheiden:

1. Einzelgeräusche, welche direkt mit visuellen Eindrücken verbunden sind und deren Wegfall eine Verfremdung des visuellen Eindrucks bedeuten würde, besonders in Situationen, in denen normalerweise starke Geräusche entstehen: So würde beispielsweise ein Flugzeug ohne Düsengeheul, eine Motorsäge ohne Geknatter, ein Preßlufthammer ohne sein Gehämmer, aber auch eine sprechende Person ohne Stimme und ein kleiner Bach ohne Geplätscher ausgesprochen befremdlich wirken.

2. Mischgeräusche, die in ihrer Gesamtheit dem Schauplatz entsprechen, den man augenblicklich erlebt, deren Entstehung sich also bei differenzierter Aufmerksamkeit mit einzelnen visuellen Eindrücken unseres Umfeldes verbinden läßt. Da dieser Aufmerksamkeitsgrad für Mischgeräusche zumeist aber nicht besteht, wirken sie fast ausschließlich auf unser Vorbewußtsein. Diese Art von Geräuschen nennt man atmosphärisch, sie entsprechen einem Gesamteindruck: ein Marktplatz, ein Fußballstadion, ein Wald mit Vogelgezwitscher, eine Bierkneipe oder das Meer mit rauschender Brandung.

3. Geräusche, die mit den visuellen Eindrücken nicht ursächlich zusammenhängen, die aber, mit den Bildern kombiniert, in besonderem Maß unsere Aufmerksamkeit erregen. Sie haben eigentlich nichts mit dem Bild zu tun, geben ihm aber eine neue Bedeutung. Das Geräusch eines tieffliegenden Düsenjägers über einer idyllischen Landschaft oder Wasserplätschern zum Bild eines Vadi, eines ausgetrockneten Flußbetts in der Wüste, oder auch das Volkslied »Kein schöner Land« zu einer abbruchreifen Industrielandschaft, wie auch jede Untermalungsmusik sind Beispiele für diese Geräuschkategorie.

Aus diesen Geräuschqualitäten ergeben sich unterschiedliche Gestaltungsmöglichkeiten und in letzter Konsequenz auch unterschiedliche Produktionsformen:

– Bildaufnahmen mit realistischem Klangbild
– Bildaufnahmen ohne Klangbild
– Bildaufnahmen mit verfremdetem Klangbild

Diese möchte ich nun in ihren Eigenheiten und in ihrer Wirkung genauer beschreiben.

Bildaufnahmen mit realistischem Klangbild

Bei Aufnahmen mit realistischem Klangbild werden die visuellen Eindrücke durch das Geräusch verifiziert. Das bedeutet, die bereits grundsätzlich vorhandene Glaubwürdigkeit der visuellen Aufnahme wird durch das Geräusch verstärkt oder bestätigt. Nun gibt es aber unterschiedliche Beziehungsebenen für das realistische Geräusch.

Zunächst bedarf die einzelne Einstellung einer spezifischen Klangausstattung, die ausschließlich der Bestätigung des Bildinhaltes dient. Technisch müssen sich diese Aufnahmen möglichst ausschließlich auf die im Bild dargestellte Geräuschquelle beziehen. Geräusche, die nicht direkt im Bild entstehen, sollten lediglich zur Erhaltung der Einheit von Raum und Zeit beitragen oder aber vermieden werden. Genau wie bei der Bildgestaltung liegt das Geheimnis auch beim Ton in der Ausschließlichkeit der Anwendung, also in einem rein zweckgebundenen und deshalb möglichst sparsamen Einsatz der Mittel.

Ein Beispiel: Wir sehen und hören eine Marktfrau, die in deftigem Dialekt ihre neuen »Grumbeeren«, also Kartoffeln, anpreist. Direkt neben ihr, doch außerhalb des Bildes, das wir mit der Kamera eingefangen haben, läßt sich ein anderer Händler lauthals über seine Bananen aus. Der Mann mit seinem kräftigen Organ übertönt die arme Frau, und in unserer Aufnahme entsteht ein wildes Wortdurcheinander, das nicht so recht zu unserem Bild passen will.

Dazu kommen dann vielleicht noch andere Marktgeräusche, deren Ursprung ebenfalls nicht im eingefangenen Bild zu sehen ist. Jede weitere Geräuschüberlagerung führt nur zu einem höheren Pegel des Gesamtgeräuschs. Das Einzelgeräusch, das zu unserer Einstellung gehört, verliert damit an Deutlichkeit.

Auch hier spielt also – genau wie bei der visuellen Wahrnehmung – nicht die Intensität der Einzelwirkung, sondern der Kontrast die entscheidende Rolle für die Stärke des Sinneseindrucks. Deshalb müssen wir möglichst genau zwischen dem Einstellungsgeräusch und dem Grundgeräusch unterscheiden. Dieses Grundgeräusch hat in der Praxis die etwas abschätzige Bezeichnung *allgemeine Atmo* (für allgemeine Atmosphäre). Die Atmo muß keinen direkt sichtbaren Bezug zur einzelnen Einstellung haben, sondern sie ist inhaltlich an die gesamte Sequenz gebunden. Das Grundgeräusch entscheidet über die Wirksamkeit der Verknüpfung von zwei aufeinanderfolgenden Einstellungen in Raum und Zeit. Es kann diese Kontinuität entweder verstärken oder, indem es abbricht und durch ein neues Grundgeräusch ersetzt wird, ganz aufheben. Es kann einen Raum definieren oder Raum- und Zeitwechsel ausdrücken, ohne daß die Bildgestaltung mit dieser Aufgabe belastet wird.

Der Bildausschnitt ist zu eng gewählt — und schon kommt es zu einer Irritation, weil der Ton von einer Quelle kommt, die dem Zuschauer verborgen bleibt.

Wir bleiben beim Beispiel der Marktfrau. Mit einem Richtmikrofon an einer Angel können wird den Bananenmann und weitere Umgebungsgeräusche ganz gut wegdrücken und hören nur noch unsere Grumbeerenfrau. So etwas nennt man eine *trockene Aufnahme*, weil sie so ausschließlich ist, daß wir nun auch keine Marktatmo mehr hören. Das allgemeine Grundgeräusch des Marktes müssen wir also getrennt aufnehmen, um es später bei der Nachbearbeitung unter die ganze Sequenz zu mischen. Ohne Grundgeräusch würde man dem einzelnen Bild zu viel vom Gesamteindruck des Marktes nehmen.

Das Grundgeräusch und seine wichtige Funktion werden bei der Aufnahme häufig mißachtet. Die Cutterin setzt es aber, bewußt oder intuitiv, als raumdefinierendes Mittel ein, wenn die raumzeitliche

Basisgeräusch »Markt«

Es gibt das Basisgeräusch, das alle Einstellungen einer Sequenz miteinander verbindet, und das spezifische Einstellungsgeräusch, dessen Ursprung im Bild zu sehen sein muß.

Kontinuität vom Bildinhalt der Einstellungen alleine nicht hergestellt wird. Denn immer wieder werden von Kameramännern Aufnahmen geliefert, die einen Raum nur unzureichend oder überhaupt nicht darstellen, die also eine Orientierung schwierig machen. Das sind oft Großeinstellungen ohne die Totale. Oder Einstellungen, die von einem Standpunkt in unterschiedliche Richtungen aufgenommen werden, ohne daß ein überlappender Bildinhalt sie miteinander verbindet. In solchen Fällen ist das Grundgeräusch die einzige Möglichkeit, die Kontinuität aufeinanderfolgender Einstellungen zu bestätigen und damit die Einheit von Raum und Zeit innerhalb einer Sequenz aufrechtzuerhalten.

Bei der Nachbearbeitung müssen die unterschiedlichen Geräusche nun gemischt, also vereinigt werden. Die allgemeine Atmo, also das Grundgeräusch, wird niedrig gehalten, damit man das Geschrei der Marktfrau deutlich hören kann. Später wird dann noch der den Film begleitende Text dazugemischt. Dabei wird der Geräuschpegel noch einmal vermindert. Unter den Worten des Sprechers ahnt man nun zwar noch das Geschrei der Marktfrau, doch die allgemeine Marktatmo sinkt unter die Wahrnehmbarkeitsgrenze, obwohl ihr eine wichtige Aufgabe zugedacht war. Die Sequenz verliert dadurch unter Umständen ihre raumzeitliche Kontinuität. Gleichzeitig besteht die

Ein durchgehender Text unterdrückt die zu einer Sequenz gehörenden Geräusche. Die Bilder büßen an Realismus ein.

Gefahr, daß die oft aussagetragenden Großeinstellungen dadurch ihren Sinnzusammenhang verlieren.

Dieser entscheidende Gestaltungsfehler kann nur vermieden werden, wenn eine genaue Absprache zwischen der Cutterin und dem textenden Redakteur stattgefunden hat. Er muß also entweder ganz bewußt mit entsprechenden Pausen auf die prägnante Tongestaltung der Montagearbeit eingehen, oder die Cutterin muß bei Beginn der Montage auf den Umfang der Textpassagen aufmerksam gemacht werden. Leider ist es in der Praxis der Berichterstattung üblich, daß der gesamte Bericht zugetextet wird. Daraus ergibt sich für die Montage die zwingende Konsequenz, daß das spezifische Einzelgeräusch der Einstellung benachteiligt werden muß, damit durch das Gesamtgeräusch die räumliche und zeitliche Kontinuität der Darstellung gesichert bleibt. Allerdings wirkt eine Sequenz, die nur mit einer *allge-*

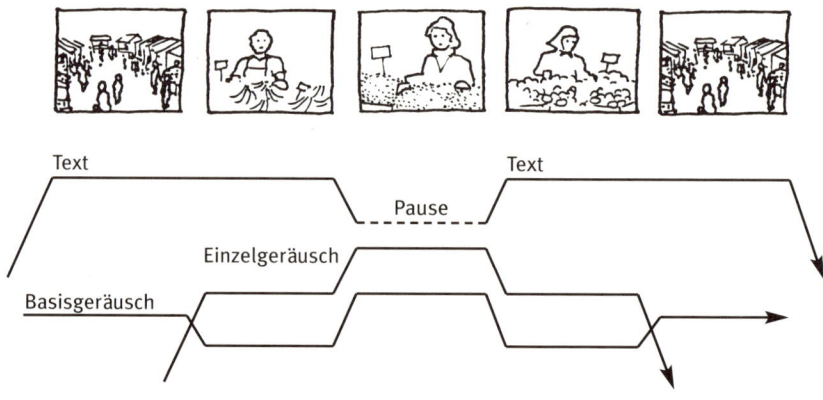

In Textpausen können die Geräusche angehoben werden. Die Bilder wirken realistischer und glaubhafter.

meinen Atmo unterlegt ist, wesentlich realitätsferner, da das spezifische Einstellungsgeräusch, welches der Zuschauer erwarten würde, fehlt.

Bildaufnahmen ohne Klangbild

Aufnahmen ohne Klangbild entsprechen bei vordergründiger Betrachtung dem uns allen bekannten Stummfilm. Tatsächlich hat es in der Praxis – wie schon erwähnt – zwar die stumme Bildaufnahme gegeben, nicht aber die Vorführung dieser Bilder ohne ein angepaßtes Klangbild.

Die Musik ist wohl am besten dazu geeignet, *Klangbild* genannt zu werden, denn es fällt uns sehr leicht, sie mit Gefühlen und visuellen Vorstellungen zu verbinden. Diese mit Musik zu weckende Vorstellungskraft läßt sich leicht verstehen, wenn wir an die Unruhe denken, die Geräusche ohne sichtbaren Ursprung bei uns auslösen. Ein Verhaltensprogramm zwingt uns, die Schallquelle zu identifizieren. Im positiven Sinn können wir diese Unruhe auch Erregung nennen, eine Erregung, die uns immer aufs Neue zwingt, das *Sehbild* mit einem *Klangbild* zu verbinden. Nun hat das Gehirn unter anderem die Fähigkeit, eingehende Informationen, die ihm unvollkommen erscheinen, zu ergänzen. Diese Ergänzung erfolgt jedoch nicht etwa nach den Gesetzen sachlicher Logik, sondern entsprechend der Häufigkeit gemachter Erfahrungen. Wir werden bei einem nur teilweise sichtbaren Bild voller Bäume auch für den verdeckten Teil nicht etwa eine Wiese mit einer Kuh vermuten, sondern spontan auf einen Wald schließen.

Den fehlenden oder abgedeckten Teil eines Bildes ergänzen wir nicht logisch oder durch Nachdenken, sondern »automatisch« durch die Häufigkeit unserer Erfahrung. »links Wald« + »rechts Wald« heißt für uns »auch in der Mitte Wald«. Eine Wiese mit einer Kuh wäre eine Überraschung.

So ähnlich ergeht es uns mit auditiven Erlebnissen. Wir kennen sicher alle das Phänomen, in dem rhythmischen Stampfen einer Maschine plötzlich eine Melodie zu hören. Die Erklärung dafür ist einfach. In unserer Wahrnehmungserfahrung ist Rhythmus so häufig mit einer Melodie verbunden, daß das Gehirn entsprechend seiner Erfahrung die beim Maschinenrhythmus fehlende Melodie ergänzt.

Dieser Vorgang ist relativ selten, weil er von sehr spezifischen Voraussetzungen abhängt. So muß dabei das komplizierte Klangbild der Melodie in das einfache Schallspektrum des Maschinengeräusches eingeordnet werden. Der umgekehrte Vorgang ist einfacher. Geräusche lassen sich leicht in der vielfältigen und formenreichen Struktur der Musik wiedererkennen. Die Untermalungsmusik hätte sich sonst wohl nicht in dem Umfang als Gefühle stimulierendes Mittel durchgesetzt. Ein musikalisches Klangbild verleitet uns zu weitläufigen visuellen Vorstellungen. Erfahrungen vermischen sich mit Wünschen und Gefühlen, und unserer Phantasie sind dabei kaum Grenzen gesetzt.

Dagegen erkennen wir ein Geräusch entweder gar nicht oder als sehr spezifisch an eine bestimmte Schallquelle gebunden. Man assoziiert mit einem Geräusch meistens nur das entsprechende innere Bild. Erst über dieses Bild entwickeln sich weitere Vorstellungen. So läßt sich das Geräusch eines Düsentriebwerks kaum von einem Flugzeug trennen.

Bei der Filmmusik von »Jonathan Seagull« kann man jedoch durchaus nicht nur von einer Möwe träumen. Das musikalische Klangbild stellt also ein viel komplexeres, auf jeden Fall aber wesentlich abstrakteres System von Raum und Zeit dar, weil es die Einordnung der unterschiedlichsten persönlichen Erfahrungen des Zuschauers und Hörers zuläßt. Diese unterschiedlichen Vorstellungen werden vom Gehirn vor allem dann entwickelt, wenn wir auf eine reale visuelle Reizerneuerung verzichten müssen. Wird uns ein Sehbild angeboten, dann wird dieses, wenn irgend möglich, mit dem gleichzeitig vermittelten Klangbild verknüpft. Dies um so mehr dann, wenn die Bildgestaltung eines Stummfilms ausdrücklich auf die Assoziation von Geräuschen angelegt ist.

Bei diesen Überlegungen wird deutlich, daß der Stummfilm durch die assoziative Mitarbeit des Zuschauers durchaus *audiovisuelle* Vorstellungen vermitteln konnte.

Die spezifische Wirkung der Bildaufnahme ohne Ton kommt deshalb erst richtig zur Geltung, wenn stumme Szenen in einem Tonfilm verwendet werden. Erst dann dringen sie durch den Kontrast zwischen vertonten und stummen Bildern ins Bewußtsein und werden als starke Verfremdung empfunden. Die Bildaufnahme ohne Klangbild existiert nur im technischen Sinn, nicht aber in bezug auf die Wirkung beim Betrachter. Der sogenannte Stummfilm gehört – wenn man es theoretisch genau nimmt – zu den Bildaufnahmen mit verfremdetem Klangbild!

Bildaufnahmen mit verfremdetem Klangbild

Dem verfremdeten, nicht realistischen Klangbild kommt die größte Bedeutung in der Film- und Fernsehgestaltung zu, weil ihm grundsätzlich jede Gestaltungsform zuzurechnen ist, die über das realistische Klangbild hinausgeht. Auch dabei ist wieder eine besondere Ordnung nötig, um zu einem klaren Verständnis zu kommen.

Verfremdung durch »stumme« Bildaufnahmen

Setzt man in einem Tonfilm Aufnahmen ohne Ton ein, dann möchte man dem Zuschauer das *stumme* Bild bewußt werden lassen. Die Wirkung entsteht aus dem abrupten Übergang in die absolute Stille, die uns den Verlust an Realität und die Zuweisung von Bedeutsamkeit spürbar macht. Solche Aufnahmen werden nicht gerade zum Wohlbefinden des Zuschauers beitragen, sondern ihn eher unruhig machen und Spannung erzeugen, weil er vielleicht sogar glaubt, der Fernseher sei defekt. Spannung im Film wird erzeugt, wenn das realistische Geräusch nicht einfach herausgeschnitten, sondern durch eine Verfremdung ersetzt wird.

Da der plötzliche Abbruch des Klangbildes sehr stark ins Bewußtsein dringt, kann diese Montageform durchaus von einem Text begleitet werden. Der kontrastierende Wechsel zwischen einem abrupt endenden Klangbild und der Stille gibt dem Text sogar eine neue Qualität. Läßt man im Rahmen der Aufnahme eines Dialoges plötzlich das Grundgeräusch oder die Musik abreißen und nur die »trockene« Sprache weiterlaufen, wird dieses den Charakter eines Kommentars oder eines Monologs annehmen. Die verfremdende Wirkung gibt der Sprache damit eine besondere Bedeutung. Dagegen kommt solch eine Wirkung nicht zustande, wenn der gesamte Film aus Aufnahmen ohne Geräusch oder Musik besteht und die Bilder nur von einem Text begleitet werden. Diese Form ist uns von Nachrichtensendungen bekannt, und sie wird oft zu Unrecht mißachtet. Ein gewisser Realitätsverlust muß sich für den Transfer der Nachricht nicht nachteilig auswirken. Sich von der Realität zu entfernen heißt ja andererseits auch, einen höheren Grad an Abstraktion zu erzielen. Damit wandelt sich das Bildmaterial vom Erlebnis zu einem *Zeichen* und wird damit unempfindlicher für den so häufig fehlenden Bild-Text-Bezug im Beitrag. Natürlich handelt es sich lediglich um eine Tendenz, die nur in geringem Maße die ablenkenden Faktoren des optischen Reizes beeinflussen kann. Denn aufgrund des Bewegungsreizes und der Reizerneuerung durch einen Schnitt wird das Bild als Aufmerksamkeitserreger dem Ton an Wirkung immer überlegen sein.

Verfremdung durch die Mischung mehrerer realer Klangbilder

In diese Gruppe fallen hauptsächlich alle Mischungen von zwei Geräuschen, die ursächlich nichts miteinander zu tun haben. Werden also Einstellungen unterschiedlicher Schauplätze durch ein gleichbleibendes Grundgeräusch verbunden, so bedeutet das für eine Vielzahl dieser Einstellungen eine Verfremdung. Sie sind mit einem Geräusch verbunden, das über ihr eigenes Umfeld hinausführt. Als reale Klangbilder betrachten wir diejenigen, die an dem im Bild dargestellten Schauplatz entstanden sind. Diese grundsätzliche Möglichkeit ist oft ausschlaggebend für die Gestaltung, denn damit wird über die Realitätsnähe und die Einheit von Raum und Zeit entschieden.

Wie eine reale Tonaufnahme entsteht, spielt keine Rolle für den Transfer der Aussage, solange ein realistischer Eindruck erhalten bleibt. Bei richtigem Einsatz der Gestaltungsmittel ist es deshalb nicht wichtig, wo oder wie ein Geräusch entstanden ist, sondern ob es im Sinne des Aussagewunsches realitätsbestätigend wirkt oder nicht.

Nehmen wir einmal eine Sequenz aus einem Bergsteigerfilm im Schneesturm. Wir kennen die Gewalt des Windes, das Heulen und Pfeifen und die Schwierigkeit, davon brauchbare Tonaufnahmen zu machen. Gewöhnliche Mikrofone streiken bei den starken Druckwechseln des Sturmes. Glücklicherweise ist es für den Transfer des Aussagewunsches überhaupt nicht wichtig, wie das *reale* Klangbild entstanden ist. Wir können ohne weiteres das Windgeräusch mit einer einfachen Maschine oder einem Synthesizer herstellen. Die Stimmen der Bergsteiger werden wir im Tonstudio nachsynchronisieren, und dann werden die beiden künstlichen Töne gemischt. Wichtig an unseren Gestaltungsmaßnahmen ist ausschließlich der realistische Eindruck für den Zuschauer, der durch die Kombination der Bilder und der nachgemachten Töne bewirkt werden kann.

Verfremdung durch reale Klangbilder, die nicht dem gezeigten Bild entsprechen

Dieser Bereich der Vertonung ist im allgemeinen der am häufigsten genutzte, allerdings nicht bei der Berichterstattung! Ihm muß das weite Feld der Untermalungsmusik zugeordnet werden. Gemeint ist der Einsatz vertrauter Klangmittel zu Bildern, deren Gegenstand nicht der Ursprung des Klanges ist. Kubricks Wiener Walzer im endlosen Weltraum und das Kurzfilmexperiment, bei dem die schweigende Unterwasserwelt mit effektvollen Geräuschen aus dem normalen Leben vertont wurde, sind gute Beispiele dafür. Der Zuschauer akzeptiert beides – wenn auch sicherlich belustigt –, obwohl weder der Hummer bei seinen Bewegungen wie eine alte Tür knarrt, noch ein Orchester so ohne weiteres im Weltraum herumfliegt.

Komik entsteht immer dann, wenn wir das Wahrscheinliche hinter uns gelassen haben, uns aber gerade noch im Bereich des Möglichen befinden. Als *das Mögliche* können wir den Realitätsanspruch betrachten, der für uns generell aus einem audiovisuellen Wahrnehmungserlebnis entsteht. Aus Tausenden von Erfahrungen weiß das Gehirn, daß synchrone Bilder und Töne denselben Ursprung haben. Verbinden wir sie nun in ungewohnter Weise, dann wird die neu entstandene Einheit entweder intuitiv oder bewußt akzeptiert. Beides kann, je nach Aussagewunsch, Ziel der Gestaltung sein. Der Grad der Verfremdung entscheidet darüber, wie der Verarbeitungsprozeß beim Rezipienten verläuft.

Der Einsatz von Musik wird sicher in den meisten Fällen vorbewußt akzeptiert. Warum das so ist, habe ich bereits im Zusammenhang mit dem Stummfilm angesprochen. Dieses allgemeine Einverständnis trifft aber sicher nicht in gleicher Weise auf den Einsatz von Geräuschen zu, die nicht ursächlich mit dem gezeigten Bild verknüpft sind. Daraus läßt sich schließen, daß wir immer erst lernen müssen, mit verfremdeten Darstellungsformen umzugehen. An Musik in allen Lebenslagen sind wir jedoch seit der Erfindung des Phonographen gewöhnt. Man kann sich heute einen Spielfilm ohne Untermalungsmusik nicht vorstellen. Mit verfremdeten Geräuschsituationen dagegen sind wir jedoch kaum vertraut, und so bleibt ihr Überraschungseffekt und ihre natürliche Wirkung als Aufmerksamkeitserreger vollständig erhalten.

Verfremdung durch synthetische Klangbilder

Mit der modernen Audiotechnik gelingt es heute, die Wirkung von Klangbildern, die nicht dem gezeigten Sehbild entsprechen, noch einmal zu verstärken. Der synthetische Klang schließt von vornherein jede Verbindung mit einer realen Schallquelle aus. Der Abstraktionsgrad der Bilder wird durch ein derartiges Klangbild erhöht und damit die Interpretationsmöglichkeit erweitert. Das bedeutet gleichzeitig eine größere Anforderung an die *Mitarbeit* des Zuschauers. Dieser höhere Abstraktionsgrad wird jedoch nur erreicht, wenn wir den synthetischen Klang als Einzelgeräusch verwenden. Erst durch die deutlich nachvollziehbare Verbindung mit einem realen Bild entsteht ein bewußter, irrealer Eindruck.

Ein Beispiel: Wir bearbeiten Aufnahmen aus dem Regenwald.

Holzfäller gehen mit Motorsägen auf die Urwaldriesen los. Das Geknatter der Motoren gibt der Szene den Charakter eines Industriebetriebes, in dem Holz verarbeitet wird. Wir wollen hier aber in polemischer Weise das Sterben der Bäume darstellen. Dazu verzichten wir auf die Originalgeräusche. Auf dem Synthesizer stellen wir ein künstliches Geräusch her, das in einer Andeutung die Frequenzen der Säge aufgreift. Außerdem mischen wir noch eine Tonkombination hinein, die uns an Schreie und Stöhnen erinnert. Diesen Effekt legen wir ausschließlich dann unter das Bild, wenn die Säge sich in einen Baumstamm hineinfrißt. Damit haben wir ein künstliches Einzelgeräusch hergestellt.

Verwenden wir dagegen einen synthetischen Klang als Grundgeräusch, also als allgemeine Atmo, wirkt er offensichtlich stärker emotionalisierend als normale Musik oder Geräusche. Da wir das Grundgeräusch für die Kontinuität von Raum und Zeit nutzen, ließe sich leicht eine gedankliche Verbindung von synthetischen Klängen zu einem *synthetischen System aus Raum und Zeit* herstellen. Auf diesem Gebiet gibt es bis heute noch keine konkreten Forschungsergebnisse. So sind wir auf praktische Erfahrungen oder Hypothesen angewiesen.

Aus der Praxis kennen wir etwa die Wirksamkeit von Schwebungen. Das sind Tonschwingungen mit nur geringem Frequenzunterschied, die sich überlagern und durch Interferenzen teilweise auslöschen. Schwebungen lassen sich mit einem Synthesizer besser erzeugen als mit konventionellen Musikinstrumenten; sie haben auch bei geringer Intensität eine sehr starke Wirkung. Mit ihren Interferenzen bewegen sie sich für uns am Rande des Wahrnehmbaren und erzeugen starke Unruhe oder Spannung. Schwebungen lassen sich sehr gut mit anderen, also auch realen Geräuschen mischen.

Zurück zum Waldbeispiel: Bis jetzt liegen unsere Synthesizerschreie noch völlig vereinzelt unter den Einstellungen, weil wir auf das Originalgeräusch verzichtet haben. Aus dem Schallarchiv, eventuell von einer Geräusch-CD, besorgen wir uns nun eine tropische Urwaldatmo. Aus dieser filtern wir die tiefen Frequenzen heraus, um dem Wald sein natürliches Klangbild zu nehmen. Auf dem Synthesizer stellen wir nun noch eine Schwebung her, zwei anhaltende, sehr tiefe

Töne. Sie sollen miteinander interferieren und dadurch auf- und abschwellen. Diesen recht unheimlichen Klang mischen wir unter die leicht veränderte Urwaldatmo. Dadurch erhalten wir ein neues Grundgeräusch, das wir nun unter die ganze Filmszene legen.

Originalton ————————————————————————————————— gelöscht

Effekt =   künstliche Schreie   künstliches Stöhnen
Einzelgeräusch   - - - - - - - - - - - - - - - - - - -   - - - - - - - - -

Schwebung ersetzt Grundgeräusch

Künstliche Geräusche. –
Das Originalgeräusch einer Motorsäge ist laut, unangenehm und überdeckt alle anderen Geräusche. Darum wird es nicht verwendet. Toneffekte ersetzen die spezifischen Einzelgeräusche der Einstellungen, und statt des »natürlichen« Motorsägen-Grundgeräuschs wird eine Spannung erzeugende Schwebung eingesetzt.

Ob man so etwas gut findet, sei dahingestellt. Ein synthetisches Klangbild unter realen Filmaufnahmen kann jedoch ein wirksames Gestaltungsmittel sein.

Verfremdung durch die Mischung von realen und synthetischen Klangbildern

In diese Kategorie lassen sich alle Gestaltungsmittel der Vertonung einordnen. Es würde in diesem Zusammenhang zu weit führen, die Wirkung und die Wirksamkeit der einzelnen Mischverhältnisse zu analysieren. Hier genügt es zu begreifen, daß die Wirksamkeit jeweils vom Grad der Verfremdung abhängig ist. Ein zunehmendes Maß an Verfremdung stellt allerdings auch höhere Anforderungen an die Verständnisfähigkeit des Zuschauers. So können wir diese Betrachtung vorläufig mit der Feststellung abschließen: Das Problem der auditiven Gestaltungsmittel liegt im Spannungsfeld zwischen bildbezogenen und bildfremden Klangelementen. Daraus ergibt sich, daß bei Gestaltungsüberlegungen Bild und Ton nicht voneinander zu trennen sind, auch wenn separate technische Verarbeitungsprozesse in der Praxis oft dazu verleiten.

Zurück zur Praxis

Möglichkeiten der Gestaltung gibt es in so reichem Angebot, daß wir den Mangel an Formen bei der Tonaufnahme und bei der Bearbeitung nur unserer eigenen Einfallslosigkeit zuschreiben müssen. Ideen zur Tongestaltung werden wir so lange nicht haben, wie wir die Tonaufnahme nur als zusätzliche technische Leistung des Camcorders verstehen. Wir werden uns aber auch nicht für eine besondere Tongestaltung engagieren, solange wir davon ausgehen, daß der Bericht ohnehin zugetextet wird. Diese Haltung ist zwar verständlich, doch sie ist falsch!

Jede Form der Gestaltung erfordert einen differenzierten Einsatz der Mittel, das gilt also auch für einen Bericht, für den ein durchgehender Text geplant ist. Denken wir einmal darüber nach, welche Anforderungen der Ton dazu erfüllen sollte. Einmal muß er natürlich gut zu hören sein!

Das klingt wie ein Scherz, ist aber leider keiner, wenn man die vielen Fehler bedenkt, die in der Praxis unterlaufen. Das Problem entsteht, sobald wir es mit Geräuschen unterschiedlicher Intensität zu tun haben. Für eine technisch saubere Aufzeichnung muß der Pegel bei der Aufnahme ausgesteuert werden. Nimmt man nun ein starkes Geräusch, wie z. B. Hammerschläge auf, dann wird der Restpegel so weit heruntergesteuert, daß vom Basisgeräusch nichts mehr zu hören ist. Auf die allgemeine Atmo können wir aber nicht verzichten. Was ist zu tun?

Der perfekte Weg: Wir müssen prüfen, ob wir bei der Nachbearbeitung die Zeit für eine Geräuschvormischung haben. Wenn das der Fall ist, dann können wir alle Geräusche zu den einzelnen Einstellungen *trocken* aufnehmen. Für diesen speziellen Fall verwenden wir ein Richtmikrofon an einer Angel, um die Schallquelle, die wir

Spezifische Einstellungs-
geräusche werden
vorzugsweise mit einem
Richtmikrofon aufge-
nommen. Nach seiner
Richtcharakteristik
wird dieses Mikrofon
»Keule« genannt.

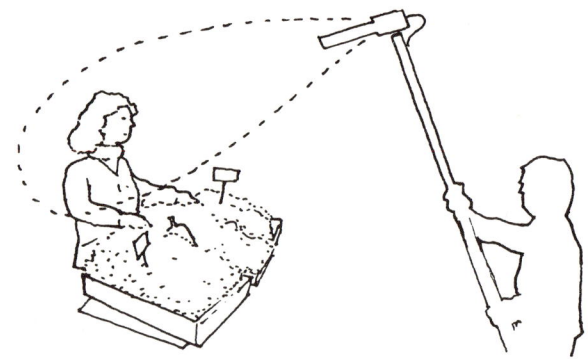

im Bild haben, akustisch in möglichst reiner Form aufnehmen zu
können.

Außerdem müssen wir, getrennt von den Bildaufnahmen, eine
allgemeine Atmo, also das Gesamtgeräusch der Szene, aufzeichnen.
Diese soll möglichst gleichmäßig sein, darf also keine prägnanten
Einzelgeräusche oder Pegelschwankungen enthalten. Dazu verwenden wir ein Mikrofon ohne Richtwirkung. Bei der Nachbearbeitung
werden nun die prägnanten Einstellungsgeräusche so in die Atmo gemischt, daß sie noch gut zu hören sind, aber keine Pegelspitzen mehr
bilden. Dieses ausgeglichene Gesamtgeräusch kann man nun getrost
unter den Kommentar mischen, ohne daß die Sprache an Verständlichkeit einbüßt.

Der weniger perfekte Weg: Wir haben bei der Nachbearbeitung
keine Zeit für eine Vormischung. Also müssen wir bei der Tonauf-

Für die Aufnahme des
Grundgeräusches einer
Sequenz oder Szene
braucht man ein Mikro-
fon mit breiter, nieren-
förmiger Charakteristik.
Dieses Basis- oder
Grundgeräusch wird im
Jargon etwas abwertend
»allgemeine Atmo«
(Atmosphäre) genannt.

nahme einen Ausgleich zwischen aggressiven Einzelgeräuschen und der allgemeinen Atmo erreichen. Dazu verwenden wir ein Mikrofon ohne Richtwirkung.

Alles hängt dabei von der Geschicklichkeit des Mannes mit der Angel ab. Er darf sich mit dem Mikro nur vorsichtig dem Einstellungsgeräusch nähern, denn er muß über seinen Kopfhörer und mit gutem Gehör für eine Ausgewogenheit zwischen dem prägnanten Einzelgeräusch und der allgemeinen Atmo sorgen. Das ist in der Praxis viel schwieriger, als es sich hier beschreiben läßt.

Nach der Wegrationalisierung der Tontechniker sind die Kameraassistenten für die Tonaufnahme verantwortlich. Aufgrund fehlender Schulung haben sie leider oft noch kein Bewußtsein für die Problematik entwickelt. Das zeigt, wie unbedacht man heute bei der Berichterstattung meist mit der Tongestaltung umgeht. Man kann aber auch zu ganz anderen, neuen Lösungen des Problems gelangen.

Selbst unter dem Druck der Rationalisierung habe ich mich als Kameramann nicht damit abfinden wollen, daß mein Assistent nur noch die Mikrofonangel schwingt und mir nicht mehr die eigentliche Hilfestellung des Kameraassistenten geben kann. Darum habe ich zwei Mikrofone auf meinen Camcorder montiert, der ja auf mehreren Tonspuren gleichzeitig aufzeichnen kann. Ein Richtmikro nach vorne, um auf Spur 1 ganz präsente Einstellungsgeräusche aufzunehmen. Das zweite Mikrofon auf der Kamera war nach hinten gerichtet und konnte auf der Spur 2 das Hintergrundgeräusch, also die allgemeine Atmo aufnehmen. Der Cutterin standen also zu jeder Einstellung das spezifische Einstellungsgeräusch und die Atmo auf getrennten Tonkanälen zur Verfügung. Je nach Bedarf konnte sie nun

Aus Kostengründen müssen Kcamerateams bei der Berichterstattung immer häufiger ohne Tontechniker auskommen. Ich habe selbst mit Video-Camcordern gearbeitet, die mit gutem Erfolg den Ton unterschiedlicher Mikrofone für die »Atmo« und das Einstellungsgeräusch gleichzeitig aufgezeichnet haben.

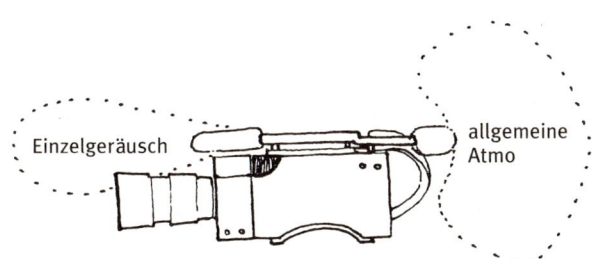

Einzelgeräusch

allgemeine Atmo

eine sinnvolle Mischung herstellen oder nur eines der beiden Geräusche verwenden.

Vielleicht habe ich Sie mit diesen Details strapaziert. Dieses Gebiet bedürfte eigentlich noch weiterer Differenzierung, wollte ich die Tongestaltungsmöglichkeiten größerer Produktionen beschreiben. Ich verlasse das Thema deshalb mit dem Gefühl, nur sehr eingeschränkt darüber berichtet zu haben.

Die Tonaufnahme ist weitgehend automatisiert worden und findet bei den Berichterstattern entsprechend wenig Beachtung. Ein weiteres Problem entsteht dadurch, daß der ganze Film durchgehend mit Text unterlegt wird. Ein vernünftiger Umgang mit dem Basisgeräusch wird dadurch besonders schwierig. Dementsprechend schlecht sind oft die Ergebnisse aktueller Arbeit.

Mißerfolge wiederum stärken nicht gerade die Motivation der Mitarbeiter. So hat sich ein hochwirksames Mittel zu einem Stiefkind der Gestaltung zurückentwickelt.

Da es an praktischen Beispielen für eine gute Vertonung in der Berichterstattung fehlt, habe ich auf die Theorie zurückgegriffen, um wenigstens anzudeuten, was mit dem Ton alles zu machen wäre. Es handelt sich nicht um eine praktische Anleitung, vielmehr wollte ich aufzeigen, welche Wirkungen mit der Vertonung zu erzielen sind. Dabei habe ich mich nicht nur auf die Aufnahme beschränkt, sondern habe die Möglichkeiten der Montage mit einbezogen. Damit meine ich den weiten Bereich der Mischung von Geräuschen, Musik und Sprache.

Anschließend habe ich mich wieder der Praxis zugewandt, um Arbeitsbeispiele für das Problem der zugetexteten Stories zu geben.

8 MÖGLICHKEITEN DER MONTAGE

Die alten Zeiten, als man Filmstreifen noch mit der Schere zerschnitt und sie dann nach einer bestimmten Auswahl wieder zusammenklebte, sind lange vorbei. Die Schere, das Schabemesser und das Leimfläschchen sind einer komplizierten Technik gewichen, dies im Zuge einer Entwicklung, deren Ende noch nicht abzusehen ist. Man kann deshalb nicht mehr über Montageverfahren schreiben, ohne sich mit den technischen Arbeitsmöglichkeiten eingehend beschäftigt zu haben.

Ganz anders verhält es sich bei der Kameraarbeit. Der Wechsel von der Filmtechnik zur Elektronik vollzog sich relativ reibungslos. Natürlich mußten sich die Kameraleute an andere Geräte gewöhnen, doch im Prinzip war es immer noch der schwarze Kasten, der irgendwie ein Abbild der Realität aufzeichnete. Die Gestaltungsmöglichkeiten haben sich aus technischer Sicht zwar erheblich vereinfacht, jedoch nicht generell verändert.

Die elektronische, besonders aber die digitale Nachbearbeitung haben dagegen Auswirkungen gebracht, die uns zu neuen Seherlebnissen führen. Die neue Technik verändert die Gestaltungsmöglichkeiten enorm. Ob der Zuschauer diesem Angebot gewachsen ist, müssen wir abwarten. Soweit es die Berichterstattung betrifft, erscheint mir allerdings manches davon sehr fragwürdig. Die neuen Möglichkeiten führen nicht selten zu eigenartigen Stilblüten der Filmsprache!

Dazu im Folgenden ein paar Worte mehr. Zunächst aber einige wenige Bemerkungen zu den technischen Voraussetzungen.

Montagetechnik

Das ist ein Thema, mit dem man eigentlich gar nicht erst anfangen darf, denn man wird niemals damit fertig. Wenn ich versuche, mich durch Fachzeitschriften auf dem neuesten Stand zu halten, habe ich oft das Gefühl, die Entwicklung schreite schneller voran, als ich zu lesen vermag. Glücklicherweise ist die Technik nicht das Thema dieses Buches, und so kann ich gelassen auf die umfangreiche Fachliteratur verweisen, die auf diesem Gebiet zur Verfügung steht. Um ein paar Grundsätzlichkeiten der technischen Entwicklung kommen wir aber nicht herum, weil diese auch die Gestaltung in einem erheblichen Maß beeinflussen.

Im Bereich des berichterstattenden Films muß man über die Nachbearbeitung von Filmmaterial heute nicht mehr reden. Das bleibt den Spielfilmleuten vorbehalten und einigen Exoten und Spezialisten des Dokumentarfilms, eben jenen, die noch auf 16-mm- oder gar 35-mm-Material drehen.

In der zweiten Hälfte der siebziger Jahre wurde unter dem Druck der Industrie die EB-Technik eingeführt, die *elektronische Berichterstattung*. Allein die Bezeichnung ist – milde ausgedrückt – unsinnig. Berichterstattung kann aktuell sein, spannend, erforschend, aufklärend und natürlich unterhaltend, nur nicht elektronisch!

Man berichtete nun eben mit Hilfe elektronischer Geräte und nicht mehr mit Filmmaterial. Das Zelluloid wurde durch Magnetbänder ersetzt, und das hatte viele Nachteile. Die Geräte waren groß und schwer. Der erste transportable Recorder der Firma Bosch wog tatsächlich 20 Kilo! An Camcorder, wie wir sie heute kennen, wagten noch nicht einmal die Entwicklungsingenieure zu denken. Noch schlimmer ging es in der Nachbearbeitung zu. Umständliche Überspielungen von einer Bandmaschine zur anderen, die zwangsläufig zu Kopierverlusten führten, waren notwendig, um einen Bericht zusammenzustellen. Nachträgliche Kürzungen des fertigen Films waren ohne einen deutlichen Qualitätsverlust nicht mehr möglich. Man muß sich im nachhinein fragen, warum eine solche Technik überhaupt eingeführt wurde.

Nun: Einmal gab es eine intensive Werbekampagne der Industrie, die ihre noch laufende Entwicklungsarbeit durch den Verkauf von Geräten bezahlt haben wollte. Dann waren da die Produktionschefs der großen Fernsehanstalten, die die relativ hohen Kosten für das Filmmaterial und die Bearbeitung im Kopierwerk sparen wollten, die aber damals noch nicht ahnten, was für Investitionen die neue Technik mit sich bringen würde.

Angeheizt durch die Werbung, sahen auch die Redaktionen aus dem Bereich der Berichterstattung eine Überlebenschance nur in der neuen Technik. Ihnen ging es vor allem um einen Zeitgewinn gegenüber der Konkurrenz. Sieger ist der, der eher auf dem Sender ist, und die EB-Technik ersparte die eine Stunde, die die bis dahin notwendige Filmentwicklung ungefähr dauerte. Außerdem konnte man Korrespondentenberichte aus aller Welt direkt auf den Satelliten bringen, wohingegen Filmentwicklung und Überspielung oft unmöglich gewesen wären.

Industrie, Produktionsleitung und die Journalisten selbst verlangten deshalb nach der neuen Technik. Daß es für den Zuschauer dadurch erhebliche Nachteile bei der Gestaltung der Berichte gab, spielte demgegenüber keine Rolle mehr.

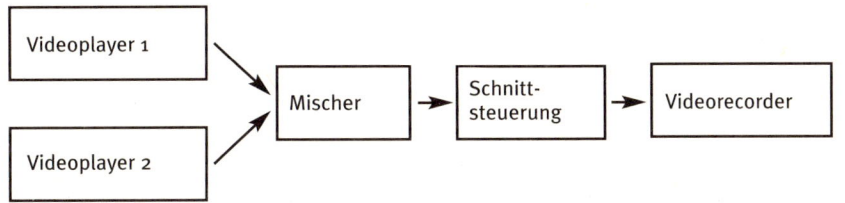

Ein Nachbearbeitungssystem mit Magnetbandmaschinen ist umständlich und heute durch die Computertechnik überholt.

So entwickelte sich die Schnittechnik mit Magnetbandmaschinen über zehn Jahre konsequent weiter und sie wird in abnehmendem Maß auch noch heute eingesetzt. Doch diese Technik hat jetzt schon keine Zukunft mehr bei der Nachbearbeitung von aktuellen Filmen, denn sie wird durch die Digitalisierung und den Computer als Basis virtueller Bearbeitungssysteme verdrängt.

Nach der Schnittarbeit mit Filmstreifen war die an Bandmaschinen gebundene EB-Technik für die Nachbearbeitung ein wirklicher Rückschritt. Er mußte hingenommen werden, weil der Vorteil bei der Aufnahme mit elektronischen Kameras nicht mehr wegzudenken war. Bei der Nachbearbeitung schafft nun aber die Computertechnik Möglichkeiten, die alles andere in den Schatten stellen. Ich gestehe, daß ich ein recht hartnäckiger Anhänger des *richtigen Films* gewesen bin, und auch heute noch wäre mir Kodak-Negativmaterial in der Kamera lieber als irgendein Magnetband. Wenn ich aber vor einem virtuellen Schnittsystem sitze und der Computer »gute Laune« hat und nicht irgendwie streikt, dann gerate ich ins Schwärmen. Bedenkt man außerdem, daß wir gewissermaßen noch in der Steinzeit dieser neuen Technik leben, dann führt einfach kein Weg daran vorbei.

Worin sind diese Vorteile zu sehen? Vor allem in der Digitalisierung. Ich möchte das an einem Beispiel deutlich machen: Ein Filmnegativ kann heute immer noch natürlichere Farb- und Kontrastabstufungen speichern als eine elektronische Kamera, wobei sich auch das bald ändern wird! Will man aber ein Filmbild bearbeiten, so ist das nur über einen oder mehrfache Kopierprozesse möglich. Mit jeder neuen Generation (Kopie von der Kopie) verschlechtert sich die Bildqualität in zunehmendem Maß, je weiter ich mich in der Generationenzahl vom Original entferne. Da sind vier oder fünf Generationen bereits unerträglich, und in der Praxis sind sie dennoch die Regel.

Bei der Digitalisierung werden Werte wie z.B. Helligkeit, Farbe und Kontrast dagegen in binäre Zahlencodes umgesetzt. Diese können nun beliebig oft kopiert werden. Solange der Code für den Computer noch zu erkennen ist, wird also immer wieder die ursprüngliche Bildqualität erzeugt. Häufiges Kopieren ist die Grundlage der modernen Nachbearbeitung. Darum wird mit der Digitalisierung vieles möglich, was der Film wegen der Kopierverluste nicht zugelassen hat und was auch die analoge Aufzeichnung auf Magnetbändern niemals gestattet hätte.

Nicht nur die digitale Aufzeichnung bringt einen großen Vorteil, sondern auch die neuen Speichermedien. Superschnell drehende Festplatten sind mit geringsten Trägheitsverlusten zu beschreiben und abzuspielen. Alles, was man auf einer rotierenden Platte speichert, läßt sich in wenigen Mikrosekunden wieder aktivieren. Die Cutterin hat also gleich schnellen Zugang zu allen Teilen des Gesamtmaterials.

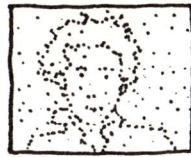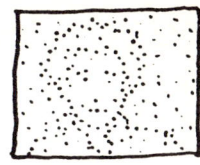

A Kopiergenerationen (analog)

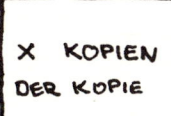

B Kopien (digital)

Das langwierige Umspulen von Film- und Magnetbandrollen entfällt völlig.

In näherer Zukunft wird es auch diese rotierenden Speicherplatten nicht mehr geben, denn die Forschung arbeitet an statischen Speichern. Die Mechanik würde dann der Vergangenheit angehören, zumindest bei der Filmbearbeitung.

Im Augenblick fehlt tatsächlich nur noch der trägheitslose Austausch zwischen den Speichermedien der Camcorder und der Schnittsysteme. Bis jetzt speichern die meisten Kameras noch auf Bandmaterial, das später in Realzeit auf den Speicher des Schnittcomputers überspielt werden muß. Zukünftige Aufnahmegeräte – die ersten gibt es bereits – werden auf Wechselplatten aufzeichnen, die einfach mit ihrer Gesamtinformation an die Schnittanlage übergeben werden.

Aber wo viel Licht ist, gibt es auch Schatten. Ein Problem sehe ich in dem hohen Angebot an Arbeits- und Manipulationsmöglichkeiten, die heute in einem Computerschnittsystem geboten werden. Man kann schneiden, man kann alle Arten von Tricks erzeugen, man kann den Ton mischen, man kann die Farbkorrektur vornehmen usw. Alle diese Tätigkeiten entsprachen einmal hochspezialisierten

Analoge Bildverarbeitungsverfahren **(A)** haben den großen Nachteil, daß sich die Bildqualität mit jeder Kopiergeneration verschlechtert. Digitalbilder werden als Zahlencode **(B)** aufgezeichnet; solange dieser Zahlencode lesbar ist, besitzen alle Kopiergenerationen die ursprüngliche Bildqualität.

Neue Aufnahme- und Nachbearbeitungstechnik. Das digitale Speichermedium wird dem Camcorder entnommen und an den Nachbearbeitungsrechner angedockt. Ohne die lästigen Umkopierzeiten von früher hat man direkten Zugriff auf alle Teile des aufgenommenen Materials.

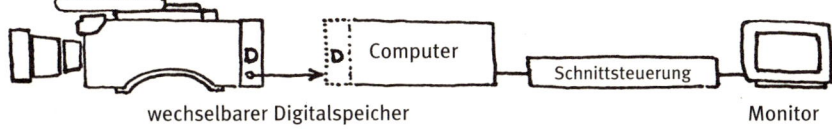

wechselbarer Digitalspeicher · Computer · Schnittsteuerung · Monitor

Einzelberufen! Ich frage mich, ob wirklich eine einzelne Person so viel Fachwissen beherrschen und sinnvoll einsetzen kann. Natürlich hängt das sehr von den qualitativen Ansprüchen ab, die gestellt werden. Ein bißchen von jedem kann man schon wissen. Doch reicht dieses bißchen aus, um erstklassige Arbeit zu leisten?

Bei den großen Fernsehstationen in Deutschland werden beispielsweise die Tonmischungen immer noch von den Fachleuten im Tonstudio ausgeführt, obwohl die Cutterinnen durchaus in der Lage wären, mit ihrem Computersystem zu mischen. Und dafür gibt es gute Gründe. Der hochspezialisierte Tonmeister kann es schneller und besser.

Wie wird das in Zukunft aussehen? Ein zentraler Server, also ein Großspeicher, wird mit allen Arbeitseinheiten verbunden sein. Dort sucht die Cutterin nach ihrem Rohmaterial, das der Korrespondent aus Rio dort gerade über das weltweite Netz der Datenautobahn abgelegt hat. Sie bearbeitet es und gibt es zurück in den Server. Von dort wird der Bericht wieder zur Sprachaufnahme und zur Mischung aufgerufen und nach Abschluß der Arbeit bis zur Sendung wieder gespeichert. Die Cutterin könnte den Terminal prinzipiell in ihrer Wohnung haben. Über eine Videokonferenz wäre sie mit ihrem Redakteur oder Regisseur verbunden. Das wäre die *Welt am Draht*, aseptisch, anonym, effizient.

Ich frage mich allerdings, ob die Technik uns alle Wünsche erfüllen kann oder ob wir uns zurücksehnen werden, nach der gemeinsamen Fachsimpelei, beim vermeintlich so schlechten Kantinenessen.

Mit neuer Technik zu neuen Fehlern

Solange ich mit richtigem Film zu tun hatte, gab es eine Trickabteilung, an die ich mich wenden mußte, wenn ich besondere optische Effekte oder Manipulationen meiner Bilder produziert haben wollte. Die Arbeitsprozesse waren kompliziert und zeitraubend und kamen schon deshalb für die Berichterstattung nicht in Frage. Heute kann man vielerlei Tricks schnell und einfach mit dem Schnittsystem herstellen, und wenn man den Menschen so ein Spielzeug vor die Nase hält, dann spielen sie nur allzu gerne damit. Das kann im Sinn einer wirksamen Gestaltung sehr verwirrend sein, eröffnet aber auch neue Möglichkeiten.

Es gibt Auf- und Abblenden, Überblendungen, alle Arten von bewegten Bildteilen, die sich mit den Bildteilen der nächsten Einstellung vermischen, um einen Übergang herzustellen. Es gibt Filter, die Bilder schärfer oder auch unschärfer machen; sie zeigen das Bild negativ oder schwarzweiß oder nur in einer Farbe. Man kann alle Arten von Farbmanipulationen vornehmen, kann das Bild nachträglich weichzeichnen oder vernebeln, was dann auf Neuhochdeutsch *fogging* heißt. Ich glaube, daß kaum jemand, der vor einem neuen Schnittsystem sitzt, sich jemals mit allen angebotenen Möglichkeiten vertraut machen kann, es sind einfach zu viele! Warum also dieses Angebot, was kann man mit solchen elektronisch hergestellten Tricks eigentlich bewirken?

Als Beispiel möchte ich mich mit der Überblendung beschäftigen. Sie wird am häufigsten von allen Einstellungsübergängen eingesetzt – und das durchaus nicht immer sinnvoll!

Bei einer Überblendung verblaßt das erste Bild, während gleichzeitig das Bild der nächsten Einstellung immer deutlicher wird. Ein schöner, sanfter Übergang, den wir kaum bemerken – oder doch? Wir bemerken ihn, auch wenn er uns nicht unbedingt jedes Mal bewußt wird.

Die Überblendung ist ein Effekt, der nicht zu unseren natürlichen Wahrnehmungsmöglichkeiten gehört. Sie erzeugt eine Verfremdung, die als Gestaltungsmittel für uns eine besondere Bedeutung hat, weil unser Gehirn darüber »stolpern« soll. Automatisch suchen wir nach Erklärungen für diese Ungereimtheit. Wir erleben einen kurzen Augenblick, der uns auf die Gleichzeitigkeit verschiedener Situationen oder Objekte hinweist. Andererseits kann eine Überblendung am selben Ort auch auf einen Unterschied des Zustandes verweisen, also auf eine Zeitverschiebung. Die Gleichzeitigkeit bei einem Wechsel des Schauplatzes dürfte jedoch der häufigste Grund für den Einsatz des Mittels sein.

Der Spielfilm hat in diesem deutlichen Sinn davon Gebrauch

gemacht, und so haben wir gelernt, diese Art der Verfremdung als spezifische Metapher zu lesen.

Seit aber Elektronik und Digitalisierung die Überblendung an jedem Schnittplatz ermöglicht, wird sie eingesetzt, wann immer die Sendezeit einen gewissen Spielraum läßt. Wenn man keine Idee für eine Sequenz hat – Überblendung! Wenn zwei Einstellungen nicht aneinander passen – Überblendung! Wenn ein Themenwechsel im Text nicht mit Bildern zu belegen ist – Überblendung!

Auf diese Weise verkommt ein sehr subtiles und präzises Gestaltungsmittel zu dem Hinweis: »Ich kann es nur undeutlich darstellen!« Wenn ich etwas nicht genau sagen kann, dann ist es mir lieber, ich blende mich aus. Genauso verhält es sich, wenn ich etwas nicht richtig zeigen kann, weil ich nicht das richtige Bild habe. Auch dann rette ich mich in eine Überblendung! Ich meine damit nicht, daß solche Fehler vorsätzlich gemacht werden. Nein, in mancher Not bietet sich die Überblendung einfach als rettende Möglichkeit an.

Inzwischen gibt es unterhaltende »Dokumentarfilme«, die die Überblendung als Stilmittel benutzen. Über eine Länge von 45 Minuten gibt es kaum einen Einstellungswechsel ohne Überblendung. Dieser unbedachte Ausverkauf eines an sich differenzierten Gestaltungsmittels muß Folgen haben. In diesem Fall führt er zu einer einschneidenden Abnutzung der Wirksamkeit des Mittels. Wenn ich mich daran gewöhne, bei vielen Einstellungswechseln eine Überblendung zu sehen, die keine besondere Bedeutung hat, dann werde ich eine einzelne mit Bedeutung nicht mehr erkennen. Die Überblendung verliert ihre inhaltliche Komponente und wird zu einem oberflächlichen, visuellen Effekt auf der Reiz-Reaktionsebene.

Das soll nun nicht etwa ein grundsätzliches Plädoyer gegen eine Veränderung der Bildsprache werden. Sprache ist stets ein lebendiger Prozeß, in dem immer wieder neue Formen und Möglichkeiten ausprobiert werden müssen. Wenn aber durch unbedacht häufigen Gebrauch die Bedeutung einer Form ersatzlos gestrichen wird, dann finde ich das bedauerlich. Die Überblendung war der filmische Ausdruck für Gleichzeitigkeit. Dafür gibt es bis jetzt keinen Ersatz.

Das Schnittsystem, mit dem ich arbeite, bietet ca. 80 Trickblenden an, mit denen man von einer Einstellung in die nächste überleitet.

Davon brauche ich tatsächlich nur die Auf- und Abblende, die Überblendung und vielleicht einmal das Umblättern einer Seite. Alles andere sind visuelle Spielereien, denen ich nur schwer einen filmsprachlichen Sinn zuordnen kann.

Ähnlich ergeht es mir mit den elektronischen Filtern, die nicht mehr nur Filter im Sinne des Wortes sind. Vielmehr kann man damit ganze Bilder oder auch ausgewählte Bildteile manipulieren. Die Qualität von Archivaufnahmen läßt sich in gewissem Umfang dem neuen Material anpassen oder umgekehrt. Veränderungen der Farben und der Kontraste sind selbst in einzelnen Bildteilen möglich. Bestimmte Farben lassen sich durch andere ersetzen, grafische Teile in Bilder einfügen, andere Bildanteile kann man herausnehmen und vieles andere mehr.

So steht etwa auch die ganze Palette der *Keys* zur Verfügung, von denen die *Blue-Box* wohl der bekannteste ist. Wir alle sind an diese bombastischen Bilder gewöhnt. Der Moderator sitzt offensichtlich im Himmel über Paris, denn hinter ihm sieht man eine Luftaufnahme des Arc de Triomphe. Aus irgendeinem Grund müssen Fernsehmoderatoren immer von oben zu uns herunterkommen, und wenn es nicht auf der großen Freitreppe der Showbühne passieren kann, dann wenigstens über den *Cromakey* vom Himmel über Paris.

Über diese Keys, die Helligkeits- oder Farbschlüssel, lassen sich also Bilder in mehreren Ebenen gestalten. So kann man Vorder- und Hintergrund getrennt aufnehmen und dann im Schnittsystem zu einem Bild zusammenfügen. Das hört sich schwieriger an, als es in der Praxis ist. Für eine einfache und sinnvolle Keyoperation möchte ich deshalb ein Beispiel geben.

Ein Bericht beginnt mit einer Übersichtslandkarte. Der Staat, über den berichtet wird, ist zu Beginn hellgrün eingezeichnet. Erst wenn von dem dort herrschenden kriegerischen Konflikt die Rede ist, wird das Grün in einer Überblendung gegen ein alarmierendes Rot ausgetauscht. In diese rote Fläche werden dann die Aufnahmen rollender Panzer eingeblendet. Eine Zoomfahrt in den bei der Aufnahme noch grünen Umriß der Konfliktregion gibt schließlich das gesamte Bild für den Panzer frei. Ich glaube, das kann man nur im Zusammenhang mit der folgenden Grafik verstehen.

Typischer Masken-Trick (ein »key«, wie es im Jargon sinnentstellend heißt). Schraffierter Flächenumriß eines Landes vor gepunktetem Hintergrund; die Fläche des Landes färbt sich rot (Wellen), um einen Konflikt anzudeuten. Das Rot überblendet in einen Panzer. Die Maske öffnet sich nach außen, der Panzer beginnt zu fahren, und das ganze Bild wird für die Kriegsszene freigegeben.

Die Herstellung solcher Tricks ist zeitraubend und eigentlich nicht Aufgabe der Cutterin. In größeren Betrieben werden sie deshalb von Spezialisten ausgeführt. Allerdings bietet jedes Schnittsystem heute diese Möglichkeiten an. Abgesehen von den häufigen Keyoperationen, können Filter in der Berichterstattung nur relativ selten sinnvoll eingesetzt werden. Das liegt daran, daß bestimmte Darstellungsformen sich noch nicht als Klischee durchgesetzt haben und darum nicht einheitlich verstanden werden.

Auch dafür ein Beispiel: Es gibt viele Methoden, eine Person unkenntlich zu machen, die bei einem Interview nicht erkannt werden will. Man filmt im Gegenlicht, so daß man nur eine Silhouette erkennt. Oder man legt nachträglich einen künstlichen Schatten über das Gesicht. Einige Male habe ich beobachtet, wie das gesamte Bild in ein Negativ umgewandelt wurde. Mit Sicherheit wurde dann die Person nicht mehr erkannt. Vielleicht konnte aber der Betrachter auch mit dem ganzen Bild nichts mehr anfangen. Die Verfremdung ist so erheblich, daß dem Zuschauer eine Verknüpfung mit der Realität nicht mehr möglich ist. Die gut gemeinte Manipulation wird dann einfach als Bildfehler empfunden, und das kann nicht das Ziel einer anschaulichen Gestaltung sein. Wir stoßen hier wieder einmal auf eine jener in der Filmgestaltung eher seltenen Regeln, wonach Verfremdungen ausdrucksvolle Gestaltungsmittel sind. Sie regen zu bewußtem Wahrnehmen an, doch sie dürfen die Beziehung zur Realität nicht verlieren.

Zur selbstkritischen Überprüfung empfehle ich erneut die gesprochene Beschreibung der eigenen Bildkomposition und deren Vergleich mit dem Aussagewunsch. Das ergäbe im Fall des Negativbildes: Ich sehe ein ungewöhnliches Bild, das ich nicht erkennen kann. Mein Aussagewunsch war jedoch: Nur die gezeigte Person soll nicht zu erkennen sein, wohl aber die dargestellte Situation. Nach dieser rechtzeitigen Kontrolle würde der Gestalter sicherlich eine andere Form wählen.

Was bedeutet Montage?

Man redet vom Schnitt und vom Schneiden. Damit ist normalerweise eine Arbeit mit Messer oder Schere gemeint. Zwei Werkzeuge, die etwas zerteilen. Der Mensch, der damit arbeitet, nennt sich Schnittmeister oder Cutter, übrigens ein Begriff, den es im englischen Fachjargon nicht gibt. Auch diese Berufsbezeichnung deutet eher auf Zerstörung hin als auf eine schöpferische Tätigkeit. Trotzdem würde ein Cutter niemals vom Zerschneiden reden. Nein, er *schneidet einen Film zusammen.* Was sich so paradox anhört, hat tatsächlich eine einleuchtende Erklärung. Der Schnittmeister war der Meister, der Beherrscher der Schnitte, die ein Regisseur angelegt hatte.

Wir wissen bereits, daß die Szene eines Films bei der Aufnahme aus dramaturgischen Gründen in verschiedene Einstellungen aufgelöst wird. Diese Unterbrechung ist folgerichtig ein Schnitt in der Handlung oder Szene.

Das Material eines *abgedrehten,* d.h. fertig aufgenommenen Spielfilms enthält mehrere hundert Schnitte. Und nun ist der Cutter, der Meister der Schnitte, gefordert, um aus diesen Einzelteilen wieder ein ansehbares und begreifbares Ganzes zu machen. Er *montiert* Einstellungen zu Sequenzen, Sequenzen zu Szenen, Szenen zu Komplexen oder zu Akten.

Wenn wir uns einig sind, daß wir einen Film nicht schneiden, sondern montieren, dann muß uns jetzt folgerichtig die Frage beschäftigen, was wir denn eigentlich alles zusammenfügen sollten.

Auch hier werde ich den Arbeitsprozeß auf seine Minimalform

reduzieren. Alle außerordentlich komplexen Aspekte der Montage auch nur anzudeuten würde den Rahmen des Buches sprengen.

Uns ist bereits der grundsätzliche Wert einer Sequenz für die Filmsprache bewußt. Wir benötigen Einstellungen mit unterschiedlichen Funktionen, um unseren Wahrnehmungsansprüchen gerecht zu werden. Der Aussagewunsch der Sequenz wird bei der Aufnahme auf einzelne Einstellungen verteilt. Er kann also in seiner Gesamtheit erst wirksam werden, wenn die aktiven Teile dieser Einstellungen wieder zusammengefügt werden zu einer geschlossenen, wahrnehmbaren Einheit, geordnet durch eine Grammatik, genau wie ein Hauptsatz der gesprochenen Sprache.

Stellen Sie sich eine große Maschine vor, die von der Fabrik zu ihrem neuen Besitzer transportiert werden soll! Das Konstruktionsteam plant und stellt die einzelnen Teile her, die später hoffentlich aneinander passen! Diese Teile werden nun in transportable Einheiten verpackt und an den Ort der Montage gebracht. Jetzt ist der Monteur an der Reihe. Er setzt die einzeln völlig sinnlosen Teile der Konstruktion zu einem funktionierenden Ganzen zusammen.

Überdenkt man dieses Beispiel, wird noch einmal deutlich, wie sehr die Berufsbezeichnung *Cutter* wirklich ihren Sinn verfehlt. Wenn es der Mode entsprechend unbedingt englisch ausgedrückt werden muß, dann würde ich den *Film-* oder *Videoeditor* bevorzugen. Dieser Begriff beschreibt den Arbeitsinhalt besser. Wegen des gängigen Sprachgebrauchs werde ich aber bei der herkömmlichen Bezeichnung bleiben.

Die Hauptaufgabe der Cutterin oder des Cutters ist es also, eine Szene, die aus technischen oder gestalterischen Gründen in einzelne Einstellungen zerlegt werden mußte, wieder zu einer wahrnehmbaren Einheit zusammenzufügen. Dabei ergibt sich die Gelegenheit, alle nur möglichen Fehlleistungen der Planung und des Aufnahmeteams festzustellen und zu korrigieren. Das Material wird in Inhalt und Form so gut wie möglich dem Aussagewunsch angepaßt und dabei auf die vorgegebene Sendelänge reduziert. In der Praxis bedeutet das, daß ein Materialangebot von vielleicht 15 Einstellungen zu einer wirksamen Sequenz montiert wird, die dann möglicherweise nur noch aus fünf Einstellungen besteht.

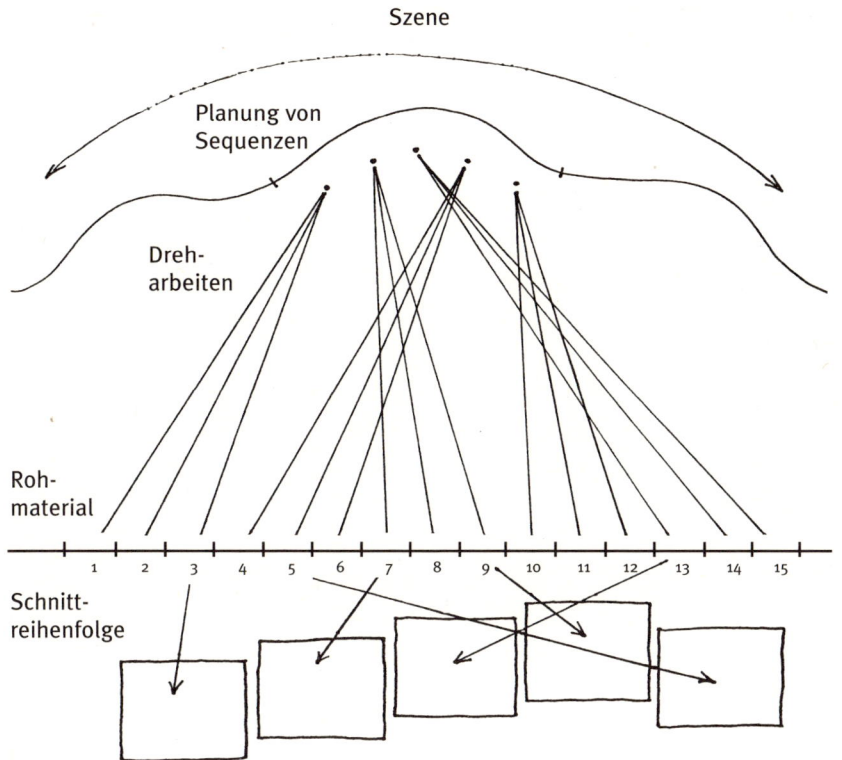

Szene

Planung von
Sequenzen

Dreh-
arbeiten

Roh-
material

1 2 3 4 5 6 7 8 9 10 11 12 13 14 15

Schnitt-
reihenfolge

Vom Rohmaterial zur geschnittenen Sequenz. – Die Planung sieht für eine gegebene Szenerie mehrere Sequenzen vor. Der Kameramann versucht sich, was nicht die Norm ist, an jeder Einstellung drei Mal. Der Umstände wegen kann er nicht unbedingt chronologisch vorgehen. Seine Einstellungsfolge entspricht also nicht der späteren Schnittfolge. Die Cutterin wählt aus mehreren Angeboten für eine Einstellung die geeignete aus und montiert sie in der geplanten Reihenfolge.

So beschrieben, scheint diese Aufgabe rein technischer Natur zu sein. Doch das stimmt nicht.

Wir müssen uns zunächst fragen, warum denn eigentlich erst 15 Einstellungen gedreht wurden, wenn nur fünf davon verwendet werden und diese auch nur zu einem Teil ihrer ursprünglichen Länge. Wie ist das zu verstehen? Dazu muß ich wieder einen kleinen Exkurs über unser Wahrnehmungsverhalten einfügen. Und dazu behaupte ich zunächst: Das Aufnahmeteam kann seine eigene Arbeit nicht richtig beurteilen, auch wenn es sehr sorgfältig und zielstrebig im Sinn des Aussagewunsches arbeitet.

Wenn wir eine reale Situation erleben, bildet sich in unserer Vorstellung sehr schnell ein Horizont für die Raumzeit und das Geschehen aus. Unser Gehirn ist ein unnachahmlicher Speicher für Bilder und Aktionen aller Art. Das bedeutet, wir haben bereits ein erhebliches Vorwissen über unsere Story, ehe wir überhaupt beginnen, die entsprechenden Einstellungen zu drehen.

Betrachtet nun das Aufnahmeteam nach getaner Arbeit die gedrehten Bilder, so werden diese fast immer als zufriedenstellend empfunden. Das geschieht nicht nur, weil man eine natürliche Freude an der eigenen Leistung empfindet. Es liegt vielmehr daran, daß es nur geringster Erinnerungsmittel bedarf, um den gespeicherten Horizont wieder aufleben zu lassen. Die Abbildungsinhalte der betrachteten Einstellungen und der Erlebnishorizont vermischen sich dabei zu einem neuen Gesamterlebnis. Dadurch sehen die drehorterfahrenen Teammitglieder in einer Einstellung viel mehr als ein Zuschauer, der den Drehort nicht kennt.

Dieser Vorgang wird uns übrigens auch besonders deutlich vor Augen geführt, wenn wir dem Diavortrag oder dem Urlaubsvideo eines Freundes nicht entkommen können. Unser Freund erlebt auch bei den schlechtesten Aufnahmen mit zunehmender Begeisterung seinen ganzen Urlaub noch einmal, während wir im abgedunkelten Zimmer unter heimlichen Gähnkrämpfen ein Ende der Vorführung herbeisehnen.

Was unserem Freund gefehlt hat, sind die sachkundigen Kriterien eines professionellen *ersten Zuschauers*, eines Cutters oder einer Cutterin. Diese schauen das Material des Aufnahmeteams mit zu Recht gut bezahltem Argwohn an und fragen ihren Redakteur: »Was willst du damit sagen?«

Für das Aufnahmeteam ist das der Augenblick der Wahrheit! Transportieren die Bilder eigentlich unseren Aussagewunsch? Oft müssen wir herbe Kritik einstecken. Verzweifelte Rechtfertigungen sind dann an der Tagesordnung: Ja, sehen Sie denn nicht, daß ... Wir konnten nicht, weil ... Eigentlich wollten wir, aber ... Die Leute haben uns nicht gelassen ... und

Bei der Nachbearbeitung muß man strikt vom Kontextwissen und vom Erlebnishorizont bei der Aufnahme absehen. Der Zuschauer ist schnell »unterlegen« – sowohl dem Videoamateur gegenüber, dem eine verwackelte Kirchturmspitze reicht, um sich an die Kirche und die ganze Szene zu erinnern, wie auch dem Wirtschaftsredakteur, der noch im dichtesten Gedränge auf Anhieb den Finanzminister erspäht. Die Cutterin wählt sorgfältig die Bilder aus, die der Zuschauer ohne situatives Vorwissen versteht.

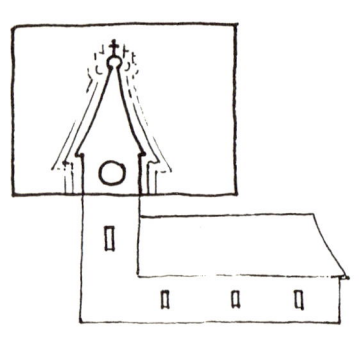 

vieles andere mehr, was einem in der Not alles einfällt. Am schwersten fällt die einfache Erklärung: »Liebe Cutterin, besser haben wir es nicht gekonnt, weil das Filmemachen ohne Inszenierung eine fürchterlich schwierige Angelegenheit ist!« Dann sollten wir sie herzlich bitten, aus diesem »Bildsalat« mit ein paar klaren Sätzen der Bildsprache schließlich doch noch unseren Aussagewunsch dem Zuschauer zu übermitteln.

Was wir der Cutterin damit zumuten, ist durchaus keine Rettungsaktion für Material minderer Qualität, im Gegenteil. Ein kluger Regisseur fordert die Mitarbeiterin als seine *erste Zuschauerin*! Sie kann die Aufnahmen unbefangen auf ihren tatsächlichen Inhalt überprüfen, gerade weil sie keine Drehorterfahrung hat. Die Cutterin muß also ihren Erlebnishorizont für die Story aus dem Material gewinnen. Eine andere Realität gibt es für sie nicht.

Dieser Arbeitsprozeß wird natürlich um so effektiver ausfallen, je konzentrierter das Ausgangsmaterial erarbeitet worden ist. Ein großes Drehverhältnis bedeutet auch immer eine Flut von nebensächlichen Informationen, die wiederum zu Mißverständnissen im Blick auf den Aussagewunsch führen. Oft wird dann von der Cutterin ein dem Material entsprechender Aussagewunsch nachträglich konstruiert. Ein kompetenter Regisseur wird so etwas zu verhindern wissen. Er würde allerdings auch gar nicht erst ein ungewöhnlich hohes Drehverhältnis abliefern.

Die Funktion der Cutterin als erste Zuschauerin betrifft hauptsächlich die Auswahl der Einstellungen, die zu Sequenzen verarbeitet werden sollen. Da stellt sich dann die Frage, ob und unter welchen Bedingungen zwei Einstellungen überhaupt miteinander verbunden werden können. Aus inhaltlicher Sicht ist das tatsächlich der wichtigste Aspekt der Arbeit. Allgemeiner betrachtet, trifft das Problem natürlich auf alle Gestaltungsmittel zu, die bei der Montage miteinander verbunden werden sollen.

Will man der Sache auf den Grund gehen, dann darf man sich nicht an der durchschnittlichen aktuellen Berichterstattung orientieren. Gerade hier werden zu viele Fehler gemacht. Tatsächlich hat der gequälte Fernsehzuschauer sich an allerhand Gestaltungsunsinn gewöhnt. Der Leistungsfähigkeit des Gehirns ist es zu verdanken, daß wir diesem bildsprachlichen Gestotter trotzdem noch Informationen entnehmen können. Das ist harte Kritik, die ich gerne mit einem Beispiel rechtfertigen möchte. Es handelt sich um ein journalistisches »Kabinett«-Stück erster Klasse! – Die Ministerrunde tagt unter Vorsitz des damaligen Kanzlers Kohl, und sie hat einiges zu beschließen. Vor einer Wahl werden es sicherlich Steuersenkungen sein. Der Text des Berichterstatters beschäftigt sich mit den komplizierten Zusammenhängen der neuen Gesetzesvorlage. Als anschauliche Unterstützung könnte nun eine animierte Computergrafik z. B. die Lastenverteilung deutlich machen, welche die Steuererleichterung ermöglichen soll. Was uns dann aber gezeigt wird, hat mit der neuen Regelung nichts zu tun. Wir sehen einen Raum mit einem riesigen Tisch. Um diesen wuselt eine Horde von Männern. Auf vereinzelte Frauen wird in der nächsten Einstellung hingewiesen. Endlich erkennt man sogar die Familienministerin. Kohl stürmt herein und begrüßt einige Kollegen. Der nächste Schnitt zeigt ihn sehr nah. Man sieht das selbstgefällige Lachen, während im Text von einer Kürzung der Sozialleistungen die Rede ist. Dann nestelt er an seiner Krawatte. Der Finanzminister schenkt sich derweilen ein Glas ein … und man fragt sich, warum seine üppigen Augenbrauen noch so schwarz sind, obwohl das Kopfhaar bereits ergraut. Und die Gesetzesvorlage – ach ja, was war da eigentlich?

Haben Journalisten, die so informieren wollen, nicht ihren Beruf verfehlt? Trotzdem sind die Nachrichtensendungen oft übervoll mit derartigen Berichten. Dem Kameramann ist kein Vorwurf zu machen. Seine Bilder waren sauber, ja, sogar ausdrucksstark! Auch der Cutterin ist kein Vorwurf zu machen, sie hat gut erkennbare Sequenzen montiert. Selbst der Text wäre klar und verständlich gewesen ohne diese Bilder.

Trotzdem handelt es sich hier um ein Problem der Montage. Hier sind zwei Elemente unterschiedlichen Inhalts, also Bild und Text, miteinander verbunden worden, die sich im Kopf des Zuschauers zu keinem Aussageprodukt vereinigen. Dabei unterliegen wir als Zuschauer unserer genetisch bestimmten Veranlagung, visuelle Information bevorzugt wahrzunehmen. Wir sind also gezwungen, uns auf die Bilder vom Kanzler einzulassen. Um den Text zu begreifen, müßten wir die Augen schließen. Das kann aber nicht Sinn des Fernsehens sein!

Bei solchen Gestaltungsweisen ist die Lernfähigkeit des Zuschauers definitiv überfordert. Zu sehr sind wir an Wahrnehmungsmechanismen gebunden, und Genforscher weisen immer häufiger die Vererbung unserer Fähigkeiten, ja sogar unserer Eigenschaften nach. Ich glaube fest an ein genetisch festgelegtes Konzept für die Wahrnehmung. Zum Teil ist das auch schon nachgewiesen, z.B. was Augenbewegung und Blicksteuerung betrifft. Schwierig gestaltet sich dagegen die Analyse unseres Ästhetikbegriffs. Über die kulturellen Unterschiede hinaus ziehen alle Menschen mit großer Sicherheit ein *gerades* Bild einem *schiefen* als das *schönere* vor. Ebenso geht es uns bei Gesichtern: Durchschnittlich, ebenmäßig und seitengleich werden als *schön* erkannt. Ist das Erkennen von Symmetrie vielleicht auch ein evolutionärer Vorteil gewesen? Noch fehlt es an präzisen Erklärungen. Doch an der Vorstellung vom Orientierungsverhalten und der Funktion der begrifflichen Wahrnehmung müssen wir nicht mehr zweifeln. Mit unseren gestaltenden Maßnahmen müssen wir darauf eingehen, oder der Zuschauer versteht nicht mehr, was er da zu sehen bekommt.

Leider ist die qualitative Medienforschung aufwendig und teuer, und kein Fernsehmanager ist wirklich daran interessiert. Wichtig ist offensichtlich nur der wirtschaftliche Erfolg, der rein quantitativ in Einschaltquoten gemessen wird. Kaum jemand interessiert sich dafür, wie gering der Informationstransfer von berichterstattenden Filmen in vielen Fällen tatsächlich ausfällt. Zu diesem Desinteresse kommt dann noch, daß wir uns daran gewöhnen, bestimmte Gestaltungsformen im Fernsehen nicht mehr zu verstehen. Daß wir sie aus Gewohnheit akzeptieren, bedeutet nicht, daß die *moderne* Bildsprache der Berichterstatter der richtige Weg in die Zukunft ist. Im Gegenteil. Wir reden von einer *Informationsgesellschaft* und achten verbissen darauf, daß der Prozessor in unserem Computer einen immer höheren Takt schlägt. Vor dem Fernseher jedoch begeben wir uns zurück auf die Reiz-Reaktionsebene, also in die graue Vorzeit der menschlichen Evolution. Das erinnert mich an ein herbes Wort von Konrad Lorenz: In der Hand die Atombombe und auf den Schultern den Kopf eines Affen!

Montagekriterien

Wann passen zwei Einstellungen aneinander und wann nicht? Das erste Kriterium dafür ist technischer Natur. Es besagt, daß die Linienführung des Bildaufbaus von einer Einstellung zur nächsten nicht ähnlich verlaufen darf. Eine Cutterin würde eine solche Kombination mit der Bemerkung ablehnen: »Das Bild springt!« Sie meint damit, daß wesentliche Konturen der beiden Einstellungen fast deckungsgleich sind. Ein Fehler, der sich in seiner Wirkung nur schwer beschreiben läßt. Anhand der folgenden Zeichnungen ist er aber leicht zu verstehen.

Allzu ähnliche Bilder sollte man nicht aneinanderschneiden. Wenn sich Konturen zu ähnlich sind, sind die Bilder schwerer zu identifizieren. Die drei Umschnitte von 1 auf 2 sind deshalb eher ungünstig, die Umschnitte von 1 auf 3 funktionieren dagegen gut.

Zur Erinnerung: Dieser *Konturenfehler* entsteht, weil wir daran gewöhnt sind, bei jedem Blickwechsel einen völlig neuen Bildinhalt zu sehen. Das neue Bild mit seinen veränderten Konturen fordert unser Gehirn aufs Neue heraus, den Inhalt zu identifizieren. Ohne diese Reizerneuerung versagt die Erkennungsfunktion, wir sind irritiert und versuchen uns neu zu orientieren. Die begriffliche Wahrnehmung, die wir angestrebt hatten, ist empfindlich gestört. Ein scheinbar kleiner Fehler mit erheblichen Nachteilen für den Informationstransfer. Soweit der technische Aspekt.

Das zweite Kriterium ist eigentlich keines! Ich werde eine Behauptung formulieren, für die mich fast jede Cutterin bedingungslos erschlagen würde! Ich wage es trotzdem! Die Behauptung lautet:

Vermeidet man den Konturenfehler, dann kann man absolut alle Einstellungen miteinander verbinden.

Natürlich hat diese Aussage einen Haken. Eine Verbindung stellt eine Beziehung zwischen zwei Einheiten her. Gelingt diese Beziehung zwischen zwei Einstellungen nicht, dann ist das Ziel der Montage schlicht nicht erreicht worden!

In der Cuttersprache gibt es ein ganz schreckliches Wort, was aber diesen Mißerfolg besonders gut beschreibt: Einstellungen *aneinander hängen*! Das bedeutet, daß ich irgendwelche Bilder in eine Reihenfolge setze, ohne daß dabei gezielt eine Beziehung entsteht. Da aber unser Gehirn ständig um ein Erkennen bemüht ist, versucht es auch in einer absurden Bildreihenfolge noch einen Sinn zu entdecken. Das Ergebnis sind Fehlinterpretationen, Desorientierung oder einfach Resignation vor solchem Unsinn. Für eine solche Arbeit wäre vielleicht der Begriff *Schnitt* wirklich einmal angebracht! Doch wir bleiben bei der Montage, weil wir uns schließlich nicht mit solchem Bildermüll aufhalten wollen.

Eine Frage der Beziehungen

Welche Möglichkeiten haben wir, eine Einstellungsfolge so zu verbinden, daß dann ein Beziehungssystem, also eine Sequenz entsteht?

Der einfachste Weg ist sicherlich eine Handlung, die sich von Einstellung zu Einstellung fortsetzt. Die Einheit von Schauplatz und Zeit sind gegeben. Bei einer sachkundigen *Auflösung* der Szene durch den Kameramann sollte es bei der Montage keine Probleme geben.

Die einfachste Form der Montage folgt dem Verlauf einer kontinuierlichen Handlung. Unterschiedliche Einstellungsgrößen dramatisieren die Sequenz. Wegen der deutlichen Bildwechsel werden die Zuschauer Kürzungen nicht bemerken.

Leider sind reale Zeitabläufe für den berichterstattenden Film meistens viel zu lang. Die Montage wird dann etwas schwieriger, wenn man einen realen Zeitablauf an eine geringe Filmlänge anpassen muß. Das *Kürzen* ist allerdings Alltagsgeschäft der Cutter, besonders bei der Berichterstattung. Hier gibt es zwei grundsätzliche Möglichkeiten:

– die direkte Kürzung einzelner Einstellungen, d.h. Zeitanteile am Anfang oder am Ende der Einstellungen werden weggelassen
– oder die Streichung ganzer Einstellungen, d.h. größere Zeiteinheiten zwischen den gewählten Einstellungen werden herausgeschnitten.

Das Kürzen von Einstellungen

Stellen wir uns Aufnahmen eines einfachen handwerklichen Arbeitsprozesses vor. Eine Person hämmert auf irgend einem Werkstück herum. Eine leichte Aufgabe für den Kameramann, der aus unterschiedlich nahen Bildern eine Sequenz zusammensetzt. Aus jeder neuen Perspektive läßt er die Kamera etwa zehn Sekunden laufen, um komfortable Überlappungen der Bewegungen für den genauen Anschnitt herzustellen. So enthält jeder Kameralauf vielleicht 20 bis 25 Hammerschläge. Die Cutterin sucht sich nun möglichst ähnliche Bewegungen von einem Bild zum anderen heraus und verbindet diese miteinander. Dabei verwendet sie vielleicht nur noch etwa fünf Hammerschläge pro Einstellung. Der Vorgang sieht für den Betrachter völlig natürlich aus, denn er vermißt die fehlenden Hammerschläge nicht. Diese Kürzung wirkt zeitneutral zur aufgenommenen Realzeit.

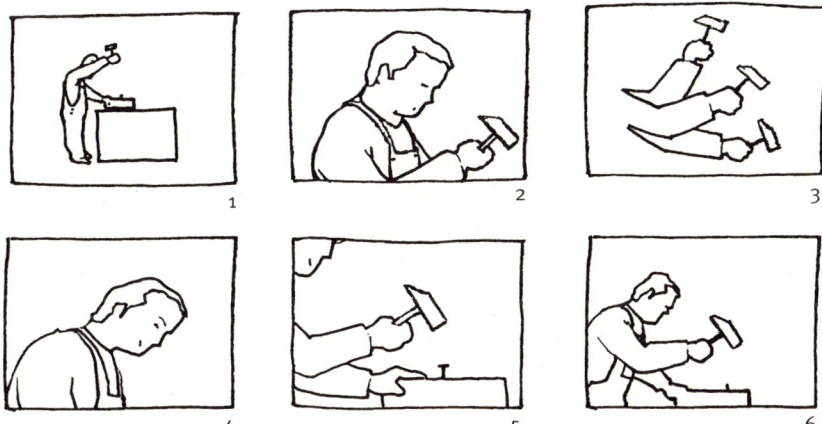

Besonders leicht sind Handlungen mit sich oft wiederholenden Bewegungsabläufen zu kürzen. Fünf Hammerschläge pro Einstellung dürften ausreichen – gleichgültig, wie oft der Arbeiter tatsächlich zuschlagen mußte.

Ganz anders verhält es sich bei einer anderen Szene. Ein Schreiner arbeitet an einem Tisch. Der Kameramann ist unsicher, weil er den Arbeitsprozeß nicht einschätzen kann und dreht so viel wie möglich. Die Cutterin muß daraus eine zeitgeraffte Montage herstellen. In der ersten Einstellung wird die Tischplatte verleimt. Dann fliegen in der Drechselbank die Späne. Ein Tischbein wird mit der Platte verschraubt, und schließlich poliert der Handwerker den fertigen Tisch. Auch mit dieser Montage hat der Betrachter keine Probleme, weil er genügend Erfahrung mit solchen Arbeitsvorgängen hat. Sein Gehirn kann die Zeitsprünge überbrücken, indem es auf frühere, ähnliche Erlebnisse zurückgreift und damit die Lücken in der Darstellung der Realzeit ergänzt. In diesem Fall hatte der Zuschauer einen Horizont, welcher ungefähr der Drehorterfahrung entsprach.

Das Problem einer solchen Gestaltungsform ist das Vorwissen des Zuschauers über das dargestellte Ereignis. Auf diese Weise kann man nur kürzen, wenn man sicher ist, daß der Betrachter die fehlenden Einheiten ergänzen kann. Diese Kürzungsform entsteht dadurch, daß der Kameramann einen viel zu langen Arbeitsprozeß in allen Einzelheiten dreht. Dies verursacht viel Arbeit – dem Kameramann und noch mehr der Cutterin.

Schwieriger ist das Kürzen einer längeren Arbeit mit immer neuen Arbeitsschritten. Unterschiedliche Einstellungsgrößen lenken vom unlogisch unterbrochenen Handlungsablauf ab.

Ökonomischer wäre es, solche Ausschnitte aus dem realen Zeitablauf vor Beginn der Dreharbeiten zu planen. Dann hätte die Cutterin einen viel geringeren Materialaufwand zu bewältigen, und der Kameramann könnte Übergänge mit inhaltlichen Verbindungen erarbeiten. Das Verleimen von Holzteilen führt zu einer Tischplatte, Holzspäne entstehen beim Drechseln eines Tischbeins, Schrauben verbinden Tischplatte und Bein miteinander. Die Verbindung von Einstellung zu Einstellung, um die wir uns bemühen, wäre auf diese Weise sichergestellt.

Doch ein Beziehungssystem kann natürlich auch anders entstehen als durch eine Handlung, welche die Einstellungen miteinander verbindet.

Aufnahmeobjekte können etwa durch einen gemeinsamen Raum miteinander verbunden sein. So ermöglicht uns die räumliche Überlappung von einem Bild zum anderen eine Verbindung zwischen Objekten, die inhaltlich kaum in Beziehung stehen. Stellen Sie sich die Totale eines Wohnzimmers vor, in dem man nicht viel erkennen kann. Dann werden Einzelobjekte gezeigt. Man sieht, nach dem Prinzip der Ausschließlichkeit, einen Sessel, ein Bücherregal, ein Segelschiff und einen brennenden Kamin. Was für eine Gedankenkette soll der arme Zuschauer nun aus dieser Bildfolge Sessel – Buch – Schiff – Kamin bilden?

Zeigen wir in einer Mitteleinstellung aber Bücher und Schiffsmodell gleichzeitig im gleichen Regal, dann wird der Betrachter kaum Verständnisschwierigkeiten haben.

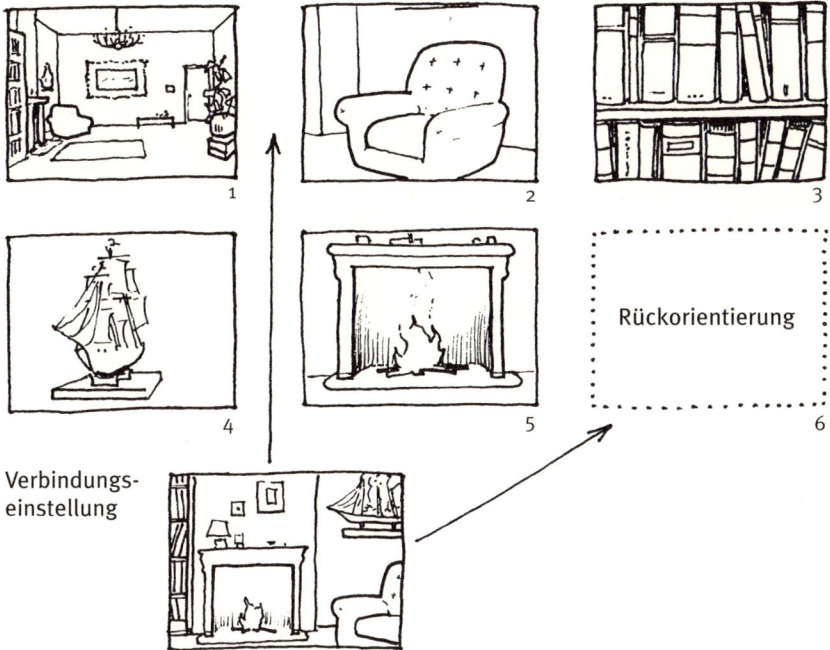

Verbindungseinstellung

Ein Sessel, Bücher, ein Segelschiff und ein Kamin ergeben nicht gerade eine inhaltliche Beziehung. Nur der gemeinsame Raum verbindet alles miteinander. Einstellung 1 ist leider zu total, um richtig zu orientieren. Mit der eingefügten Verbindungseinstellung funktioniert es besser. Die räumliche Beziehung der Gegenstände zueinander wird deutlich.

Ähnlich erginge es unserem Zuschauer bei der ausschließlichen Bildfolge von Kirchturmuhr – Radfahrer – und Entenfamilie. Erst wenn wir diese Objekte durch eine Totale und durch räumliche Überlappungen der Einstellungen miteinander verbinden, wird daraus vor dem Auge des Betrachters ein Park. Das ist nur scheinbar verwunderlich. Besinnen wir uns auf unser Wahrnehmungsverhalten, dann ist alles ganz einsichtig. In der Realität bauen wir mit sehr schnellen, orientierenden Rundumblicken einen Horizont in unserem Gehirn auf. Alle weiteren begrifflichen Wahrnehmungen werden

Die Orientierungsein-
stellung, die in **B** eingefügt wird, macht die
Sequenz besser ver-
ständlich.

Sequenz **A** (falsch)   1

2

3

Sequenz **B** (richtig)   1

2

3

4

5

automatisch durch diesen Horizont verbunden. Das ist logisch, denn
unsere reale Wahrnehmung findet immer nur in einer Einheit von
Raum und Zeit statt.

Räumliche Überlappun-
gen von einer Einstellung
zur anderen erhalten die
Orientierung über die
ganze Sequenz hinweg.

Sequenz **A**   1

2

3

Sequenz **B**

1

2

3

Gelingt es uns mit unserer Gestaltung, diesen Prozeß zu simulieren, dann erscheint unser Film glaubhaft. Darum ist die räumliche Überlappung von einer Einstellung zur anderen ein wesentliches Element der Verifizierung unserer Darstellung. Wird bei der Kameraarbeit oder der Montage darauf verzichtet, dann werden die Bilder vielleicht noch verstanden, doch sie wirken weniger überzeugend oder oft sogar desorientierend.

Allerdings gibt es auch noch andere Möglichkeiten der Montage, um eine Einheit des Raumes herzustellen. Einmal hilft uns dabei eine bestimmte Form der Vertonung. Denken wir an die Wahrnehmung: Während unsere Augen im Nu, einem Lidschlag, die tollsten Bildwechsel vornehmen können, arbeitet unser Gehör weit weniger differenziert.

In unserem Erleben ist deshalb ein bestimmter Schauplatz immer mit einem durchgehenden Geräusch belegt. Im Schlafzimmer tickt eine Uhr, im Garten knattert ein Rasenmäher, in der Küche plätschert die Spülmaschine usw. Innerhalb des gleichen Raumes gibt es für uns in der Realität also keine Wechsel des Basisgeräusches. Dieses Basisgeräusch nennt man in der Filmfachsprache etwas geringschätzig *allgemeine Atmo*, das Kürzel für Atmosphäre.

Wann immer wir also ein gleichbleibendes Geräusch hören, gehen wir vorbewußt von einer Einheit des Ortes aus. Das gibt uns bei der Montage die Möglichkeit, Einstellungen von unterschiedlichen Aufnahmeorten zu einem einzigen neuen Schauplatz zu verbinden. Dieser Schauplatz existiert dann allerdings nur in unserem Film. Solche Manipulationen sind nicht gerade geeignete Mittel für eine realitätsnahe Berichterstattung.

Auch dazu ein Beispiel: Stellen Sie sich einen schlecht besuchten Rummelplatz vor. Wir nehmen ein Karussell mit seiner typischen Drehorgelmusik auf. Die Musik ist eingelagert in die allgemeine Atmo. Dieses Grundgeräusch verwenden wir nun für die ganze Sequenz. Den Mangel an Publikum gleichen wir mit Aufnahmen von der Fußgängerzone oder vom Wochenmarkt aus. Durch das gleichbleibende Grundgeräusch werden diese Bilder dem Rummel zugeordnet. Um jedem Zweifel vorzubeugen, bestätigen wir in der Rückorientierung der Sequenz noch einmal mit dem Karussell.

Nicht alle Einstellungen dieser Sequenz sind auf dem Rummelplatz gedreht, einige auch auf einem Markt. Das Grundgeräusch der Karussellmusik bindet auch diese Einstellungen ein, die ganze Sequenz scheint an einem Schauplatz zu spielen.

Rummelplatz 1

Rummelplatz 2

Markt 3

Markt 4

Markt 5

Markt 6

Markt 7

Markt 8

Rummelplatz 9

Es gibt aber noch eine weitere Möglichkeit räumlicher Verbindung von einzelnen Einstellungen. Der Vorgang ist schwierig, verdeutlicht aber auch, was Filmgestaltung zu leisten vermag. Ich meine eine Montage aus begrifflichen Einstellungen, deren Objekte eindeutig auf einen bestimmten Raum hinweisen, ohne daß dazu entsprechende räumliche Informationen visuell transportiert werden. Stellen Sie sich einfach eine Sequenz aus Gegenständen vor, die typisch für einen bestimmten Raum sind, wie z. B. für eine Küche.

Bei dieser Vorgehensweise benutzt der Filmgestalter die Erfahrung des Zuschauers. Die meisten Menschen wissen, wie es in einer Küche aussieht. Nun sind wir vorbewußt immer bemüht, die uns gezeigten Gegenstände zu identifizieren. Das kann nur gelingen, wenn wir die neuen Informationen mit bereits bestehenden Speicherungen in unserem Gehirn vergleichen. Das Bild einer Bratpfanne wird also eher unseren *Küchenhorizont* aktivieren als andere Räume, die wir gespeichert haben.

Diese Sequenz kommt ohne räumliche Orientierung aus, weil sich die begriffliche Orientierung »Küche« von Einstellung zu Einstellung bestätigt.

Hier arbeitet die Montage bewußt mit der Erfahrung des Zuschauers. Sie ersetzt nun die fehlende Orientierungseinstellung der Sequenz. Diese Funktion ist ein Beweis dafür, daß die filmische Arbeit als fertiges Produkt erst im Kopf des Betrachters entsteht.

Mit der *begrifflichen Montage*, die auf einen Raum verweist, sind wir einer weiteren Möglichkeit von komplexen Beziehungen zwischen Einstellungen bereits sehr nahe gekommen. Es handelt sich um die Montage mit höchster Anforderung an den Zuschauer. Ich meine die rein inhaltliche Verbindung von Einstellungen. Vereinfacht gesagt, ähnelt dies einem Bilderrätsel, dessen Sinn wir erkennen müssen, oder wir können dem Film nicht folgen.

Nehmen wir folgendes Beispiel: Fügen wir einmal drei völlig unzusammenhängende Einstellungen aneinander: Gaswolken aus einem Autoauspuff, danach Regentropfen, die in eine Pfütze fallen, und schließlich eine Totale von einem abgestorbenen Wald. Das sind drei Einstellungen, die visuell nichts miteinander zu tun haben: keine Handlung, keinen gemeinsamen Raum, keine Ähnlichkeit oder gemeinsame Ästhetik. Trotzdem vermitteln sie uns in Bruchteilen von Sekunden eine ganz bestimmte Idee.

Wie das funktioniert, sollte man ein wenig genauer ausführen. Ein ererbtes Verhaltensprogramm zwingt uns, alles, was wir sehen, in Beziehung zueinander zu setzen. Das ist logisch, denn unsere natürliche Wahrnehmung findet immer in einer raumzeitlichen Einheit

1   2   3

Eine begriffliche Montage, in deren Verlauf sich drei eigentlich wesensfremde Einstellungen zu einem neuen Gesamtbegriff zusammenschließen, kann nur funktionieren, wenn die verbundenen Elemente einen hohen Grad von Allgemeinverständlichkeit besitzen.

statt. Diesem Konzept folgend, sind wir grundsätzlich erst einmal von einem Zusammenhang nahestehender Dinge überzeugt, auch wenn wir das Wesen dieses Zusammenhangs nicht gleich erkennen. Ehe wir entscheiden können, daß es in einem besonderen Fall keinen Zusammenhang gibt, und wir mit unserer Vermutung auf einen Zufall hereingefallen sind, bedarf es einiger Denkarbeit. Bevor wir aber den Zufall akzeptieren, probiert unser Gehirn alle nur möglichen Formen der Verbindung zwischen zwei Objekten aus, um vielleicht doch noch einen Zusammenhang zu entdecken.

Mit diesem Mechanismus offenbart sich uns eines der großen Geheimnisse der Filmgestaltung. Zeigt man uns zwei Einstellungen in Folge, dann versuchen wir, ihren Zusammenhang zu entdecken. Darum bemühen wir uns selbst dann noch, wenn Bildreihenfolgen durch einen Zufallsgenerator ausgewählt werden. Eine absurde Einstellungsfolge führt uns zu den eigenartigsten Deutungen. Wenn wir diese Fähigkeit ernst nehmen, dann wird uns auch sofort klar, wie schnell eine unbedachte und fehlerhaft gestaltete Bildfolge zu Fehlinterpretationen beim Betrachter führen kann, ja führen muß!

Erinnern wir uns: Wir benötigen viel mehr Zeit, um einen Irrtum, sprich Gestaltungsfehler aufzudecken, als einen – vielleicht noch so absurden – Zusammenhang herzustellen. Zeit hat der Betrachter von berichterstattenden Filmen jedoch viel zu wenig, Gestaltungsfehlern geht er deshalb auf jeden Fall auf den Leim. Und leider reicht bei kurzen Einstellungen die Betrachtungszeit oft nicht einmal aus, um selbst einfache Zusammenhänge verstehen zu können.

Die inhaltliche Verknüpfung von Einstellungen muß also sehr gut überlegt und auf eine sichere Wirksamkeit überprüft werden. Außerdem ist eine solche Form natürlich vom Bildungsstand und dem Kulturkreis des Betrachters abhängig. Der Filmgestalter muß sich über seine Zielgruppe immer im klaren sein. Denken Sie an mein Beispiel mit dem »sauren Regen«! Jemand, der noch nie etwas von dem Problem gehört hat und der nicht weiß, daß Autoabgase den Regen sauer machen, der kann den Zusammenhang mit dem abgestorbenen Wald nicht verstehen. Die drei Einstellungen des Beispiels gehen in vielleicht neun Sekunden unverstanden an ihm vorbei.

Sergej Eisenstein hat schon vor vielen Jahren eine interessante Erfahrung beschrieben: In seinem Film »Oktober« hatte er das Gemetzel der Armee auf dem Platz vor dem Winterpalais inszeniert. Mit der Idee, das aufständische Volk werde »abgeschlachtet wie Vieh«, hatte er die Kampfszenen mit Bildern aus einem Schlachthof vermischt. Diese Metapher war jedoch nur bei »bourgeoisen« Zuschauern wirksam, wie er selbstkritisch feststellte. Seine proletarische Zielgruppe reagierte darauf ganz anders. Das Schlachten von Ochsen verstanden die armen Leute als ein Zeichen von Reichtum und Wohlstand, etwas was nun wirklich nicht mit dem grausigen Geschehen vor dem Winterpalais in Verbindung zu bringen war.

Bis jetzt haben wir uns nur mit der inhaltlichen Beziehung von zwei aufeinanderfolgenden Einstellungen beschäftigt. Damit konnte hoffentlich die grundsätzliche Funktion dieses Mechanismus erklärt werden. Tatsächlich aber ist der Betrachter in der Lage, den inhaltlichen Kontext mehrerer Einstellungen zueinander zu verarbeiten. Unser Gehirn ist zu Leistungen fähig, welche die Wissenschaft bis jetzt nur unzureichend analysieren und erklären kann. So vermag ich diese Komplexität nur in modellhaften Überlegungen anzudeuten.

Unser Gehirn verfügt über unterschiedliche Speichermöglichkeiten. Die erste ist das bereits erwähnte Ultra-Kurzzeitgedächtnis. Darin werden eingehende Informationen ca. 20 Sekunden lang aufbewahrt, sortiert und selektiert, ehe sie an die nächste Gedächtnisstufe weitergegeben werden. Diese Zeitspanne bewirkt eine gewisse Gleichzeitigkeit unserer Eindrücke, auch wenn wir sie tatsächlich nacheinander erleben. Deshalb können wir eine Sequenz, die nicht länger ist als 20 Sekunden, als eine Wahrnehmungseinheit verarbeiten. Ich glaube daher auch, daß sich die Konstruktion einer gut verständlichen Sequenz an diesen Wahrnehmungsmöglichkeiten orientieren muß.

Das Nacheinander der Bildfolge einer Sequenz setzt die Zuschauerwahrnehmung in eine gewisse Gleichzeitigkeit um. So können sich Beziehungen der Einstellungen untereinander entwickeln. Dieses Beziehungssystem bedeutet mehr als die Summe der einzelnen Einstellungen und ist ein Grundbaustein filmischer Darstellung.

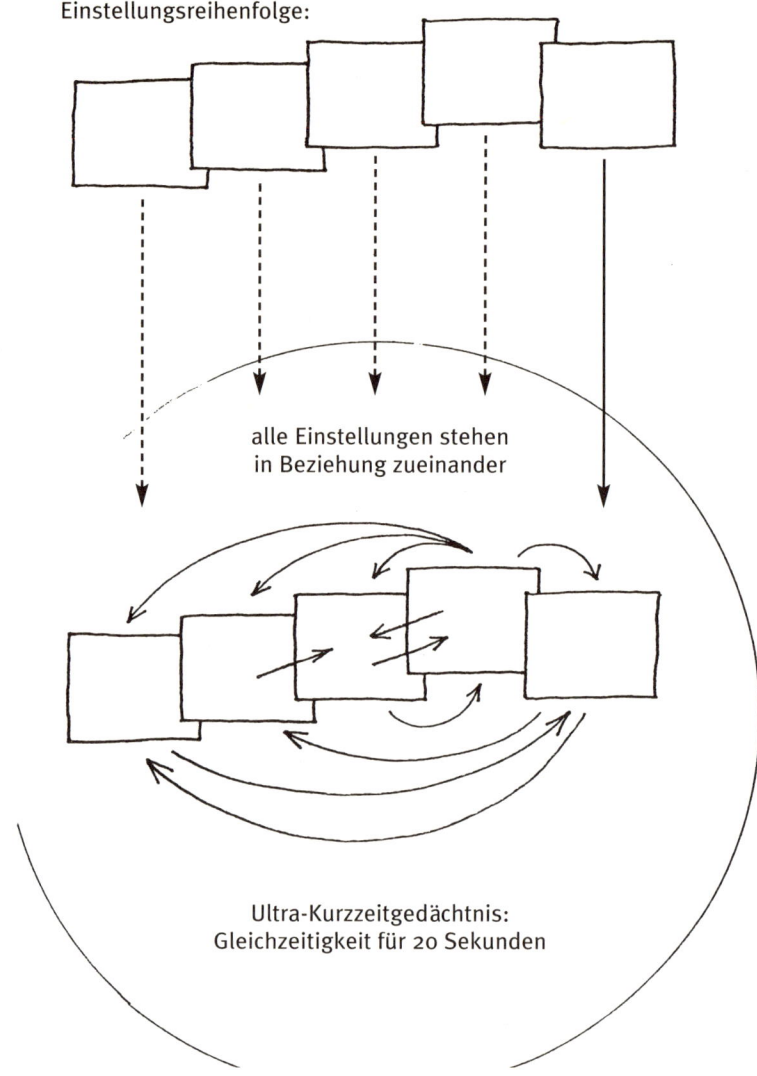

Einstellungsreihenfolge:

alle Einstellungen stehen
in Beziehung zueinander

Ultra-Kurzzeitgedächtnis:
Gleichzeitigkeit für 20 Sekunden

Wollte man diesen Befund statistisch auslegen, dann würde das bedeuten: fünf Einstellungen von je vier Sekunden Länge pro Sequenz. Natürlich sollte man aus solcher Statistik keine Gestaltungsregel ableiten. Doch wenn man gut funktionierende Filmberichte analysiert, dann findet man immer wieder eine zumindest sehr ähnliche Form. Sollte das wirklich nur ein Zufall sein?

Wie würden wir eine Sequenz verarbeiten, die wesentlich länger ist, also vielleicht eine Minute? Dann würde z. B. die wichtige Orientierung am Anfang der Sequenz nicht mehr in die Bandbreite der gleichzeitigen Wahrnehmung einbezogen sein. Wir würden sie einfach vergessen! Damit aber wäre das Funktionsprinzip der Sequenz nicht mehr wirksam und die Verständlichkeit gefährdet.

Dies ist ein gutes Beispiel dafür, wie sich Darstellungsformen an unsere Wahrnehmungsmöglichkeiten angepaßt haben.

Die Einstellungslänge

So ganz nebenbei habe ich von einer bestimmten Länge der Sequenz gesprochen. Dann habe ich auch noch die durchschnittliche Länge einer Einstellung errechnet. Damit ziehe ich den Argwohn aller Cutterinnen gleichzeitig auf mich, denn so geht es natürlich nicht! Es darf kein Rezept geben für eine Sequenz, deren Einstellungen alle vier Sekunden lang sind! Ach, wie einfach wäre die Filmgestaltung, würde sie solchen Regeln folgen!

Nein, keine Angst, meine 20-Sekunden-Sequenz ist wieder nur ein Denkmodell, mit dem ich grundsätzliche Überlegungen deutlich machen wollte. Wenn in der Praxis der Berichterstattung trotzdem fast 80 Prozent aller Einstellungen zwischen drei und vier Sekunden lang sind, dann muß das andere Gründe haben. Diese möchte ich jetzt untersuchen.

Zuerst müssen wir uns fragen, wie unser Prozeß des Erkennens eigentlich funktioniert. Was tun unsere Augen und wie lange braucht das Gehirn, um die eingehenden Informationen zu verarbeiten? Diese beiden Teile der visuellen Wahrnehmung nennt man den äußeren und den inneren Effekt. Den inneren Effekt verstehen wir bis jetzt fast überhaupt nicht. Wie wir etwas erkennen können, was wir niemals vorher gesehen haben, oder wie wir gleich und ähnlich feststellen und ein Bild von einem Abbild unterscheiden, das sind Fragen, die wir noch nicht recht beantworten können.

Viel besser ergeht es uns mit dem äußeren Effekt. Die Pupillologie – kaum zu glauben, doch so etwas gibt es – beschäftigt sich damit, wann wir wohin schauen und wie lange wir brauchen, um etwas zu erkennen. Glücklicherweise liefert die Videotechnik erstaunliche Beobachtungsgeräte, und so kann man heute genaue Aussagen über unsere Augenbewegungen und Blickrichtungen machen.

So wissen wir, daß wir Objekte über ihren Umriß identifizieren und diesen dann über markante Punkte innerhalb der Fläche ausfüllen. Wir sehen also erst nach und nach den Inhalt in einen Umriß hinein. Dies entspricht ja auch unserer Erfahrung. Äußerlichkeiten können wir sehr schnell beschreiben. Geht es dagegen um den Sinn einer Sache, dann müssen wir schon etwas nachdenken.

Wie das Erkennen einer einzelnen Einstellung verläuft, dafür möchte ich jetzt ein Beispiel geben. Dazu müssen wir uns folgendes Bild auf einer Zeitachse, der Einstellungslänge entsprechend, vorstellen. »Ich sehe das Bild einer Frau«, für diese Feststellung werde ich etwa ein bis zwei Sekunden brauchen. »Sie hat lange blonde Haare«, kostet mich noch einmal so viel Zeit und dann: »Sie hat blaue Augen und einen offenen Blick«, das nimmt bestimmt noch einmal zwei Sekunden in Anspruch.

»Ich sehe den Kopf einer Frau mit langen blonden Haaren und blauen Augen.« Nur was ich wahrgenommen und identifiziert habe, kann ich auch beschreiben. Sehen, Denken und Sprechen sind so eng miteinander verbunden, daß sich durch lautes Beschreiben dessen, was man sieht, ziemlich genau die Länge einer Einstellung bestimmen läßt.

2   4   6

Sekunden

Das also könnte das Ergebnis des Erkennens sein, wenn ich eine Betrachtungszeit von etwa sechs Sekunden zulasse. Kürze ich die Betrachtungszeit, dann werden wahrscheinlich die blauen Augen nicht mehr erkannt. Mit Sicherheit aber bleibt keine Möglichkeit mehr für eine Interpretation wie den »offenen Blick«. Man kann also durch die Länge der Einstellung sehr gut bestimmen, wie viel von dem Bild erkannt werden soll.

Nun muß man sich fragen, ob man nicht, um des besseren Verständnisses willen, eine Einstellung länger stehen lassen sollte. Ich denke, in dieser Beziehung sind wir mit dem »offenen Blick« bereits an unsere Grenze gekommen. Ob ich einen Blick offen nenne, das ist eine Frage meiner persönlichen Empfindung. Ein Gefühl bringt mich zu dieser Interpretation und nicht etwa ein deutliches Zeichen des Bildinhaltes. Ein anderer Mensch würde den gleichen Blick der Blondine vielleicht dumm nennen, wer weiß? Solche Spekulationen lassen wir zu, wenn wir die Betrachtungszeit einer Einstellung über das Erkennen des Inhalts hinaus verlängern.

Sicherlich gibt es Filmformen, die den Zuschauer zur freien Deutung herausfordern. Dies bleibt jedoch weitgehend dem Spielfilm vorbehalten und ist nicht gerade ein geeignetes Mittel für die Berichterstattung.

Wie lang also sollte eine Einstellung nun wirklich sein? Verläßt man sich ganz auf das eigene Gefühl oder auf das der Cutterin?

Glücklicherweise gibt es eine einfache und sichere Methode, die Einstellungslänge zu ermitteln (endlich einmal ein Rezept!). Wir nutzen dabei die relative Gleichzeitigkeit von Gedanken und Sprache. Ich meine damit, daß wir fast ebenso viel Zeit brauchen, ein Bild zu erkennen, wie wir benötigen würden, das Erkannte zu beschreiben. Wenn ich mir also meine Einstellung ansehe und dazu sage, was ich erkenne, dann wird mir schnell klar, wie lang meine Einstellung mindestens sein muß, und länger sollte sie dann auch nicht werden.

Also: »Ich sehe den Kopf einer Frau« entspricht einer Länge von zwei Sekunden. Sechs Sekunden dagegen muß die gleiche Einstellung lang sein, wenn man erkennen und mitsprechen soll: »Ich sehe eine Person«. – »Ich sehe eine Person, eine Frau, in einem Marktstand«. – »Ich sehe eine Person, eine Frau, in einem Marktstand, mit viel Gemüse.«

Es ist wirklich erstaunlich, wie gut diese Methode funktioniert. Ich selbst habe immer so gearbeitet, und zwar nicht nur am Schneidetisch, sondern auch hinter der Kamera. Dieses begleitende Mitmurmeln zu dem, was ich da gerade auf dem Bildschirm oder im Sucher sehe, ermöglicht mir den ständigen Vergleich mit meinem Aussagewunsch.

So kann man bestimmen, wie lang eine Einstellung sein kann. Wie kurz sie eigentlich sein darf, spielt aber auch eine wichtige Rolle. Das

Ich sehe eine Person...

Ich sehe eine Person, eine Frau, in einem Marktstand...

Ich sehe eine Person,   eine Frau,   in einem Marktstand...   mit viel Gemüse und Obst...

Dieses Beispiel macht die Längenbestimmung der Einstellung noch einmal ganz deutlich. Der Text ist kein Kommentar zu den Bildern, sondern ein Wahrnehmungsprotokoll.

hört sich natürlich ein bißchen verrückt an! Wenn es eine Einstellungslänge gibt, dann kann man nicht nach ihrer Länge oder ihrer Kürze fragen oder doch?

Theoretisch kann man die *Kürze* einer Einstellung in der Montage auf ein Einzelbild der Filmaufnahme, also eine Viertelsekunde, reduzieren. Nur erkennen kann man dann nichts mehr. Wie also verarbeiten wir extrem kurze Einstellungen?

Die kürzeste Einstellung, die wir mitdenken, also mitsprechen können, liegt etwa bei zwei Sekunden. Ein Bild, das kürzer in einen Film montiert wird, hat natürlich auch eine Wirkung, die allerdings eher mehr vorbewußt verarbeitet wird.

Stellen Sie sich dazu einen Dialog in einer Spielfilmszene vor. Ein Mann erklärt einer Frau seine Liebe. Beide Personen sind über längere Einstellungen eingeführt und uns dadurch gut bekannt. Die Liebeserklärung ist nun im Prinzip ein Monolog, der durch die Länge des Textes einige Zeit in Anspruch nimmt. Der Regisseur, um lebendige Darstellung bemüht, wird nun einzelne Aussagen des Mannes mit kurzen Reaktionen der Angebeteten unterschneiden. Ein Augenaufschlag, ein kurzer Seufzer, ein verlegenes Abwenden des Kopfes usw. – alles Einstellungen, die kürzer als eine Sekunde sein können, ohne unser Verständnis zu erschweren. Im Gegenteil, so etwas empfinden wir als ganz normal.

Der Grund: Wiederholte Einstellungen werden anders verarbeitet als neue Bildeindrücke. Die kurzen Unterschnitte der umworbenen Frau erinnern uns an ihre Anwesenheit und befriedigen unsere Neugier auf ihre Reaktion. Extrem kurze Einstellungen können also aus dramaturgischen Gründen notwendig und gut sein. Sie werden uns in funktionierenden Sequenzen präsentiert, die wir als filmische Einheit wahrnehmen.

Ganz anders funktioniert das bei der Gestaltung eines Videoclips. Hier wird eine Geschichte oft nur in vagen Andeutungen erzählt. Selten ist eine Einheit von Raum und Zeit festzustellen, und besonders diese Tatsache verändert unsere Wahrnehmung. Führen Einstellungsübergänge nicht zu einer raumzeitlichen Einheit, wie z. B. zu räumlicher Überlappung oder kontinuierlicher Handlung oder gar zu einer inhaltlichen Beziehung von Einstellung zu Einstellung, dann reduziert sich unsere Wahrnehmung auf ein ständiges Orientierungsverhalten. Dabei können wir nicht begrifflich denken, d. h. eine solche Gestaltungsform ist von vornherein eine Absage an jeden kognitiven Prozeß. Was bleibt sind suggestive Effekte.

Doch dem Videoclip, der Werbung oder dem Actionfilm gelingt noch mehr. Mit einem Bildgewitter kürzester Einstellungen, mit absurden Effekten und nicht enden wollenden Serien von Explosionen und feuerwerksähnlichen Erscheinungen, erreichen wir schließlich noch einen weiteren Abstieg in die Anfänge der Wahrnehmungsevolution – wir begeben uns auf die Reiz-Reaktionsebene. Unser kritisches Denken ist dann so gut wie abgeschaltet. Damit ist ein Ziel erreicht, das einem Werbefilmproduzenten mitunter dickes Lob einbringen würde. Und auch in der Unterhaltung gibt es dafür sicher genügend Anwendungsmöglichkeiten.

Im Hinblick auf den Informationsfilm halte ich solche Formen dagegen für wenig sinnvoll. Der Informationstransfer ist auf eine begriffsbildende Gestaltungsform angewiesen, auf die Sequenz im dramaturgischen Sinn. In diese Sequenz können dann auch extrem

kurze Einstellungslängen montiert werden. Der kleine Spannungsbogen sichert trotzdem immer noch das Verständnis im Sinn des Aussagewunsches.

Nehmen wir etwa einen kurzen Film über bevorstehende Wahlen.
Eine seiner Sequenzen hat den Aussagewunsch: »Die Stadt ist mit
vielen Wahlplakaten zugekleistert.« Dazu sind drei Orientierungseinstellungen notwendig. Drei unterschiedliche Straßen mit Plakaten
werden gezeigt, damit nicht der Eindruck entstehen kann, es han-
dele sich nur um eine bestimmte Straße. Sie können recht kurz gehalten werden, denn sie sollen nicht mehr erkennen lassen als: »Straßen
mit Plakaten.«

1   2   3

»Straßen mit Plakaten« –
mehr sollen diese drei
Einstellungen nicht
vermitteln. Sie müssen
total sein und sich deut-
lich unterscheiden,
damit nicht auf eine
bestimmte Straße oder
bestimmte Plakate hin
orientiert wird.

Nun folgt die Mitteleinstellung. Man sieht nur noch einen Teil
einer Straße und eine große Plakatwand. Der Aussagekern besteht
nun aus einer ganzen Serie ausschließlicher Plakateinstellungen, die
gegen Ende zunehmend kürzer geschnitten sind. Den Abschluß bildet
eine weitere Plakatwand; ein Rückzoom wendet sich vom Besonderen wieder zum Allgemeinen und endet mit einer Totalen in der noch
einmal besonders viele Plakate zu sehen sind.

Bei diesem Beispiel sind die Form und der Inhalt der Einstellungen
so eindeutig, daß es kaum zu einer Fehlinterpretation durch den Betrachter kommen dürfte. Wir können also in besonderen Fällen auch
in der Berichterstattung extrem kurze Schnitte verwenden. Allerdings
müssen diese in verständlicher Form montiert, d.h. in einer Sequenz
koordiniert sein. Normalerweise sollten wir dennoch bei der Berichterstattung mit extrem kurzen Einstellungen sehr vorsichtig umgehen.
Wir müssen unser Fachwissen einsetzen und dürfen uns beim Kürzen
von Einstellungen nicht nur auf unser Gefühl verlassen, denn die

Viele kurz geschnittene Naheinstellungen (ein bis zwei Sekunden) im Aussagekern vermitteln keine Einzelheiten, sondern den Eindruck »viele Wahlplakate«.

Filmgestalter, also auch die Cutterin, unterliegen oft einem eigenartigen Trugschluß. Je länger sie an einem Film arbeiten, um so länger erscheinen ihnen die bereits geschnittenen Einstellungen. Das hat einen sehr einfachen Grund. Im Gehirn gibt es unterschiedliche Verarbeitungsprozesse für das erste Erkennen und für wiederholtes Erkennen. Bilder, die wir bereits mehrmals gesehen haben, sind in unserem Kopf gespeichert. Sehen wir sie aufs Neue, dann ist kein Erkennen mehr notwendig, sondern es muß nur noch an die Speicherung erinnert werden. Das geschieht ungleich schneller, als wenn wir uns mit einem vollkommen neuen Bildeindruck auseinandersetzen müssen. Besonders statische Einstellungen, deren Länge nicht durch eine Handlung definiert ist, werden uns auf diese Weise schnell langweilig und erscheinen uns zu lang. Wir sind dann schnell geneigt, sie noch einmal zu kürzen, und der erst-erkennende Zuschauer hat dann oft keine Chance mehr, sie zu verstehen.

In meinen Seminaren bin ich in diesem Zusammenhang oft auf

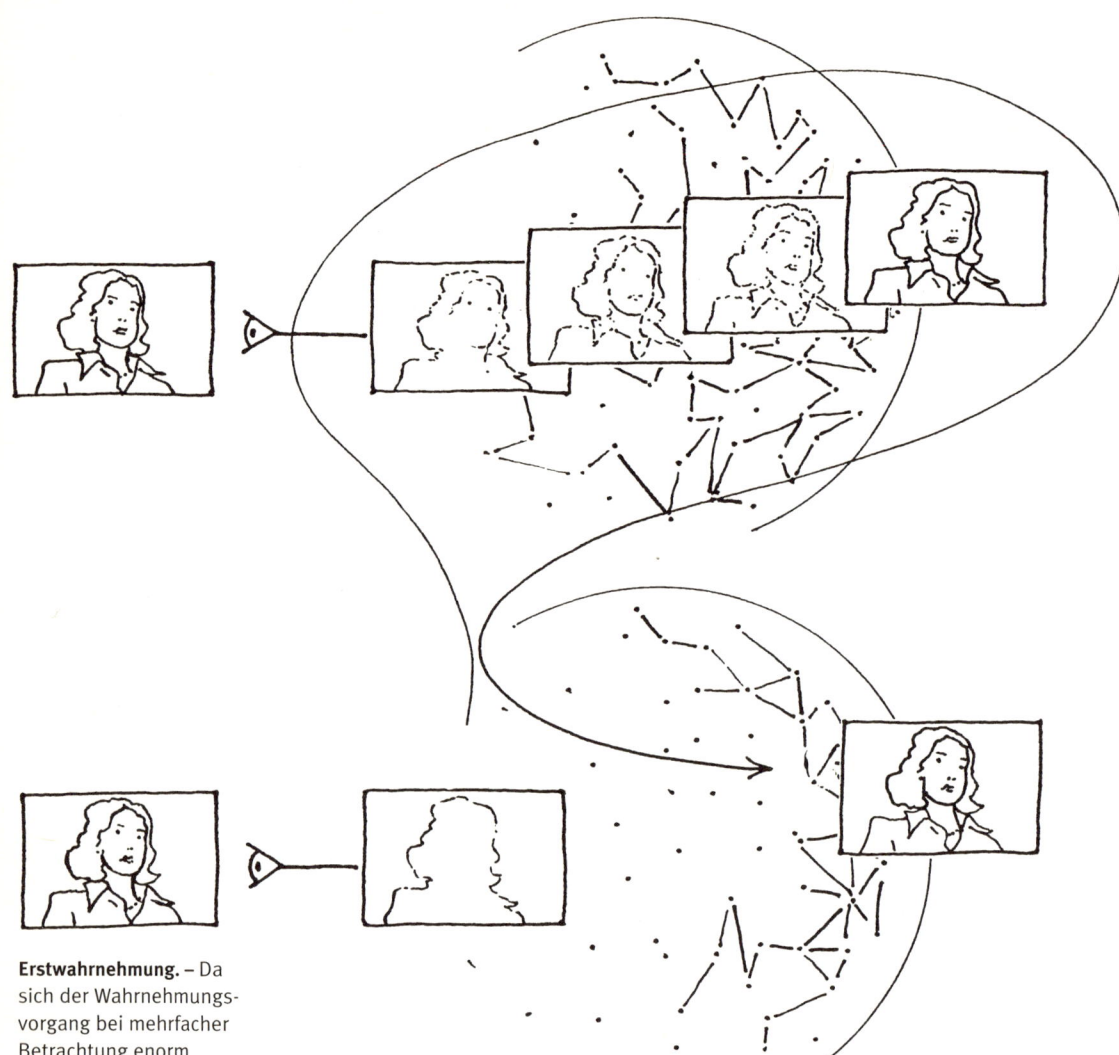

Erstwahrnehmung. – Da sich der Wahrnehmungsvorgang bei mehrfacher Betrachtung enorm verkürzt, werden die Schwierigkeiten und die Komplexität der Erstwahrnehmung im nachhinein sehr leicht unterschätzt. Cutterinnen und Redakteure unterliegen oft dieser Täuschung und kürzen Einstellungen so, daß sie dem Zuschauer unverständlich werden.

unsere Lernfähigkeit hingewiesen worden. Junge Menschen, so die Vermutung, seien mehr an »moderne« Filmgestaltung gewöhnt als ältere und könnten durch dieses Training kürzere Schnitte besser erkennen.

Dennoch glaube ich, daß diese Lernfähigkeit sich in einem sehr engen Rahmen hält, sieht man einmal von den natürlichen Unterschieden individueller Auffassungsgaben ab. Einiges können wir selbstverständlich erlernen, z.B. Darstellungsklischees, also häufig wiederholte Darstellungsformen, schnell zu erkennen. Wie gut das funktioniert, beweist uns die Werbung jeden Tag.

Doch so wie es ein Darstellungsklischee gibt, müssen wir uns auch ein genetisch festgelegtes Wahrnehmungskonzept vorstellen. Entsprechen wir mit unserer Darstellung diesem Wahrnehmungsklischee, dann kann das Gehirn die Information gut und schnell verarbeiten. Entsprechen wir diesen Wahrnehmungsmöglichkeiten nicht, dann können wir zwar auch etwas erkennen, doch wir brauchen viel mehr Zeit, um zu verstehen, was wir da gesehen haben. Die Betrachtungszeit, die uns zur Verfügung steht, spielt also eine wichtige Rolle.

Stellen Sie sich vor, Sie stehen vor dem Bild eines abstrakten Malers. Ließe man Ihnen nur zehn Sekunden Zeit, um es zu betrachten, dann würden Sie wohl nicht verstehen können, was der Künstler ausdrücken wollte. Stehen Sie jedoch zehn Minuten vor diesem Bild und können sich damit auseinandersetzen oder sich hineindenken, dann werden Sie vielleicht Inhalte erkennen, die Sie vorher nicht vermutet hätten.

Gehen wir vom abstrakten Kunstwerk aus. Je verfremdeter und ungewohnter die Darstellungsform ist, um so mehr Zeit brauchen wir, um den Inhalt zu verstehen. Die Verfremdung ist also eine Herausforderung an unser Gehirn, etwas Ungewohntes, Neues zu erkennen. Gut verstehen können wir also einen Film, der uns Unbekanntes zeigt und uns gleichzeitig die nötige Betrachtungszeit zur Verfügung stellt.

Bei der Berichterstattung, ganz besonders bei den Nachrichtenfilmen, ist die Betrachtungszeit im Normalfall aber durch die geringe Sendelänge erheblich eingeschränkt. Benutzen wir dann noch eine Gestaltungsform, die nicht unserem natürlichen Wahrnehmungskonzept entspricht, können wir den Inhalt nicht mehr oder, was noch schlimmer sein kann, nur noch fehlerhaft verstehen. Wir *glauben* dann nur noch, informiert zu sein, ohne die Information wirklich verarbeitet zu haben.

Als Kurzformel gilt: Informationstransfer gelingt nur, wenn die Darstellungsform und die Filmlaufzeit dem Zuschauer ein Erkennen im Sinne von Mitdenken ermöglichen.

Denke ich über kurze Schnitte nach, dann fällt mir immer wieder ein Erlebnis mit meinem Sohn, einem hoffnungsvollen Nachwuchskameramann, ein. Natürlich sieht er sich auf der Seite der trainierten, jungdynamischen Schnellerkenner! Meine konservativen Filmkonzepte akzeptierte er mit der Nachsicht eines liebenden Sohnes: »Alter, du kannst eben nicht mehr so schnell gucken, wie das für den modernen Film notwendig ist!« Na, gut.

Vor einiger Zeit realisierten wir gemeinsam einen Dokumentarfilm in Neuguinea. Er drehte, ich durfte schneiden. Ich tat das mit allem Respekt vor der Einmaligkeit der Aufnahmen einer Reise in die Steinzeit. Eine wirklich konservative Montage mit langen Einstellungen. Ich war auf harsche Kritik gefaßt und die bekam ich auch: »Du lieber Himmel, warum hast du denn das alles so kurz geschnitten, man erkennt ja überhaupt nichts mehr!«

Sollte es mir vielleicht gelungen sein, »modern« zu schneiden? Ich kann es nicht glauben!

Auch im Kapitel über die Montage habe ich mit einem Rückblick auf die technische Entwicklung begonnen. Besonders bemerkenswert erschien mir dabei die Umstellung von der ursprünglichen Filmtechnik auf elektronische Aufnahme- und Bearbeitungsgeräte. Die neue, noch nicht ausgereifte Technik setzte sich zuerst im Bereich der Berichterstattung durch, weil sie schnellere Bearbeitungsmöglichkeiten versprach. Die Montage mit Hilfe von Magnetbandmaschinen brachte jedoch erhebliche Nachteile für die Gestaltung mit sich.

Erst die Digitalisierung bietet der Nachbearbeitung ungeahnte neue Möglichkeiten: unübersehbar in ihrer Fülle und unabsehbar in ihrer Entwicklung. Dieses riesige Angebot führt natürlich zu Unsicherheiten in der Gestaltung. Viele technische Tricks werden einfach nur eingesetzt, weil es sie gibt, und nicht, weil die Darstellung ohne sie nicht auskommen könnte. Am Beispiel der Überblendung habe ich diese falsche Anwendung von Gestaltungsmitteln dargestellt.

Anschließend habe ich versucht Schnittkriterien zu beschreiben. In welchem Fall passen zwei Einstellungen aneinander? Regeln gibt es nicht, doch ich hoffe auf Verständnis. Immerhin kann man einen wirklichen Fehler genau definieren. Ich nenne ihn das Konturenproblem. Aufeinanderfolgende Bilder dürfen sich nicht gleichen, sondern nur ähneln. Räumliche Überlappungen von Einstellung zu Einstellung sind in vielen Fällen eine Notwendigkeit, um Zusammenhänge klarzumachen.

Ausführlich habe ich mich mit der Einstellungslänge beschäftigt. Es gibt eine einfache Möglichkeit, sie zu bestimmen, indem wir das, was von der Einstellung erkannt werden soll, laut vor uns hersagen. Erkennen und verbal formulieren liegen zeitlich gesehen sehr nah beieinander.

Anschließend habe ich mich mit den Problemen der Kürzung auseinandergesetzt. Kürzungen können ganz unterschiedlicher Art sein. Es geht nicht nur um die Längenveränderung der einzelnen Einstellung, sondern um die Manipulation der Zeit in der filmischen Darstellung. Wie behandle ich eine Szene, die tatsächlich 30 Minuten dauert, in meinem Film jedoch nur 30 Sekunden in Anspruch nehmen darf? Ein faszinierendes Mittel der Filmgestaltung und gleichzeitig alltägliche Routine der Cutterin.

Zum Schluß habe ich versucht, auf eine häufige Fehlerquelle aufmerksam zu machen. Einstellungen werden oft zu sehr gekürzt. Das hängt mit den verschiedenen Wahrnehmungsformen bei der ersten und bei einer wiederholten Betrachtung zusammen. In der wiederholten Betrachtung bei der Montagearbeit werden uns Bilder schnell langweilig. Deshalb ist es besser, sich auf Fachwissen als auf das Gefühl zu verlassen.

9 DIE WÖRTLICHE REDE

Kann das Wort filmisch sein?

Die Filmgestaltung kann auf das gesprochene Wort nicht verzichten. Nicht einmal der Stummfilm konnte es! Eine pointierte, theatralische Mimik und übertriebene Gesten, die uns heute belustigen, sollten den fehlenden Dialog ersetzen. Auch die vielen Zwischentitel beweisen bis heute, daß wir uns ganz ohne verbale Kommunikation nicht verständigen können.

Der sogenannte Stummfilm, den seither viele Menschen als eigene Kunstform verstehen möchten, war eigentlich gar nicht stumm. Vielmehr war er ein Zugeständnis an fehlende technische Möglichkeiten. Er wäre in diesem Sinne niemals eingesetzt worden, wenn die Brüder Lumière nicht nur einen Kinematographen, sondern gleich eine Tonfilmkamera erfunden hätten. So sehr wir also bei der Kommunikation auf das gesprochene Wort angewiesen sind, so eindeutig ist auch die verbale Sprache ein Mittel der Filmgestaltung, auf das wir nur in Ausnahmefällen verzichten können.

Das Statement

Mit den Augen eines Filmbegeisterten betrachtet, können berichterstattende Filme allerdings ein wirklicher »Horrortrip« sein. Sehen wir uns etwa einmal nur den Bildteil einer Story ohne den dazugehörenden Text an:

1. Ein Schwenk über eine Wiese mit Kühen.
2. Der Kopf eines Mannes mit Glatze. Der Mann spricht.
3. Eine pompöse Häuserfassade (Brüssel).
4. Ein Mann an einem Schreibtisch – er spricht ebenfalls.

5. Rinder werden auf einen LKW getrieben.
6. Rindermaul hinter Ladegitter.
7. Ein dritter Mann, der spricht.
8. Totale vom Bundestag.

Der traurige Alltag der Berichterstattung. – Auf eine zugetextete Einstellung folgt unvermittelt ein Statement von 20 Sekunden, an das sich eine Einstellung anschließt, bei der Bild und Text absolut nichts miteinander zu tun haben. Der Redakteur hat zwar seinen Auftrag erfüllt. Aber der Zuschauer kann nichts verstanden haben, es sei denn, er hätte die Augen geschlossen, um sich von den Bildern nicht ablenken zu lassen und nur auf den Text zu hören.

Eigentlich ist es kaum zu fassen! Da zerbreche ich mir immer wieder den Kopf über den Aufbau einer Sequenz und dann sehe ich so etwas! Doch lassen wir das und sehen uns bestimmte Punkte genauer an.

Die Einstellungen 2, 4 und 7 in diesem Bericht, also einzelne, sprechende Personen, nennt man in der Fachsprache *Statements*, und zwar auch dann, wenn es im journalistischen Sinn keine sind. Ein Statement ist nämlich, dem Sinn des englischen Wortes entsprechend, eine Erklärung oder Stellungnahme, also eigentlich eine sehr strenge Form. Personen des öffentlichen Lebens, besonders Politiker, sind oft außerordentlich routiniert beim Abliefern solcher Statements, die dann zumeist ebenso vieldeutig wie wasserdicht ausfallen.

Ein Minister fragt etwa vor Beginn der Aufnahme: »Wie lang darf ich werden?« – »Nicht mehr als 40 Sekunden«, gesteht der Reporter ein wenig verlegen, aber ehrlich. Der Minister droht zu gehen. Der Reporter gibt 20 Sekunden dazu. Der Minister macht seinen Aufsager. Zuerst landet er bei einer Minute und zehn Sekunden, aber beim zweiten Versuch liegt er knapp unter einer Minute. Gekauft! Der Minister zieht zufrieden von dannen, doch der Reporter hat ein schlechtes Gewissen. Im Schneideraum wird er dem Minister 20 Sekunden wegschneiden. Er hat das Recht dazu, doch unfair ist es allemal, und ein Statement im streng journalistischen Sinn ist es dann auch nicht mehr, denn die Aussage ist redigiert.

Wir wissen damit ungefähr, was ein Statement eigentlich sein sollte, doch in der Praxis nimmt man es nicht so genau. Jede Einstellung einer sprechenden Person, die den Zuschauer direkt ansieht, nennt man heute Statement oder noch allgemeiner, einen *O-Ton*, d. h. eine Originaltonaufnahme. Aus Erfahrung weiß ich, daß besonders unerfahrene Journalisten sich oft nicht getrauen, ein formales Statement offen und fair zu vereinbaren: »Ich darf nicht länger werden als 40 Sekunden!« Statt dessen interviewen sie ihren Gesprächspartner über längere Zeit und schneiden dann nur wenige Sekunden in ihren Bericht ein, als sei es ein Statement. Diese Form läßt meiner Meinung nach journalistische Ethik vermissen, und ich frage mich, warum ich sie trotzdem in fast jeder Nachrichtensendung sehen muß. Denn so sollte man eigentlich nur mit einem Interview umgehen, bei dem der Befragte deutlich über die Möglichkeit des späteren Schnitts informiert worden ist. Doch dazu später mehr. Beschäftigen wir uns vorerst noch mit der korrekten Form des Statements und kehren wir zurück zu unserem Filmbeispiel.

Was geschieht im Kopf des Zuschauers, wenn er erst Kühe sieht und dann einen Mann, der redet und der zudem noch etwas Wichtiges sagt, und zwar von der ersten Sekunde seines Statements an. Der Zuschauer muß den Menschen, der ihm da plötzlich gegenübersitzt, erst einmal erkennen. Das dauert ein bis zwei Sekunden. Dann muß er feststellen, ob er der Person traut, die ihm da etwas sagen will. Ist es ein bekannter Minister oder gar der Kanzler, dann ist das sicher kein Problem – im Positiven wie im Negativen. Doch ist es ein Fremder, dann dauert diese Validitätsprüfung sicher noch einmal gute zehn Sekunden. Das sind zusammen fast 15 Sekunden, in denen der Zuschauer noch nicht richtig zuhören kann, weil er sich orientieren muß. Das ganze Statement ist aber vielleicht nur 30 Sekunden lang. Wie es unter solchen Umständen mit dem Verständnis für den übermittelten Inhalt aussieht, kann man sich leicht vorstellen. So etwas kann nicht das Ziel einer durchdachten Gestaltung sein.

Bei der derzeitigen Form der Berichterstattung kann ich mir andererseits nicht vorstellen, daß man auf das kurze Statement verzichten könnte. Ein engagierter Reporter, der versuchen würde, einen Inhalt nur mit eigenen Worten darzustellen, würde von seinem Schlußredakteur erstaunt gefragt werden: »Ja, haben Sie denn keinen O-Ton?« Mit der Vorsicht eines erfahrenen Nachrichtenredakteurs verlangt der Chef ein Beweismittel für die Aussage, die er vertreten soll. Ihm ist es vielleicht sogar egal, was dem Zuschauer dabei vermittelt wird. Der Redakteur möchte nur sicherstellen, daß er selbst keinen Fehler macht. Damit haben wir aber eine völlig veränderte Perspektive für den Einsatz eines kurzen Statements. Es geht nicht nur um den verbalen Inhalt, sondern auch um eine Bestätigung der Glaubwürdigkeit des Reporters.

Diese weitgehende Überlegung ermöglicht nun jedoch ein recht zuverlässiges Gestaltungskonzept für Berichte, die auf kurze Statements nicht verzichten können. Eine solche Möglichkeit möchte ich in ihren Grundzügen darstellen. Dazu versuche ich, das oben skizzierte Beispiel zu verbessern: Es geht im Filmbericht um Rinder, die lebend und von der EU subventioniert ins Ausland verkauft werden sollen. Im Beispiel gab es einen einzigen Schwenk über eine Wiese mit Kühen. Besser wäre in diesem Fall vielleicht eine gedrängte Montage, die möglichst viele Rinder in sehr nahen Einstellungen zeigt, um das Thema »Rinder« auf einer rein begrifflichen Ebene darzustellen. Es geht nur um das Vieh, und jeder Satz des Textes, der sich mit Rindern befaßt, wird vom Zuschauer auch ohne weiteres akzeptiert werden. Allerdings muß dieser Text so formuliert sein, daß er den Inhalt des Statements in allgemeiner Form bereits vorbereitet. Nun fehlt nur noch eine angemessene Hinführung zu der Person, die das Statement abgeben wird. Zeigen Sie z. B. diesen Minister an seinem Schreibtisch, stellen Sie ihn dabei vor und lassen Sie dann erst seine Aussage auf den Zuschauer los! Oder, wenn die Zeit dazu nicht reicht, formulieren Sie einen An- und einen Abtextsatz, der das Statement voll integriert, also z. B.:

Text: … nach Auffassung der Bundesregierung dürfen Rinder nur transportiert werden, wenn sie …
Statement: … wenigstens alle sechs Stunden mit Wasser und Futter versorgt werden und … – … werden wir die Tierquälerei bei solchen Transporten in Zukunft vermeiden …
Text: … was offensichtlich noch nicht gelungen ist, denn …

Durch eine solche inhaltliche Einbindung erreicht man, daß der Zuschauer etwas länger mit dem Thema des Statements beschäftigt ist, so daß zumindest eine Chance auf Speicherung besteht. *Chance* sage ich, weil diese Speicherung nicht nur von der Form der Darstellung abhängt, sondern auch von anderen Faktoren, wie etwa dem persönlichen Interesse des Betrachters.

Noch besser könnte der Zuschauer solch ein kurzes Statement verarbeiten, wenn die Einbindung nicht nur inhaltlich, sondern auch formal stattfinden würde. Denn der Sprung von einem Schauplatz zum anderen, also von der Rinderweide zum Schreibtisch eines Ministers, löst neues Orientierungsverhalten aus. Dies ist aus Sicht der Gestaltung nur vertretbar, wenn der Minister wirklich vorgestellt wird. Findet jedoch eine textliche Einbindung des Statements statt, dann sollte die Darstellung eines neuen Schauplatzes vermieden werden. Das bedeutet, wenn schon ein Minister ohne Einleitung und Vorstellung im Bild sein muß, dann zeigen wir wenigstens den Kopf so bildfüllend und ausschließlich, daß wir nicht durch eine räumliche Einstellung ein neues Orientierungsverhalten provozieren. Auch so wäre eine Einbindung des Statements möglich und dies in einer Form, die zum besseren Verständnis beiträgt.

Das Interview

Die formale Einbindung beschäftigt uns auch beim Interview. Interviewmethodik sollte heute zu jeder Basisausbildung eines Journalisten gehören, und als Kameramann erlebt man immer wieder, daß diese Forderung berechtigt ist. Allgemein glaubt man, das Interview sei eine einfache Aufgabe für einen Kameramann. Tatsächlich habe ich längere Interviews mit nur einer Kamera immer gefürchtet. Das liegt nicht an der Aufnahmearbeit an sich, sondern daran, daß die Absprache mit dem Reporter selten so präzise ist, daß der Kameramann die tatsächlich notwendigen Bilder aufnehmen kann.

Ein Beispiel:

Geplant ist eine Interviewlänge von mehreren Minuten, von denen aber nur ca. zwei Minuten gesendet werden sollen. Das bedeutet für den Kameramann, daß er mit unterschiedlichen Einstellungsgrößen arbeiten muß. Einmal, um natürlich wirkende Schnittmöglichkeiten anzubieten, wie etwa den Wechsel von einer totaleren Einstellung in eine nähere. Zum anderen natürlich aus dramaturgischen Gründen, um durch Reizerneuerung die Aufmerksamkeit des Zuschauers zu erhalten.

Nun sind unterschiedliche Einstellungsgrößen leichter gewünscht als verwirklicht, wenn der Kameramann nicht weiß, welcher Satz des Gesprächs später verwendet wird. Darum ist es notwendig, daß der Reporter den Kameramann vorher darüber informiert, welche Antworten er erwartet und welche davon besonders wichtig sein könnten.

Der Kameramann muß nun versuchen, diese wichtigen Aussagen in ruhigen und sehr nahen Einstellungen von dem Interviewten aufzunehmen. Vor allem müssen Zooms während der Aussage vermieden werden, denn wenn später mitten in einem nicht beendeten Zoom aus inhaltlichen Gründen geschnitten wird, wenn also eine laufende Bewegung abrupt und ohne erkennbaren Grund abgebrochen wird, führt das zu einer erheblichen Irritation des Zuschauers und damit zu Verständniseinbußen.

Für eine sichere, wenn auch ein wenig konservative Arbeitsweise deshalb zunächst ein einfaches Beispiel: Die erste Frage bei einem Interview hat oft noch keine spezielle Bedeutung und dient der Vorstellung des Interviewpartners. Diese Orientierung greift der Kameramann im Bild auf und dreht in einer stehenden, nicht gezoomten Zweiereinstellung. Erst auf die zweite Frage des Reporters legt man den Zoom zu einer etwas näheren Einstellungsgröße. In dieser festen Einstellung wartet man die ganze Antwort ab. Während der dritten Frage verdichtet die Kamera auf eine ganz nahe Einstellung in der Hoffnung, daß der Reporter seinen Gesprächspartner zu einer wesentlichen Aussage verleitet.

Interviewform mit guten Kürzungsmöglichkeiten.– Der Kameramann legt seine Einstellungswechsel ausschließlich auf die Fragen des Reporters. Werden sie gebraucht, dann kann man den Zoom verwenden. Muß die Aussage auf ein Konzentrat gekürzt werden, stehen drei perfekt zu schneidende Einstellungsgrößen zur Verfügung.

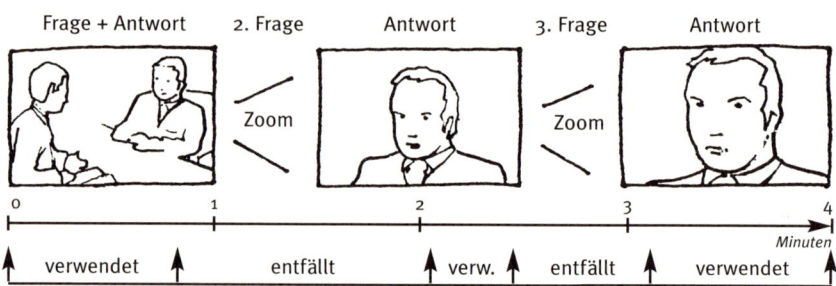

Kommt es nicht zu dieser wesentlichen Aussage, sollte der Reporter seine Frage bei laufender Kamera wiederholen, während der Kameramann seine sehr nahe Einstellung hält. Ein Rückzoom in eine Totale wäre in diesem Augenblick falsch, weil formale Entspannung und neue Orientierung dem inhaltlichen Wert der Aussage nicht mehr entsprechen würden.

Grundsätzlich ist diese Interviewform sehr leicht zu bearbeiten, was in der Praxis heißt, zu kürzen. Die drei unterschiedlichen Einstellungen lassen sich gut montieren, auch wenn ein Teil der jeweiligen Einstellung und damit auch die Frage des Reporters weggeschnitten werden. Allerdings muß bei dieser Methode das *3-Fragen-Konzept* eingehalten werden. Das fällt oft schwer, und so folgt Frage auf Frage in der gleichen, nahen Einstellung. So kommt man in einem längeren Interview sehr oft zu einer Serie gleich großer Einstellungen. Schneidet man diese bei der späteren Kürzung aneinander, kommt es zu dem sehr störenden Konturenfehler. Dieser Fehler schließt leider auch eine Überblendung aus. Die konservative Lösung wäre nun eine nachgestellte Frage des Reporters. Das bedeutet, nachdem das Interview beendet ist, bleiben nach Möglichkeit beide Gesprächspartner in ihren Positionen. Der Kameramann wechselt die Perspektive und macht einen Gegenschuß.

Er nimmt also nun die Position ein, die eine zweite Kamera innegehabt hätte. Er zeigt den Reporter frontal und den Gesprächspartner nur im Anschnitt. Diese eingeschnittenen Fragen werden oft erst gedreht, wenn der Interviewte den Drehort schon wieder verlassen hat. Grundsätzlich ist das natürlich möglich. Doch Vorsicht, manche Nachrichtenkameramänner haben Probleme mit der richtigen Einschätzung der Blickrichtungen! Erst bei der Montage wird dann deutlich, daß der Reporter und der imaginäre Gesprächspartner sich nicht richtig ansehen.

Eine weitere Möglichkeit der korrekten Montage von Interviews ist der sogenannte Zwischenschnitt, eine Form, die den Dialogszenen des Spielfilms entliehen ist. Während der Interviewte weiterredet, wird der zuhörende Reporter gezeigt. Ein solcher Zwischenschnitt sollte möglichst kurz sein, also nur ein bis zwei Sekunden, damit er nicht von der verbalen Aussage ablenkt. Damit erhält man allerdings die Möglichkeit, ein Interview kürzen oder verändern zu können, ohne daß der Zuschauer es bemerkt, denn der Zwischenschnitt wird natürlich anstelle des Bildsprungs, der durch eine Kürzung entsteht, eingesetzt.

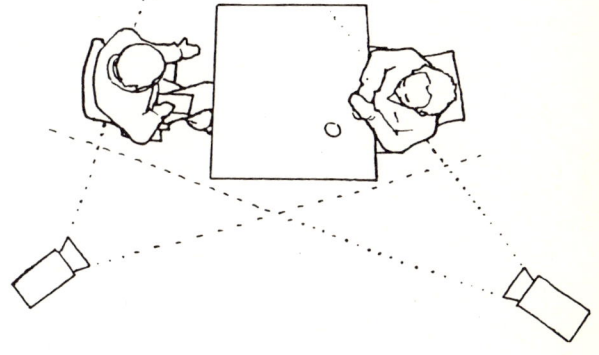

Kamerapositionen für ein Interview mit nachgestellten Fragen und nur einer Kamera.

Trotzdem müssen wir mit dem Einsatz von Zwischenschnitten sehr vorsichtig sein, denn sie bedeuten oft auch eine schwer verständliche Abweichung zwischen Bild und verbaler Aussage. So spricht der Interviewpartner etwa von einem wirtschaftlichen Problem, gezeigt werden aber seine Hand mit der Zigarette, der Blumenstrauß auf dem Tisch oder das Bücherregal im Hintergrund.

In diesem Zusammenhang müssen wir auf ein häufig entstehendes Mißverständnis achten, bei dem die Begriffe *Zwischenschnitt* und *Unterschnitt* verwechselt werden. Im Gegensatz zum Zwischenschnitt sollten Unterschnitte völlig der verbalen Aussage eines Interviews entsprechen. Im Bild wird also gezeigt, was der Interviewpartner berichtet. Natürlich kann man seine Aussagen beliebig kürzen und zusammenfassen, weil Tonschnitte nicht zu hören sind, und die Bildsprünge durch die Unterschnitte nicht sichtbar werden. Die Aussage des Interviewten wird dabei im Idealfall zum kommentierenden Text für die Bilder.

Doch auch vor dieser Form möchte ich warnen. Interviewpartner sind meistens keine Autoren, Filmtexter oder ausgebildete Sprecher. Dadurch ist diese an und für sich interessante Gestaltungsweise für den Zuschauer oft schon phonetisch unverständlich.

Solche Gestaltungsformen gelten derzeit bereits als überholt, denn sie sind eher längeren Berichten zuzuordnen. Allerdings sind dafür offensichtlich andere Fehler in Mode gekommen, und die verdanken wir dem Zwang zur Kürze.

Immer häufiger sieht man heute in der Berichterstattung die Form des bruchstückhaften Interviews. Dabei ist der Reporter nicht zu sehen, der seine Frage aus dem Off, also von außerhalb des Bildes stellt. Zuweilen werden die Fragen auch ganz weggeschnitten und in den Text aufgenommen. Die Antwortfetzen, die man dann aneinanderfügt, zeigen immer den gleichen Bildausschnitt und werden darum durch ein paar Schwarzfelder oder eine Weißblende überbrückt, um den Schnitt deutlich zu machen. Das alles sind formale Eigenheiten, die durch keine Regel verboten sind, aber sie wirken sich nachteilig auf den Informationstransfer aus.

Ein in einer nahen Aufnahme dargestellter Blick induziert eine subjektive Einstellung aus der Sicht der dargestellten Person. Die Erwartung, dann auch den Fragenden aus dem »Off« zu sehen, wird nun aber enttäuscht, weil die Filmchen dazu meist viel zu kurz sind. Deshalb sollte bei Kurzinterviews der Befragte in die Kamera schauen. Der Betrachter kann sich dann mit dem Fragenden identifizieren.

falsch   richtig

Warum, läßt sich leicht erklären: Man kann eine Frage natürlich aus dem Off stellen. Doch in den meisten Fällen schaut der Befragte dann seitlich aus dem Bild, weil der fragende Reporter irgendwo neben der Kamera steht. Ich habe bereits beschrieben, daß durch einen deutlich gezeigten Blick eine subjektive Einstellung eingeleitet wird. Es entsteht also beim Zuschauer das starke Bedürfnis, das zu sehen, was die dargestellte Person sieht. Menschen sind eben einfach zu neugierig! Kommen mehrere Fragen hintereinander aus dem Off, dann wird dieser Wunsch immer stärker und lenkt schließlich vom Inhalt der Antwort ab.

Richtig wäre es, die Kamera bei einer Frage aus dem Off subjektiv einzusetzen, d. h., die befragte Person schaut direkt in die Kamera, und der Zuschauer identifiziert sich mit der Stimme des Reporters. Eine Maßnahme, die nur drei Sekunden Überlegung bedeutet und eine perfekte Gestaltung zur Folge hat.

Ziemlich unerträglich erscheinen mir dagegen Ausschnitte aus Antworten mit Blick aus dem Bild und ohne Frage aus dem Off. Der Reporter gibt sich nicht zu erkennen, und außerdem beschneidet er die Aussagen des Befragten. Umfragen auf der Straße werden oft so gedreht. Die Kamera hat sich auf einen Beobachterstandpunkt zurückgezogen, und der Reporter lauert auf Antwortfetzen, die vielleicht in sein Konzept passen. Ich halte das für eine unfaire Form der Berichterstattung.

Schauen die Befragten jedoch direkt in die Kamera, dann muß man davon ausgehen, daß sie über ihre Situation informiert waren. Dann allerdings sind wir fast wieder bei der strengen Form des Statements.

Die trennenden Schnitte oder Einstellungsübergänge zwischen den ausgewählten Aussagen des Interviews sind ebenfalls problematisch. Stellen Sie sich eine lange Aufnahme mit gleichbleibender Einstellung vor, vielleicht fünf Minuten lang. Daraus sollen nun fünf mal zwanzig Sekunden verwendet werden. Eine konservative Montagemöglichkeit gibt es nicht. Also muß uns ein Effekt helfen. Früher versuchte man einfach Schwarzfelder einzusetzen, doch die Zuschauer haben zwei oder drei schwarze Bilder gar nicht wahrgenommen, weil sie lediglich dem Moment eines Lidschlags entsprechen. Hat man ein längeres Schwarz eingeschnitten, dann wurde das für einen Bildfehler, nicht aber für eine gestalterische Maßnahme gehalten. Noch schlimmer ergeht es dem Betrachter heutzutage mit der *Weißblende*. Ich gestehe, daß ich nicht einmal weiß, wie das Ding wirklich heißt. In meinem Computerschnittprogramm ist es unter *additive dissolve* zu finden. Was ich sehe, ist eine Überblendung ins Helle, bei welcher der Mittelpunkt ein Feld ohne Zeichnung ist.

In der natürlichen Wahrnehmung kennen wir ein solches *Abdriften* nur bei Ohnmacht oder in Todesnähe. Als alter Filmpraktiker erkenne ich darin immer nur den »Arriflex-Kamerastand« zwischen zwei Einstellungen, also einen technischen Fehler, der von den Cutterinnen *Blitzer* genannt und herausgeschnitten wurde.

Allerdings muß ich anerkennen, daß journalistische Filmgestalter immer wieder darüber nachgedacht haben, wie man Schnitte oder Kürzungen in Interviews deutlich machen kann, damit der Zuschauer diese Manipulation erkennt. Das entspricht höchster journalistischer Ethik, auch wenn die Praxis zuweilen merkwürdig aussieht. Sinnvoller wäre es vielleicht, eine Schiebeblende einzusetzen, weil diese sehr gut als Zeitverschiebung verstanden wird. Wenn ich darüber nachdenke, warum Gestalter einen Blitzer, also eine Art Bildstörung, als Gestaltungsmittel in der Berichterstattung einsetzen, dann kann ich als Motiv nur Originalitätssucht vermuten. Daß wir uns inzwischen aber auch an die Blitzerei gewöhnt haben, macht dieses eigenartige Gestaltungsmittel nicht besser.

Solche Mätzchen stören die Konzentration, weil sie den Zuschauer immer wieder in ein Orientierungsverhalten zurückwerfen. Doch gerade zum Verständnis eines Interviews brauchen wir besonders die begriffliche Wahrnehmung, um dem oft anspruchsvollen Inhalt gewachsen zu sein.

Wirklich sinnvoll – wenn auch für einen kurzen Beitrag nicht gerade kostengünstig und deshalb kaum durchsetzbar – ist bei einem längeren Interview der Einsatz von zwei Kameras. Sie werden in einer totaleren – eventuell einer Zweiergruppe – und einer sehr nahen Einstellung aufnehmen.

Diese Aufnahmeart ermöglicht nämlich den Schnitt von einer Einstellung zur anderen an jeder beliebigen Stelle. Wird also eine Frage gestellt, dann bleibt man in der Totalen, vielleicht auch noch beim ersten Teil der Antwort. Steigert sich jedoch die Bedeutung der Aussage, dann kann man die Aufmerksamkeit des Zuschauers auch formal noch einmal steigern, indem man in eine Naheinstellung des Interviewten umschneidet. Dieser Umschnitt erfolgt also nicht wegen eines technischen Problems, sondern nur, weil er dramaturgisch sinnvoll ist.

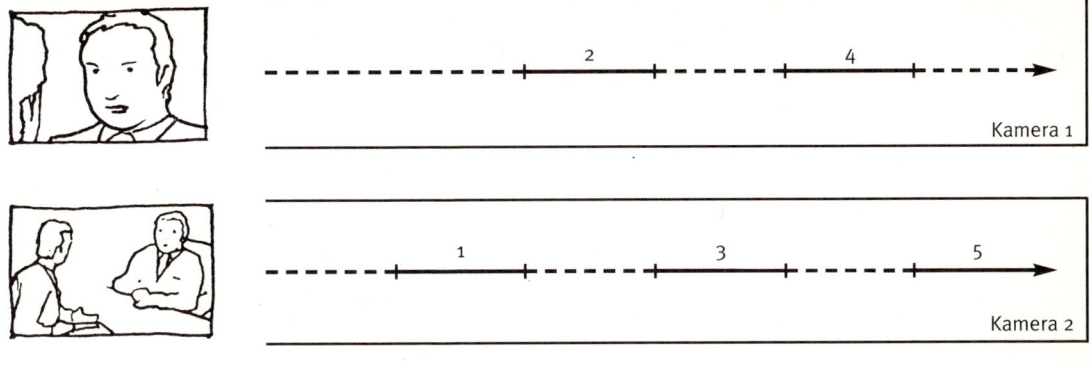

Montage:

Der Text

Es muß im voraus klar gesagt werden: Meine Anmerkungen zum Text eines Filmberichts sind nicht die eines schreibenden Journalisten. Vielmehr betrachte ich die Möglichkeiten, einen Text einzusetzen, aus der Sicht eines Regisseurs, der sich um den vernünftigen Einsatz der richtigen Gestaltungsmittel bemüht.

Ein Filmtext ist nicht einfach ein Stück Prosa. Wenn man den Kommentar zu einem Film wie ein Stück Prosa lesen kann, dann ist es kein richtiger Filmtext. Schließlich ist es eine Tatsache, daß wir mehr als 80 Prozent unserer gesamten Sinneseindrücke über die Augen aufnehmen. Wir bevorzugen visuelle Informationen und vertrauen dem Gesehenen mehr als dem Gehörten oder gar dem Geschriebenen. Das hat Tradition, denn wir sagen ja auch: »Ich glaube nur, was ich sehe!« – »Das weiß ich nur vom Hörensagen!« – »Papier ist geduldig!«

Gerade schreibenden Journalisten oder den Kollegen vom Hörfunk fällt darum der Wechsel zum Fernsehen immer wieder schwer.

Wichtige Interviews werden oft mit zwei Kameras gedreht. Dabei ist der Kameramann nicht besonders gefordert. Auch bei extremen Kürzungen hat der Redakteur dann die Möglichkeit, seine Schnitte durch Einstellungswechsel zu vertuschen. Stark zusammengeschnittene Interviews sind in der Berichterstattung gang und gäbe.

Sie können nicht verstehen, daß ein an und für sich guter Nachrichtentext dann keine Bedeutung mehr hat, wenn er nicht der Bildgestaltung des Beitrags angepaßt ist. Untersuchungen haben immer wieder Folgendes belegt: Der Betrachter wendet sich einem bewegten Bild zu und nicht etwa dem gleichzeitig gesprochenen Text, wenn dieser nicht direkt mit dem Bild zu tun hat. Professionell ausgedrückt: Bild und Text müssen über Knotenpunkte in kurzen Abständen miteinander verbunden sein, sonst findet kein gesicherter Texttransfer statt.

Leider sind *journalistisch* ausgebildete Nachrichtenredakteure kaum von dieser Funktion des Textes zu überzeugen, weil sie nämlich ihren Text für wichtiger halten als das Bild. Richtig dagegen ist, daß der Text eher abstrakte Information transportieren kann als das Bild. Vorausgesetzt, er ist in die Gestaltung integriert.

Diese Möglichkeiten möchte ich etwas genauer erklären: Die einfachste Form des Filmtextes ist das ergänzende Kommentieren der Bilder:

– Ich sehe eine totale Stadtlandschaft, und der Kommentar sagt:
   Magdeburg!
– Ich sehe Schaufeln schwingende Arbeiter, und der Kommentar
   nennt das: *Straßenarbeiten in Magdeburg.*
– Ich sehe eine Frau, die eine Straße entlanggeht, und höre dazu:
   Elfriede O., Mutter zweier Kinder in Magdeburg.

Wir stellen bei diesen Beispielen aber auch fest, daß man in keinem Fall etwa nur das im Text beschreiben darf, was im Filmbild ohnehin zu erkennen ist. Man sollte stattdessen die visuellen Informationen erklären und ergänzen.

Dann kann man sich nach einer solchen Verknüpfung der beiden Ebenen mit dem Text wieder ein Stück weit vom unmittelbaren optischen Gehalt des Bildes entfernen, ehe man erneut eine Verknüpfung mit dem Bild herstellt:

Stadttotale – Magdeburg oder:
Arbeiter – Straßenarbeiten und auch:
Frau in einer Stadt – Mutter von zwei Kindern in Magdeburg.

Wie weit oder wie eng man das Netz von Knoten in einem Beitrag knüpfen sollte, bleibt eine Frage der persönlichen Einschätzung des Zuschauers und seiner Fähigkeit zur Abstraktion. In der Praxis einer Nachrichtensendung kann ein einziger Blick des Zuschauers auf die vor ihm stehende leere Bierflasche dazu führen, daß eine Verknüpfung übersehen wird.

Der Betrachter verliert dann inhaltlich den Anschluß und versteht plötzlich den ganzen Bericht nicht mehr. Die Konsequenz für den Gestalter: Je weniger Attribute nach einem Knoten, um so leichter verständlich ist der Bericht. Die Gefahr für den Bericht: Je schlichter man ihn gestaltet, um den Zuschauer nicht zu überfordern, desto nichtssagender kann der Bericht ausfallen, weil er auf die Abstraktionsmöglichkeiten der Sprache verzichtet. Das ist ein generelles Problem extrem kurzer Beiträge.

Zur Verdeutlichung nun einige Beispiele aus der täglichen Praxis. Sie werden schnell klarmachen, was ich ausdrücken möchte.

Bild und Text entfernen sich voneinander. Unserem Wahrnehmungskonzept zufolge wird der Betrachter vordringlich auf die Bilder achten. Der Text hat kaum eine Chance, erinnert zu werden.

Im Kanzleramt …

… trafen sich heute Vertreter der Wirtschaft mit dem Bundeskanzler …

Die Gespräche sollen das …

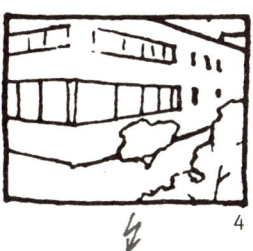

… Bündnis für Arbeit vorbereiten. Von den Wirtschaftsverbänden hat besonders der BDI kein Interesse … usw. …

⌀ Bild-Text-Verknotung

⚡ Bild-Text-Konflikt

Nach anfänglichen Verknüpfungen beschreibt der Text nur noch das, was der Zuschauer ohnehin zu sehen bekommt. Wieder einmal sind entweder Bild oder Text überflüssig.

Die Versorgungslage der Stadt ist angespannt ...

... Lebensmittelläden werden nicht beliefert ...

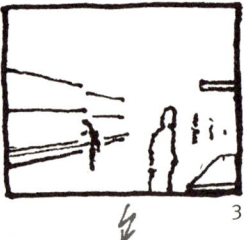

Die Menschen stehen vor leeren Regalen und die Einkaufstaschen bleiben leer.

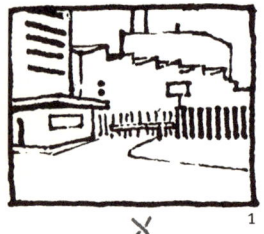

In diesem Betrieb ruht die Arbeit – ...

... Der wilde Streik findet ohne die Unterstützung der Gewerkschaft statt. Der Protest der Arbeiter richtet sich gegen den Flächentarif, den die Arbeitgeber mit der IG-Metall abgeschlossen hatten. ...

Nur am Anfang und am Ende der Story sind Bild und Text direkt miteinander verknüpft. Unter den Naheinstellungen von Gesichtern informiert der Text über die Ziele der Streikenden. Das ähnelt der Form des inneren Monologs, eine sehr wirksame und eindringliche Darstellungsform.

... Am Nachmittag formierten sich die Streikenden zu einem Protestmarsch.

In einem guten Film sollte das Bild wesentlicher Träger von Informationen sein. Dementsprechend muß der Text das ergänzen, was das Bild nicht leisten kann. Bei der Sportberichterstattung funktioniert das hervorragend. Schwierig wird es z.B. bei der Politik. Die relativ abstrakten Informationen zu Steuerreform oder Wahlrecht lassen sich viel einfacher im Text darstellen als im Bild. Der Text vermittelt dann zweifellos den weitaus größeren Teil der Information, und das Bild liefert nur noch eine Bestätigung; es verifiziert den Inhalt der Textnachricht, macht sie glaubhaft.

Wir sind an dieser Stelle mit einem Darstellungsproblem konfrontiert, das man, wie schon erwähnt, in der Fachsprache einen *Bildteppich* nennt. Der Journalist braucht eine bestimmte Zeit, um einen abstrakten Inhalt zu erklären. Dazu hat er nicht das ideale Material, also muß er Bilder verwenden, die oft kaum etwas mit seinem Aussagewunsch zu tun haben. Gelingt es ihm trotzdem, Verknüpfungen von Text und Bild herzustellen, dann wird seine Story verstanden und geglaubt. Ohne entsprechende Text-Bild-Knoten wird der Zuschauer aber das Bild bevorzugen und den gesamten Inhalt nicht verstehen.

Ein typischer »Bildteppich«. Die Röhren im Mittelteil der Sequenz haben mit dem Text so gut wie nichts zu tun. Immerhin sind Text und Bild wenigstens am Anfang und am Ende richtig miteinander verknüpft.

Das Abfackeln von Abgasen gehört immer noch zu den üblichen »Entsorgungsmethoden« der Raffinerien.

Bildteppich

Eine neue Gesetzesinitiative der Regierung soll diesen Umweltvergehen ein Ende bereiten. Betriebe, mit einer Abgasemission von mehr als 400 Tonnen müssen das giftige Gas in Zukunft … usw.

Ob Schornsteine ohne Rauchfahne jedoch genügen …

Diese Beispiele zeigen noch einmal ganz deutlich, daß bei einer filmischen Darstellung ein System von Beziehungen zwischen den einzelnen Gestaltungsmitteln entstehen muß. Jede Einzelleistung, eine Einstellung, der Satz eines Textes, ein kurzes Statement oder ein Interview, muß eine Beziehung zu den anderen Einzelleistungen entwickeln, oder aber sie bleiben allesamt wirkungslos im Sinne des Aussagewunsches. Mehr noch: Eine nicht verknüpfte Einzelleistung bleibt nicht einfach nur unverstanden, sondern sie wird zu einem Störfaktor. Dieser behindert die Verständlichkeit, weil er den Zuschauer zu Fehlinterpretationen verleitet.

Niemals konnte der Film auf das geschriebene oder gesprochene Wort verzichten. Ob Titel, Text, Kommentar oder Originalton, immer war die Sprache ein Mittel filmischer Gestaltung.

In diesem Sinne habe ich mich mit den in der Berichterstattung verwendeten Formen beschäftigt, nicht aber mit den Anforderungen des Spielfilms. Zwei der journalistischen Formen sind das Interview und das Statement. *O-Ton,* d.h. Originalton, ist eine der gängigen Bezeichnungen dafür aus der Praxis. Sie hat sich durchgesetzt, obwohl es sich bei Geräuschen ja eigentlich auch um Originaltöne handelt. Statement und Interview sind die häufig eingesetzten Formen der Berichterstattung. Bei angemessener Anwendung sind sie sehr wirksam für den Datentransfer, doch mit der richtigen Anwendung hapert es oft. Hauptprobleme sind immer wieder die radikale Kürzung und der unvorbereitete Einsatz im Rahmen eines Beitrages. Dadurch wird der Zuschauer während der recht langen Orientierungsphase bei der Wahrnehmung von Personen irritiert. Oft ist ein Statement in einem Bericht kaum länger als die Zeitspanne, die der Zuschauer zur Orientierung benötigt, wenn eine neue Person eingeführt wird. Zu einem inhaltlichen Transfer kommt es dann nicht mehr, und das Statement verliert seinen Sinn.

Zur Praxis des Interviews habe ich Aufnahmeformen beschrieben und versucht, den Wert der üblichen Kürzungsmethoden abzuschätzen. Zu häufigen Fehlern kommt es auch bei der Verknüpfung von Bild und Text. Oft wird versucht, den gesamten Aussagewunsch über den Text zu transportieren. Am Ende stellt sich dann aber die Frage, ob die Bilder dabei nicht nur stören. Das Fernsehen ist aber ein Bildmedium, und wir müssen versuchen, den Wahrnehmungsmöglichkeiten der Zuschauer entgegenzukommen.

10 DIE PLANUNG

Normalerweise beginnen Bücher über Filmgestaltung mit der Planung eines Projekts. Das erscheint logisch, doch nur bei oberflächlicher Betrachtung. Denn wie soll man ein Produkt planen, wenn man sich über die Möglichkeiten der zur Verfügung stehenden Mittel noch nicht im klaren ist? Darum habe ich in den vorangegangenen Kapiteln zunächst diese Möglichkeiten behandelt. Erst jetzt, da wir wissen, was man mit Bild, Ton und Montage erreichen kann, sollten wir über die Planung eines Filmberichts nachdenken.

Basis meiner Überlegungen ist weiterhin die journalistische Praxis. In einer Redaktionskonferenz einigt man sich nach verschiedenen Vorschlägen der Kollegen auf ein Thema. Man versucht, die aktuelle Bedeutung des Themas einzuschätzen und legt die voraussichtliche Sendelänge des Berichts fest. Dann wird einer der Mitarbeiter bestimmt, diese Story zu realisieren.

Als nächstes sind Recherchen notwendig, die zu einer Stoffsammlung führen. Bei diesem Arbeitsschritt möchte ich mit meinen Vorschlägen zur Verbesserung der Gestaltung ansetzen, denn an dieser Stelle werden schon viele, leicht vermeidbare Fehler gemacht. Ich glaube, daß viele Journalisten dazu neigen, ihre Aussage rein verbal zum Ausdruck zu bringen. Sie formulieren also einen Aussagewunsch und verlassen sich bei der Realisierung in vielen Fällen nur auf ihren Text. Die Bilder haben dann keinen selbständigen Aussageanteil zu vertreten, sondern dienen nur noch der Verifizierung des Textes.

Viele Berichterstatter ordnen zudem die bei der Stoffsammlung ermittelten Fakten in eine für sie logische Reihenfolge. Dabei bedenken sie nicht, welche Möglichkeiten der visuellen Gestaltung in dem Bericht verwendet werden könnten. Das Ergebnis ist ein Text, der durch einen willkürlich anmutenden Bildteppich gestützt wird. Bilder werden unterlegt, in denen vielleicht gerade noch der Journalist selbst einen Zusammenhang mit seinem Text erkennen kann. Der Zuschauer ist damit jedoch weit überfordert.

Dazu ein Beispiel: In der Regierungskoalition hat es Streit zu einem bestimmten Thema gegeben. Der Kanzler hat deshalb die führenden Leute der Schwesterpartei und des Koalitionspartners zu einem Spitzengespräch ins Kanzleramt gebeten.

Der Berichterstatter, der mit einem Nachrichtenfilm darüber beauftragt worden ist, hat von vornherein kaum eine Chance, einen sinnvollen Film abzuliefern. Aufnahmen von den Gesprächen im Kanzleramt sind nicht erlaubt. Aufgenommen werden deshalb nur die Ankunft der wichtigen Persönlichkeiten und ein paar Einstellungen des Kanzleramtes. Der Text beschäftigt sich dagegen mit den politischen Inhalten der Gespräche.

Bild und Text haben also völlig unterschiedliche Aussagen. Das Bild zeigt die Architektur des Gebäudes, und der Text sagt etwas über den Koalitionsstreit. Wie der Zuschauer das verarbeiten soll, ist mir schleierhaft. Mit ein wenig Nachdenken und Planung vor Drehbeginn könnte man solche Fehler leicht vermeiden. In diesem Fall wäre es wahrscheinlich sinnvoll, gar nicht erst einen Film zu drehen, sondern die Informationsübermittlung gleich dem Nachrichtensprecher zu überlassen.

Tatsächlich geschieht aber etwas ganz anderes. Die politischen Gespräche werden bis in den späten Abend hinein fortgesetzt. In der Spätausgabe der Nachrichten steht also der Reporter in einer Liveschaltung vor dem Gitterzaun des Kanzleramtes. Man erkennt nur das Gitter im Hintergrund; vom Kanzleramt selbst sieht man in der Dunkelheit nichts. Zur Verifizierung des Statements aber könnte nur ein sichtbares Symbol beitragen. Solche gestalterisch recht sinnlosen Unternehmungen sind übrigens auch nicht gerade billig. Begründet werden sie aber mit der angeblich größeren *Authentizität* der Liveübertragung. Dieses schreckliche Wort verspricht den *Nachweis einer rechtsgültigen Echtheit*. Das ist dann eben der schwarze Hintergrund.

Jede Planung sollte also mit der Überlegung beginnen, ob das Thema überhaupt für einen Filmbericht geeignet ist. In dem beschrie-

Der Reporter vor Ort. Für das »authentische Schwarz« im Hintergrund muß oft ein hoher Preis gezahlt werden.

benen Fall hat der Zuschauer keinerlei Nutzen davon, weder durch Information noch durch die vielleicht so modische Authentizität.

Das Beispiel zeigt uns weiterhin, daß eine sinnvollere Gestaltung durchaus auch zu einer ökonomischen Darstellungsform führen könnte. Eine Einschränkung der finanziellen Möglichkeiten würde schnell zu der Überlegung führen, wie wirksam die angewendeten Gestaltungsmittel eigentlich sind. Eine gut durchdachte und gut geplante Gestaltung ergibt deshalb auch immer eine ökonomische Herstellungsform.

Natürlich können auch unüberlegte Produktionsformen in Verbindung mit zufälliger Kreativität zu brauchbaren Ergebnissen führen. Zunächst wird einfach alles gedreht, was einem so »vor die Linse kommt«. Dann hat man eine gute Cutterin, die wird das schon regeln! Doch dieses Verfahren kostet sehr viel Zeit, und Arbeitszeit ist teuer!

Die Konkurrenz aber ist groß, und Fernsehproduzenten stehen unter erheblichem Kostendruck. Unternehmensberater analysieren Arbeitsprozesse, und das so gefürchtete *Controlling* macht auch vor den Redaktionen nicht halt. Man versucht Erfolgskonzepte zu verstehen und erstellt Leistungsprofile, welche auch die Gestaltung der Berichterstattung einschließen. Ganz so neu ist das übrigens nicht. Die heutige Form der ARD-Tagesschau etwa geht ursprünglich auf eine Untersuchung des Bredow-Instituts zu Beginn der siebziger Jahre zurück. Vieles davon ist aber in Vergessenheit geraten und muß derzeit neu überlegt werden. Eine Optimierung der Leistungsfähigkeit erscheint mir dabei aber nur möglich, wenn die zufällige Kreativität weitgehend eingeschränkt und durch eine geplante Kreativität ersetzt wird.

Diese geplante Kreativität verlangt nach praktikablen Konzepten und einer Gestaltung, die sich durch hohe Wirksamkeit auszeichnet. Damit ist ein hoher Informationstransfer gemeint, aber es wird auch ein immer größerer Unterhaltungswert der Berichterstattung gefordert. Diesen kann man jedoch ebenfalls nicht mit ein paar optischen Effekten erreichen, auch wenn die ungeahnten Möglichkeiten der Computer noch so sehr dazu verleiten.

Kehren wir noch einmal zu der kleinen *Geschichte* zurück, die jeder Informationsfilm erzählen muß, wenn er akzeptiert und verstanden werden soll. Zugegeben: Ein dreiminütiger Bericht oder gar ein 40 Sekunden langer Nachrichtenfilm verleiten nicht unbedingt zu dramaturgischem Eifer! Doch auch die kleinste Story bedarf einer Erzählstruktur, einer Minidramaturgie, wenn sie beachtet werden soll. Dazu will ich nun einen Arbeitsprozeß modellhaft beschreiben, der aus diesem Nachdenken entsteht. Besonders schwer ist das nicht, sind doch die meisten Menschen von Kindheit an in der Lage, kleine Geschichten zu verstehen und zu erzählen.

Der Grundbaustein unserer Struktur ist natürlich die Sequenz. Wir müssen nun versuchen, mehrere Sequenzen in einer sinnvollen Reihenfolge zu organisieren. Im übertragenen Sinn ist es nicht mehr, als wenn wir sprachlich mehrere Hauptsätze aneinander fügen. Allerdings wird aus einer solchen Reihenfolge von Einzelaussagen nicht unbedingt ein dramatisches Ereignis! Was also dramatisiert eine Aufzählung?

Die Pyramide

Nicht jede Aussage ist für den Betrachter so interessant, wie der Gestalter es gerne hätte. Die reine Aufzählung von Informationen kann sogar schnell langweilig werden und schon nach kurzer Zeit der Aufmerksamkeit des Zuschauers entgleiten. Darum müssen wir eine Form wählen, welche die Aufmerksamkeit immer wieder herausfordert. Dazu greife ich zu einem einfachen Dramaturgiekonzept.

Es besteht aus fünf Teilen: der Einleitung, dem Aufbau, dem Konflikt, dem Abbau und dem Ausklang. Ein gewisser Herr Franz hat das bereits vor einem Jahrhundert beschrieben, und so nennt man die grafische Darstellung dieses Dramaturgiemodells die *Franzsche Pyramide*.

Im Vergleich mit der von mir propagierten *Normalsequenz*, die ja auch aus fünf Einheiten besteht, wäre diese Analogie fast zu schön, um wahr zu sein. Doch die Pyramide hat einen Haken. Das Modell kennt einen Nebenaspekt, der einen Handlungsumschlag einleitet. Ein darstellerisches Element, das den Konflikt beendet und zu einem Spannungsabbau führt.

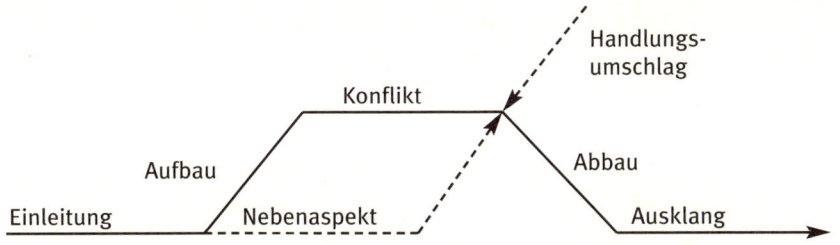

Dieses Denkmodell ist einfach und überzeugend und entspricht immer noch unseren heutigen Vorstellungen einer Gestaltungsform, die unseren Wahrnehmungsmöglichkeiten weitgehend angepaßt ist.

Aus meiner Sicht wird die etwas eckige Pyramide allerdings zu einer dynamischen Kurve des Spannungsverlaufs, doch das ändert die grundsätzliche Funktion nur recht unerheblich, und in unserem Zusammenhang geht es vordringlich um die funktionelle Wirksamkeit der einzelnen Teile des Spannungsbogens.

Ich möchte noch vorausschicken, daß Spannung ein sehr relativer Begriff ist. Hier muß nicht etwa ein Mord aufgeklärt werden, sondern ich verwende den Begriff Spannung nur im Sinn von Aufmerksamkeitssteuerung. Kleine Stories brauchen zwar nur kleine Spannungsunterschiede, doch diese sind absolut notwendig. Was also bedeuten die Teile der Pyramide für uns?

Die Einleitung

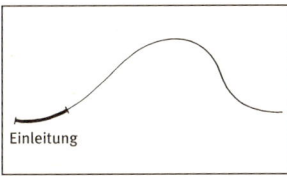

Am Anfang des Berichts müssen wir einen Rahmen abstecken. Wir müssen umreißen, was wir in diesem Bericht aussagen wollen. Das *Wo, Wer, Wann* und *Was* sollte dargestellt werden.

Beispiel für die Ausarbeitung eines Teilelements:

– Es wird also der Schauplatz des Geschehens vorgestellt, natürlich wieder gerade nur so weit, daß die Orientierung ausreicht, um die folgende Story verstehen zu können.

- Handelnde Personen, so es welche gibt, werden eingeführt. Sie werden noch nicht ausführlich vorgestellt, denn das bleibt dem nächsten Arbeitsschritt vorbehalten.
- Die Zeit des Geschehens kann benannt oder dargestellt werden, wenn die Gesamtaussage das erfordert. Häufig ist das überflüssig, z. B. wenn es sich um eine tagesaktuelle Sendung handelt.
- Objekte, die eine Rolle spielen, werden eingeführt, aber noch nicht eingehend behandelt. Das bleibt wiederum dem nächsten Arbeitsschritt vorbehalten. Wenn die Story es zuläßt, sollte hier bereits auf das Faktum hingewiesen werden, das später zum Handlungsumschlag führt.
- Ob wirklich alle vier Fragen – wer, wo, wann, was – beantwortet werden müssen, hängt vom Inhalt der Story ab. Diese Vorgaben sollen aber nach Möglichkeit die Orientierungsphase abschließen. Dabei ist es gleichgültig, in welcher Reihenfolge über Raum, Zeit und Objekt orientiert wird.

Der Aufbau

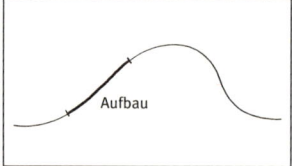

Diese Darstellungseinheit bildet die Basis für den folgenden Konflikt. Sie muß also alle Informationen enthalten, die zu einer glaubhaften Darstellung des Konflikts notwendig sind. Hier werden Personen oder Objekte mit Attributen ausgestattet, und hier werden Argumente zum Für und Wider des Konflikts gegenübergestellt.

Der Konflikt

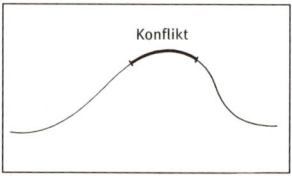

Zuerst möchte ich den Begriff *Konflikt* abschwächen. Die Bezeichnungen der Darstellungsschritte sind aus der Dramaturgie entliehen. Für den Berichterstatter bedeutet Konflikt jedoch üblicherweise nicht mehr als *der Kern der Aussage*. Es ist selten genug, daß tatsächlich ein kleiner Konflikt ansteht, den wir zum Höhepunkt der Gesamtaussage machen können. In der Praxis fällt das sicher schwer, weil wir oft über wenig dramatische Dinge berichten müssen. Andererseits muß irgend etwas in unserem Bericht die wichtigste Einzelaussage sein. Diese machen wir nun formal und inhaltlich zum Höhepunkt der Story. Auf diese Weise versuchen wir mit kleinsten Spannungsunterschieden die Aufmerksamkeit des Zuschauers immer aufs Neue zu beleben.

Der Handlungsumschlag

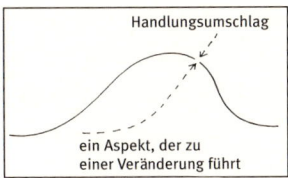

Auch dieser Begriff ist der großen Dramaturgie entlehnt. Es wird uns kaum gelingen, in einem 3-Minuten-Bericht einen Handlungsumschlag richtig einzuleiten und darzustellen.

Ganz anders bei einer Berichtlänge, die Zeit für eine realistischere Darstellung läßt. Es gibt immer einen Einfluß, der einen Konflikt beendet, einen Zustand verändert, einen Fehler aufklärt oder einen Mißstand beseitigt. Verfügen wir also über genügend Sendezeit, um differenziert darstellen zu können, dann sollte dieser entscheidende Einfluß nicht erst am Ende der Schilderung des Konflikts aus dem Hut gezaubert werden. Richtig ist dagegen ein kleiner Hinweis bereits in der Einleitung und ein deutliches Argument im Aufbau. Solche rechtzeitigen Hinweise auf eine Entwicklung sind ein gutes Mittel, um aus einer Aneinanderreihung von Fakten eine Geschichte zu machen.

Der Abbau

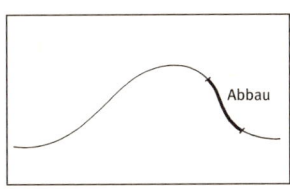

Bis zum Handlungsumschlag, also bis zur Lösung des Konflikts, haben wir versucht, die Spannung zu steigern, so gut es möglich war. Mit dem Konflikt, unserem Höhepunkt der Story, haben wir dann hoffentlich den Kern unserer Aussage an den Zuschauer gebracht. Was danach noch kommt, sollte mehr formalen als inhaltlichen Anspruch haben. Spannung können wir abbauen, indem wir etwas wiederholen, zusammenfassen und resümieren. Auf diese Weise geben wir dem Betrachter eine kleine Nachdenkpause, mit deren Hilfe wir den Informationstransfer der Story nachträglich noch einmal absichern.

Der Ausklang

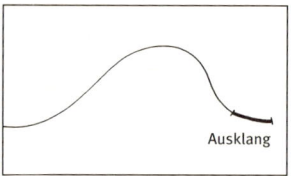

Dieses Mittel der Dramaturgie erfüllt rein formale Aufgaben. Es ist das Bindeglied zwischen zwei Szenen oder Komplexen. Ein kleiner formaler Schlenker, mit dem eine neue Erwartungshaltung beim Betrachter angeregt werden soll. Im alten Hollywood war das der Happyendkuß vor dem Filmende, und im Märchen heißt es: »... und wenn sie nicht gestorben sind ...«

Bei längeren berichterstattenden Filmen finden wir mitunter formale Überleitungen zwischen zwei größeren Komplexen. Die gegenwärtigen Fernsehprogramme machen wieder sehr viel Gebrauch von solchen formalen Spielereien. Zwischen seriöse Nachrichtenfilme wird dann z. B. das rotierende Logo des Senders montiert. Ob eine solche Maßnahme nachrichtlicher Wahrheitsfindung dient und zur Konzentration des Zuschauers beiträgt, halte ich allerdings für zweifelhaft.

Ein typischer und oft gut gelungener Ausklang für einen kurzen Bericht ist eine Abnahme in der anschließenden Moderation, die auch eine Überleitung zum nächsten Bericht findet.

Auf diese Weise kann das Pyramidenkonzept auf einen dynamischen Spannungsbogen übertragen und den Gegebenheiten der journalistischen Arbeit angepaßt werden.

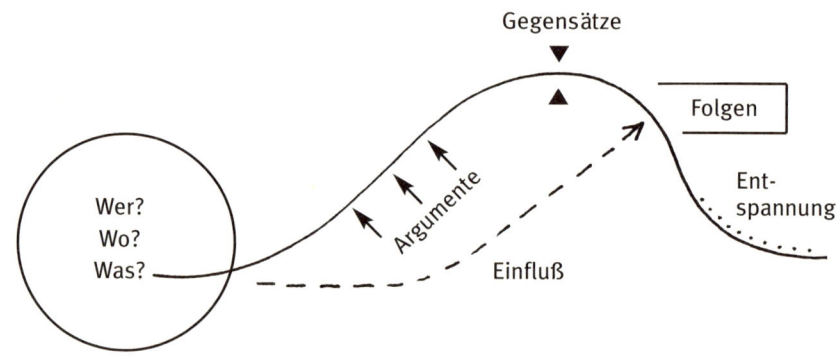

Mit den einzelnen Teilen der *Franzschen Pyramide* bzw. meines dynamischen Spannungsverlaufs habe ich die Funktionsmöglichkeiten eines einfachen Dramaturgiemodells beschrieben.

Man fragt sich nun unwillkürlich, was das alles mit einem Film zu tun haben könnte. So ein leeres Gerüst erinnert an eine Bautechnik, die in Deutschland fast unbekannt, ich glaube sogar, überhaupt nicht erlaubt ist: die Stahlgerüstkonstruktion, bei der große Bauwerke aus einem Gitter von Eisenträgern aufgebaut und erst später mit vorproduzierten Wandteilen ausgefüllt werden. Man steht vor so einem Gitterwerk und kann sich nicht vorstellen, daß es einmal mit Leben erfüllt sein könnte. Trotzdem wird es in diesem Gerüst einmal Geschäfte, Büroräume und Wohnungen geben, in denen Menschen leben, arbeiten und sich wohl fühlen werden.

Mein Dramaturgiemodell kann man mit einer solchen Stahlgerüstkonstruktion vergleichen. Wir stehen vor einer leeren Struktur und müssen sie mit filmischem Leben ausfüllen. Der Rahmen gibt den Halt und sichert die Funktionalität, die Inhalte können individuell bestimmt werden, solange sie den Rahmen nicht sprengen.

Nun geht es darum, den vorgegebenen Raum möglichst effektiv zu nutzen. Zufällige Kreativität führt vielleicht zu überraschenden Ergebnissen, doch nur in sehr seltenen Fällen zu einer optimalen Nutzung der Möglichkeiten. Planung ist also angesagt. Natürlich kostet das Zeit und Arbeit. Dies steht aber in keinem Verhältnis zum weitaus größeren Risiko des Mißerfolgs. Planung optimiert den Einsatz der Mittel und ihrer Wirksamkeit. Ein paar Minuten des Nachdenkens ersparen oft Stunden sinnloser Dreharbeiten und dann noch einmal ein Mehrfaches an Nachbearbeitungszeit.

Praktische Planung

Wie also plant man einen berichterstattenden Film in der Praxis? Der Auftrag der Redaktion hört sich ungefähr so an: »Mach doch mal etwas über die Demo der Bürgerinitiativen am Rhein-Main-Flughafen! Aber bitte nicht nur den Protest, sondern auch eine positive Perspektive! Dafür darfst du dann auch fast drei Minuten lang werden!«

Die Recherchen hatten ergeben, daß die Demonstranten die Anfahrwege des Terminals 1 besetzen wollten. Die Flughafen-GmbH hatte Polizeikräfte angefordert, um die Abfertigung der Passagiere sicherzustellen. Eine Stellungnahme des Flughafenpressesprechers war verabredet worden, und auch ein Vertreter der Bürgerinitiativen war zu einem Interview bereit. Auseinandersetzungen zwischen der Polizei und den Demonstranten sollten vermieden werden; man wollte sich friedfertig zeigen. Das Hauptargument der Bürger war die zunehmende Belästigung durch den Fluglärm. Die Einflugschneise einer neuen Landebahn würde direkt über Wohngebiete führen. Eine Alternative könnte vielleicht die erneute Nutzung eines stillgelegten Militärflughafens in der Nähe sein. Doch die Kosten dafür wären hoch, denn ein zum Flughafen gehörendes Hochbahnsystem müßte entsprechend erweitert werden.

Soweit die Stoffsammlung. Um ein bißchen Ordnung in dieses Material zu bringen, müssen wir uns jetzt für einen konkreten Aussagewunsch entscheiden:

1. Versuch:

Bürgerinitiativen protestieren gegen den Bau einer neuen Landebahn.

Diese Formulierung berücksichtigt nur wenige der gesammelten Informationen. Der Konflikt mit der Flughafen-GmbH taucht nicht auf.

2. Versuch:

Der geplante Bau einer neuen Landebahn fordert den Protest der ansässigen Bürger heraus, doch die Flughafen-GmbH verteidigt sich mit einem Polizeieinsatz.

Schon etwas besser, denn hier zeichnet sich der anstehende Konflikt ab. Es fehlen jedoch das Hauptargument der betroffenen Bürger und der alternative Vorschlag des Flughafenbetreibers.

3. Versuch:

Die zu erwartende steigende Lärmbelästigung durch eine geplante Landebahn ruft den Protest der dort ansässigen Bürger hervor. Die Flughafen-GmbH schützt sich durch Polizeikräfte, ist aber an einer Einigung interessiert und schlägt eine Alternative vor.

Ein schöner Satz ist das nicht gerade, doch er wird uns weiterhelfen. Alle wichtigen Informationen der Stoffsammlung sind darin enthalten. Wir können einen darstellbaren Konflikt erkennen, und es gibt auch Argumente, die ihn stützen und glaubhaft machen.

Wir suchen jetzt nach einer Darstellungsform, die geeignet sein könnte, unseren Aussagewunsch wirksam zu transportieren. Dabei verstehe ich unter Wirksamkeit natürlich die Effektivität des Informationstransfers an den Zuschauer.

Versuchen wir also unseren Aussagewunsch zu *dramatisieren*. Dazu gehen wir von einer leeren Struktur aus, einer Kurve, die den erwünschten Spannungsverlauf andeutet. Zuerst versuchen wir, den Konflikt mit dem Spannungshöhepunkt auszufüllen. In unserem Fall ist das sehr eindeutig: Die Demonstranten stehen der Polizei gegenüber. Die Spannung entsteht aus der Erwartung von möglicherweise stattfindenden tätlichen Auseinandersetzungen.

Doch Auseinandersetzungen werden nicht stattfinden. Dies haben die Bürgervertreter zumindest versprochen. Vielleicht wird es ein vermittelndes Gespräch zwischen ihnen und dem Flughafenmanagement geben. Darauf können wir nur hoffen, wenn auch nicht aus Gründen unserer Dramaturgie! Trotzdem würde ein solches Gespräch sich unserer Spannungskurve recht gut einpassen. Es entspräche genau dem Konfliktabbau, den wir anstreben.

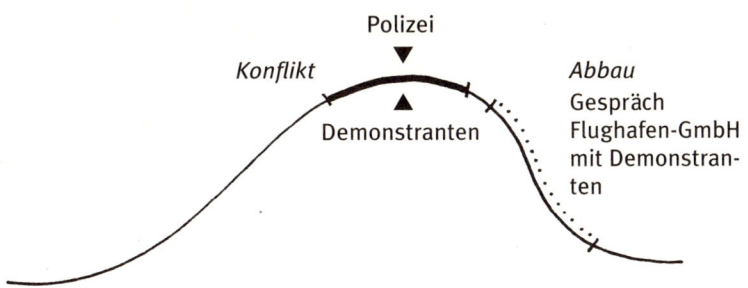

Aussagekern der Story. – Im Konflikt wird die Auseinandersetzung zwischen den Demonstranten und der Polizei dargestellt. Als Spannungsabbau bietet sich ein Gespräch mit den Demonstranten an, in dem Lösungsmöglichkeiten zur Sprache kommen.

Ohne Probleme könnten wir dann den dramaturgischen Ausklang unseres Beitrages einsetzen: die von der Flughafen-GmbH angebotene Alternative. Eine Hochbahn, soll die Verbindung zu einem nahen Militärflughafen herstellen.

Vielleicht werden Sie sich fragen, warum ich das Pferd gewissermaßen von hinten aufzäume. Zuerst plane ich vor aller Leser Augen den Mittelteil und dann den Schluß des Filmberichts. Ich möchte damit zeigen, daß wir unseren natürlichen Vorstellungen freien Lauf lassen können. Das, was ich so ganz einfach denken kann, wird auch dem Zuschauer verständlich sein.

Außerdem muß man sich natürlich zunächst über den Konflikt klar werden, ehe man dessen Aufbau und Abbau bestimmen kann.

Über den Konflikt sind wir uns im klaren. Nun können wir die Argumente bestimmen, mit denen wir den Konflikt vorbereiten wollen: Das Flugfeld des Rhein-Main-Flughafens ist überlastet. Zu viele Flugbewegungen auf zu wenigen Landebahnen erfordern eine Erweiterung. Da ist weiterhin der Flugzeuglärm, unter dem die ansässigen Bürger leiden werden. Die Einflugschneise der geplanten Landebahn liegt über einem Wohngebiet. Zum anderen gibt es den stillgelegten Militärflughafen, dessen Umgebung nur wenig besiedelt ist. Doch dieses Gelände ist ca. 20 Kilometer vom Rhein-Main-Flughafen entfernt. Genug Material für den Aufbauteil unserer Spannungskurve.

Erst wenn Klarheit über den Konflikt besteht, kann man im Aufbau die Argumente zuordnen, die zum Konflikt geführt haben.

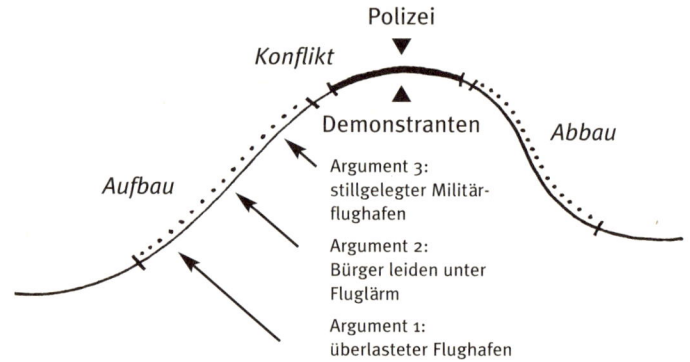

Zum Schluß kümmern wir uns endlich um den Anfang unserer Story, um die Orientierung. Das *Wo, Wann* und *Was* sollten auch bei einer kurzen Story zumindest angedeutet werden. Bei einem nur drei Minuten langen Film kann das sicher kein eigener Komplex werden. Doch eine kleine, einstimmende Sequenz würde zum Verständnis

beitragen. Besonders, wenn man sich sehr kurz fassen muß, sind
Klischee-Einstellungen eine große Hilfe. Sie sind dem Zuschauer gut
bekannt und sprechen darum in kürzester Zeit einen bereits vorhandenen Horizont an. Es gibt keinen schnelleren Weg zur Orientierung.
Bei der Auswahl der Bilder muß man sich nur sehr kritisch fragen, ob
die Einstellungen wirklich einem Klischee im Kopf des Betrachters
entsprechen. In unserem Fall bieten sich an: die Totale eines überfüll-
ten Flugfeldes, die Anti-Lärmplakate der Demonstranten und natürlich eines dieser üblichen Bilder von einem einfliegenden Flugzeug
über den Leitlichtern zur Landebahn.

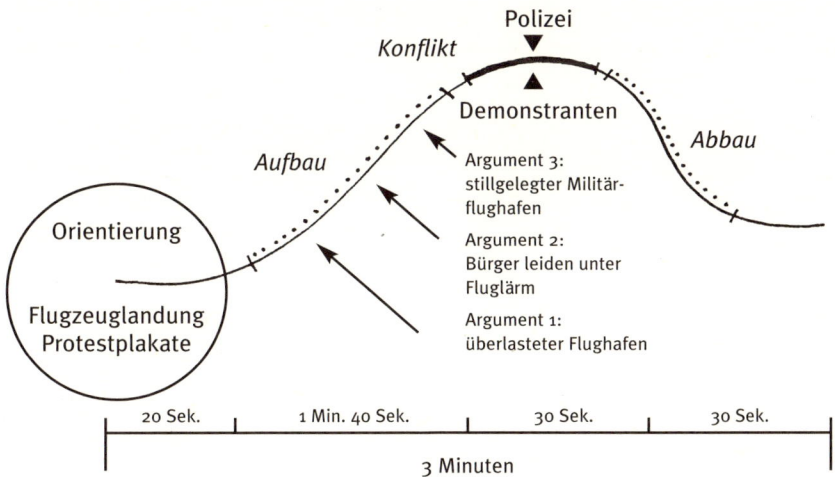

Wenn der dramatur-
gische Aufbau klar ist,
kann über die Einlei-
tung entschieden wer-
den. Das Konzept muß
in einen Zeitrahmen ge-
bracht und die Gesamt-
länge des Films in die
Zeiteinheiten der klei-
nen Komplexe unterteilt
werden.

Die Zuordnung der Einzelthemen auf der Spannungskurve fordert
uns nun ganz automatisch eine vorläufige Zeiteinteilung ab. Das muß
durchaus keine endgültige Länge sein, denn wir sind ja erst bei der
Planung. Diese Zuordnung wird jedoch nur möglich, wenn wir für jeden Teil der Kurve einen Einzelaussagewunsch formulieren können.
Das ist durchaus keine Bürde, denn diese differenzierten Aussagewünsche sind erfahrungsgemäß eine gute Vorbereitung auf den späteren Text. Aus dieser inhaltlichen Differenzierung lassen sich zudem
gezielt die einzelnen Einstellungen des Filmberichts ableiten, die gedreht werden müssen. Versuchen wir also einmal, unseren Gesamt-

aussagewunsch so zu differenzieren, wie es die einzelnen Teile der Spannungskurve erfordern würden:

Aussagewunsch »Orientierung«

Frankfurt Rhein-Main heute vormittag. Der Flughafen ist hoffnungslos überlastet. Um den Verkehrsknotenpunkt konkurrenzfähig zu erhalten, soll eine neue Landebahn gebaut werden. Mehr Lärmbelästigung fordert den Protest von Bürgerinitiativen heraus. Demonstranten behindern den Verkehr vor dem Terminal.

Wir überprüfen jetzt, ob dieser Einzelaussagewunsch in einem Konflikt mit der Gesamtaussage steht. Wenn nicht, können wir über einzelne Einstellungen nachdenken. In diesem Fall ist das sehr einfach:

1. Frankfurt Rhein-Main heute vormittag. Der Flughafen ist hoffnungslos überlastet.
Ein Bild dazu zeigt vielleicht den Tower und schwenkt dann auf das völlig überfüllte Flugfeld. Aufnahmen aus großer Entfernung mit einem Teleobjektiv würden das Gedränge noch mehr verdichtet erscheinen lassen.

2. Um den Verkehrsknotenpunkt konkurrenzfähig zu erhalten, soll eine neue Landebahn gebaut werden.
Wir planen dazu eine der typischen Landebahneinstellungen, bei denen die Leitlichter gedrängt im Vordergrund zu sehen sind. Das Flugzeug kommt sehr massig von oben ins Bild und setzt auf.

3. Mehr Lärmbelästigung fordert den Protest von Bürgerinitiativen heraus. Demonstranten behindern den Verkehr vor dem Terminal.
Wir hoffen auf Plakate mit Parolen gegen den Lärm. Von diesen zoomen wir zurück auf die ganze Front der Demonstranten.

Aussagewunsch »Aufbau«

Im dramaturgischen Teil *Aufbau* wollen wir Argumente darstellen, die zum Konflikt führen, ihn also verständlich und glaubhaft machen.

Dazu müssen wir den Gesamtaussagewunsch differenzieren und wieder mehrere Einzelaussagewünsche formulieren:

1. Das Flugfeld des Rhein-Main-Flughafens ist überlastet. Zu viele Flugbewegungen auf zu wenigen Landebahnen werden zur Gefahr. Aber auch Andockplätze sind knapp und begrenzen die Kapazität. Der Bedarf ist noch weitaus höher, und mit Blick auf die zukünftige Konkurrenzfähigkeit wäre eine Erweiterung dringend erforderlich.

In diesem Fall kann man keine Einstellungen konkret planen. Doch mit der Vorgabe dieses Aussagewunsches kann jedes Kamerateam etwas anfangen. Wenn wir als Redakteur nun außerdem noch bekennen, daß diese Sequenz nicht länger sein darf als 20 Sekunden, dann dürften es, trotz der kurzen Schnitte, die wir anstreben, nicht mehr als sieben Einstellungen sein. Der Kameramann wird auf jeden Fall etwas mehr drehen, um das Auswahlspektrum der Cutterin zu erweitern. Aus dramaturgischen Gründen ändern wir nun ein wenig unseren Gesamtaussagewunsch in der Reihenfolge. Wir folgen der Idee, daß Kontraste unsere Darstellung deutlicher machen können. Was würde in diesem Sinn besser in das Rhein-Main-Chaos passen als der verlassene Militärflughafen.

2. Er liegt zwischen Feldern, weit entfernt von der nächsten größeren Siedlung. Die Anlage verfügt über eine Piste, die nur wenig erweitert werden müßte. Allerdings beträgt die Entfernung zum Rhein-Main-Terminal mehr als 20 Kilometer.

Auch die Bilder für diesen Komplex erscheinen unproblematisch. Wieder brauchen wir nur 20 Sekunden. Sie sollen Ruhe ausdrücken, dürfen also nicht zu kurz geschnitten werden. Also höchstens vier Einstellungen: Felder in Verbindung mit den Leitlichtern der ehemaligen Einflugschneise, die Landepiste und ein alter Hangar. Nur eine Einstellung könnte technisch etwas anspruchsvoller sein und bedarf vielleicht einer besonderen Zoomoptik. Um die Entfernung zum Rhein-Main-Terminal darzustellen, sollten wir vielleicht auf eine Maschine zoomen, die sich im Landeanflug auf den Zentralflughafen befindet. Sie könnte gleichzeitig ein guter Übergang zum nächsten kleinen Komplex sein.

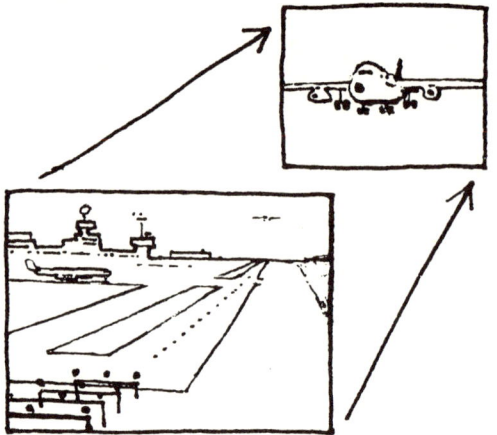

3. Die Einflugschneise der geplanten Landebahn würde über ein Wohngebiet führen. In der bis dahin ruhigen Eigenheimsiedlung könnte man dann sein eigenes Wort nicht mehr verstehen. Mit dem Einfamilienhaus in ruhiger Lage wäre es dann wohl vorbei. Häuser und Grundstücke würden erheblich an Wert verlieren.

Für diesen Aussagewunsch brauchen wir Bilder aus der Eigenheimsiedlung. Etwas Idyllisches, das Ruhe und Frieden ausstrahlt. Doch das allein kann nicht genügen, denn gemäß unserem Aussagewunsch soll man sein eigenes Wort nicht mehr verstehen können! Da der Aspekt »Lärm über der Wohnsiedlung« erst im Planungsstadium ist, müssen wir die Aufnahmen dazu an anderer Stelle machen. Wir werden also mit der Kamera in eine der schon benutzten Einflugschneisen gehen und dort Flugzeuge im tiefen Landeanflug aufnehmen. Wenn wir nun noch die Flugzeugeinstellungen mit einem Reißschwenk nach unten beenden und auch die Eigenheime mit einem Schwenk nach unten beginnen, können wir beide Einstellungen leicht aneinander montieren. Dabei lassen wir den Ton des Flugzeugs natürlich auch unter dem Bild des Wohnhauses. Das sieht dann wie eine einzige Einstellung aus. Böswillige Manipulation kann man uns nicht vorwerfen, weil wir ja im Konjunktiv von der Zukunft reden. Darum sollten unsere Bilder als Gestaltungstrick verstanden werden.

Leider können wir uns auch für dieses Argument kaum mehr als

25 Sekunden Zeit leisten. Das ergibt vielleicht fünf Einstellungen. Drei davon sind für Flugzeug und Haus vorgesehen, so daß wir im ganzen acht Einstellungen drehen müssen. Die Reißschwenks werden allerdings für den Kameramann etwas schwierig werden. Er wird einige Versuche benötigen, bis ihm eine Einstellung wirklich gelingt. Wir müssen also ausreichend Zeit für die Dreharbeiten einplanen.

Der *Aufbau* ist nun mit drei gut darstellbaren Argumenten ausgestattet, und wir können nun versuchen, uns den Konflikt vorzustellen:

Aussagewunsch »Konflikt«

Gegen eine zunehmende Lärmbelästigung treten die Bürgerinitiativen jener Gemeinden an, die im Bereich der geplanten Einflugschneise liegen. Die Demonstranten haben sich vor dem Terminal des Flughafens versammelt und behindern den Zubringerverkehr. Die Flughafen-GmbH hat Polizeischutz angefordert, um die Abfertigung der Passagiere sicherzustellen. Ob es zu Auseinandersetzungen kommt, müssen wir abwarten. Beide Seiten sind jedoch bemüht, Tätlichkeiten zu vermeiden.

Was wir davon an Bildern einfangen werden, können wir also nur vermuten. Wir wollen uns aber bemühen, für den Anfang des gesamten Komplexes ein paar Transparente mit Anti-Lärm-Parolen zu bekommen. Mit diesen könnten wir dann an die vorangegangene Montage zum Flugzeuglärm anknüpfen. Ein Rückzoom würde dann die ganze Front der Demonstranten erfassen. Die weitere Auswahl der Bilder müssen wir dem Kameramann überlassen. Er muß wieder über die voraussichtliche Sendelänge informiert werden. Bei unserer Vorgabe von 20 bis 30 Sekunden wird er sich dann sicher nicht für lange Schwenks oder Zooms entscheiden. Der Kameramann sollte außerdem auf die Darstellung der Konfliktsituation hingewiesen werden. Ein Konflikt kann durchaus auch dann dargestellt werden, wenn es nicht zu tätlichen Auseinandersetzungen kommt.

Weiterhin planen wir das Statement eines Sprechers einer Bürgerinitiative. Wir brauchen nur 30 Sekunden, und das sollten wir ihm vorher sagen! Nicht vergessen dürfen wir eine Einstellung, mit der wir den Gesprächspartner vorstellen können, bevor er sein Statement beginnt.

Der Konflikt, die Auseinandersetzung der Demonstranten mit der Polizei, ist nicht der journalistische Hauptteil des Films, sondern nur sein dramatischer Höhepunkt.

Konflikt

Aussagewunsch »Abbau«

Hier sind wir auf sehr vage Informationen angewiesen, die wir nur mit aller Vorsicht formulieren können:

Die Flughafen-GmbH möchte sich kompromißbereit zeigen. Vielleicht werden Vertreter des Managements ein öffentliches Gespräch mit den Demonstranten suchen und eine Alternative zu einem Neubau der Landebahn vorschlagen.

Sollte ein solches Gespräch stattfinden, dann müßten wir versuchen, den Vorschlag des Flughafensprechers mitzudrehen. Dafür würde dann allerdings das geplante Statement entfallen.

Bei der Bildauswahl müssen wir uns wieder ganz dem Kameramann anvertrauen. Bestimmte Einstellungen zu entwerfen wäre ein ebenso vages Unterfangen wie alle Vermutungen über ein mögliches Gespräch zwischen den Parteien. Der Kameramann muß sich mit der salomonischen Anweisung begnügen: »Drehe bitte so wenig wie möglich, aber natürlich alles, was wichtig für uns sein könnte!« Dabei sollten wir ihn wieder an unsere knappe Sendezeit erinnern, die höchstens 30 Sekunden mit allgemeinen Bildern von dem eventuellen Gespräch zuläßt. Weitere Sekunden bleiben dann für den erhofften Redeausschnitt oder für ein Statement.

Aussagewunsch »Ausklang«

Die Alternative der Flughafengesellschaft zielt auf eine Erweiterung des bereits existierenden flughafeneigenen Hochbahnsystems. Darüber könnte man zwar relativ einfach den ehemaligen Militärflughafen einbinden, doch dort müßte ein neuer Terminal gebaut werden. Das ist mit Kosten verbunden, die die Flughafen-GmbH nicht selbst tragen will.

Die Bilder, die wir für diese letzten 20 Sekunden unseres Films brauchen, drehen wir an der Hochbahn, welche die beiden Terminals des Flughafens miteinander verbindet.

Wir planen drei kurze Schnitte und einen abschließenden Schwenk, der uns zum neueren der beiden Terminals führt. Diesen verwenden wir stellvertretend für den Militärflughafen. Sollten wir genügend Nachbearbeitungszeit zur Verfügung haben, dann wird es der Cutte-

Wieder eine einfache Szenerie, in die wir uns leicht die drei oder vier Einstellungen hineindenken können, die wir benötigen.

rin nicht schwerfallen, den Terminal in eine Totale des Militärflughafens einzublenden.

Wir haben nun die Einzelaussagewünsche für die fünf Komplexe unserer Story erarbeitet. Ich habe zudem eine Annäherung an den späteren Text des Films versprochen. Das darf nicht falsch verstanden werden. Aussagewünsche betreffen die erhoffte Gesamtaussage. Sie beschreiben also auch das Bild und können darum nur Grundlage eines Textes sein. Der Text soll nun aber dieses Bild nicht noch einmal beschreiben, sondern all die Informationen übernehmen, die das Bild nicht transportieren kann.

Bei der Benennung der Aussagewünsche aller Komplexe haben wir erfahren, wie einfach es ist, von einem differenzierten Aussagewunsch zu bildhaften Vorstellungen zu gelangen. Wir mußten bei dieser Differenzierung unausweichlich über unseren Zeitrahmen nachdenken und sind uns darüber klar geworden, wie gering die Zahl der Einstellungen ist, die wir für eine dreiminütige Story benötigen. Diese Einsicht soll nicht etwa unsere Drehzeit verkürzen. Dagegen können wir versuchen, mit ein wenig Nachdenken besonders sinnvolle und verständliche Einstellungen zu drehen. Ökonomisches Denken darf erst in zweiter Linie zur Einsparung von Mitteln und Möglichkeiten führen, denn vordringlich müßte die Ökonomie unseren Informationstransfer optimieren!

Auf den letzten Seiten habe ich mich außerdem bemüht darzustellen, was man bei der Planung einer kleinen Story alles im voraus bedenken kann. Demnach beschäftigt sich dieser Teil des Buches nur mit der Gestaltung der Story. Vieles andere bleibt noch zu planen und zu organisieren. Verabredungen müssen getroffen werden. Drehgenehmigungen müssen vorliegen. Das Kamerateam muß disponiert werden und natürlich auch die Nachbearbeitung mit der Cutterin. Sprachaufnahme und Tonmischung müssen vorbereitet sein. Und natürlich muß der »gequälte« Autor auch noch seinen Text schreiben.

Allein die Planung von Dreharbeiten bedeutet alles in allem viel Arbeit, die im aktuellen Geschäft oft unter großem Zeitdruck erledigt werden muß. Diese organisatorischen Notwendigkeiten verleiten einen Autor deshalb leider immer wieder dazu, das Nachdenken über die Gestaltung noch etwas zu verschieben und dann noch einmal zu verschieben. Schließlich steht er am Drehort und weiß nicht so recht, welche Anweisungen er dem Team geben soll. Dann bestätigt sich wieder der alte Spruch der Kameraleute vom Drehverhältnis 20 zu 1: Lieber 20 Minuten drehen lassen, als eine Minute nachdenken!

Was ich hier als Trockenübung für einen kurzen Filmbericht vorgeführt habe, erscheint vielleicht erst einmal recht kompliziert und aufwendig. Tatsächlich kann aber ein routinierter Filmjournalist diese *gestalterische Planung* in wenigen Minuten erledigen.

Doch die professionelle Denkarbeit zur Vorbereitung einer Story zahlt sich immer aus. Allerdings wäre es falsch, sich in die Verwirklichung einzelner Planvorstellungen zu verbeißen. Es gibt keinen Plan, den man nicht verwerfen sollte, wenn die Umstände es erfordern. Doch es ist sinnvoll, das Konzept zu einer Story einmal richtig durchdacht zu haben, denn das macht auch später mögliche Abänderungen einfacher. Die Vorstellung, wie es eventuell ablaufen könnte, ist die beste Vorbereitung auf einen Dreh.

Dieses Nachdenken über eine Story fällt uns anfänglich sicher leichter, wenn wir uns einer vorgegebenen Struktur bedienen: so etwas wie eine Checkliste des Journalisten vor dem Start in die Dreharbeiten. Anhand dieses Arbeitsschemas möchte ich noch einmal deutlich machen, wie einfach unsere Story zu planen ist, wenn man diese Planung von all meinen »lästigen« Erklärungen befreit!

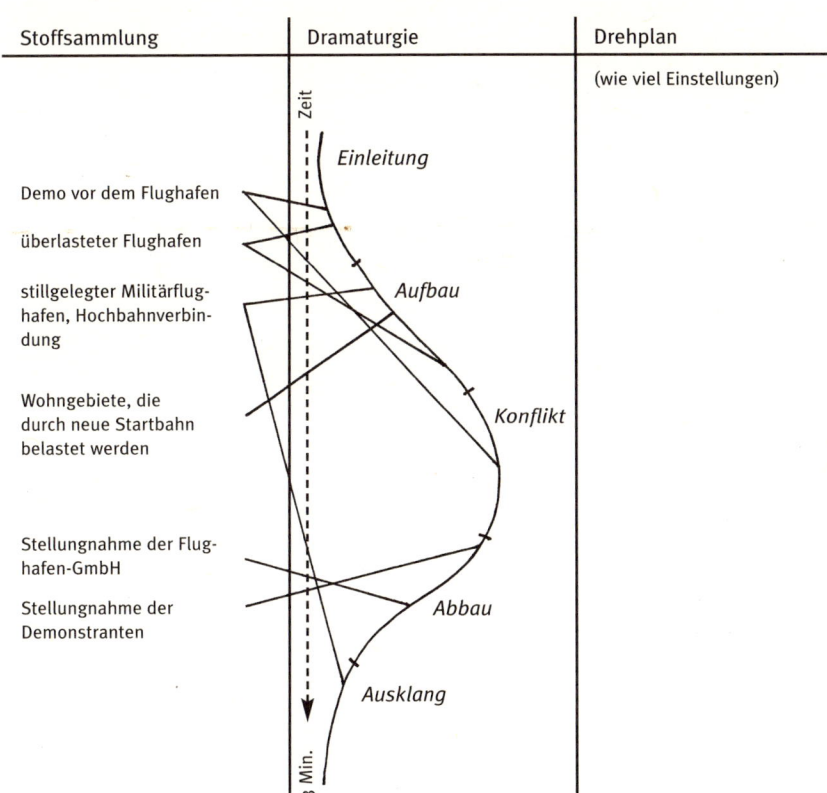

Planungsformblatt. – In der linken Spalte steht eine Stoffsammlung, es werden die Einzelthemen aufgelistet, die im Film behandelt werden könnten. In der mittleren Spalte wird die Dramaturgie skizziert: Was muß in den Aufbau, was gehört zum Höhepunkt. Außerdem gibt es eine Zeitleiste, an der man die geplante Länge der Einzelthemen abtragen kann. In die rechte Spalte wird der Drehplan eingetragen: Welche Einstellungen sollen gedreht werden und wie können die Dreharbeiten koordiniert werden?

Spannung auf höherer Ebene

Bis jetzt habe ich mich nur mit kleinen Einheiten der berichterstattenden Filme beschäftigt. Mein letztes Beispiel hatte eine Länge von knapp drei Minuten. Die Mehrzahl aller Filmberichte wird auch in diesem Bereich liegen. Grundsätzlich gibt es aber keine zeitliche Begrenzung. Viele Reportagen haben eine Länge von 30 oder 45 Minuten, und einem anspruchsvollen Dokumentarfilm werden auch schon einmal 90 Minuten zugebilligt.

Dann stellt sich natürlich die Frage nach der Struktur größerer Arbeiten. Sie sollten dieses Buch nun aber nicht einfach als »Einführung« zu einer Dramaturgie des Dokumentarfilms lesen, auch wenn die Anwendung der Gestaltungsmittel bei größeren Strukturen die gleiche bleibt. Viel zu viel Neues kommt noch hinzu. Allein die Auseinandersetzung mit den unterschiedlichen Stilmöglichkeiten wäre umfangreich und schwierig. Deshalb will ich an dieser Stelle die Dramaturgie größerer Filme nur mit einigen Sätzen umreißen.

Gehen wir also erneut von der *Franzschen Pyramide* aus. Dieses einfache Dramaturgiekonzept existiert völlig unabhängig von der Länge des Films. Es läßt sich eingeschränkt auf eine einzelne Sequenz anwenden, auf eine Szene oder auf einen ganzen Film beliebiger Länge. Wir können die Dramaturgie der kleinen Stories ohne weiteres auf eine größere Arbeit anwenden, solange wir darin nicht mehr sehen, als die Aufmerksamkeitssteuerung des Zuschauers.

Wir haben es wieder mit den bereits bekannten Teilen der Pyramide zu tun: mit Einleitung, Aufbau, Konflikt, Abbau und Ausklang. Wir versuchen, auch dem größeren Film einen Konflikt und Höhepunkt zu geben. Etwas, das bei anderen Dramaturgiemodellen durchaus nicht der Fall sein muß.

So ist gerade auch bei der langen Form die Struktur der Aufzählung zwar die häufigste, aber mit Sicherheit auch die langweiligste dramatische Gestaltung. Sie entsteht ganz einfach aus der Arbeitsweise des Journalisten, der sich niemals um Kenntnisse der Dramaturgie bemüht hat. Er hat seine Stoffsammlung abgeschlossen und ordnet seine Themen nach inhaltlichen Aspekten. Oft liegt bei Beginn der Dreharbeiten nicht einmal ein differenzierter Zeitplan für den

Film vor. Man glaubt, das so im Gefühl zu haben! Diese Gering-schätzung einer dramaturgischen Vorbereitung endet häufig mit einer Aufzählungsstruktur.

Aneinanderreihung von Beispielen ohne Dramatik:

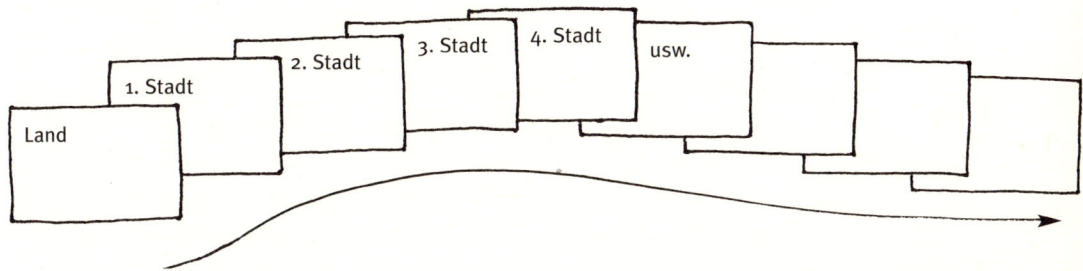

Als Kameramann habe ich einmal bei einem Film über die Kirche in El Salvador mitgearbeitet. 30 Minuten, das bedeutete in dem Fall ungefähr 15 kleine Einzelstories, die formal alle gleich behandelt und aneinandergereiht wurden. Man sah ein bißchen Land, ein bißchen Stadt, viele kleine Beispiele für das Leben der Menschen und die Arbeit der kirchlichen Institutionen. Die letzten kleinen Stories erschienen genauso unwichtig wie die ersten, die man bereits vergessen hatte. Dem armen, vom Bürgerkrieg gezeichneten Land haben wir mit dieser Arbeit keinen guten Dienst erwiesen.

Aufzählung. – Die häufigste Dramaturgieform in der Berichterstattung ist die Aufzählung – sie ist auch die langweiligste und am schwersten zu erinnern.

Bessere Darstellungsmöglichkeiten sind leicht vorstellbar. Ein 45-Minuten-Film besteht aus einer Einleitung, drei Fallbeispielen und einem Resümee. Die Fallbeispiele sind wie drei einzelne Filme zu betrachten, die durch einen Gesamtrahmen in Form von Einleitung und Resümee zusammengehalten werden. Sollten sich nun die drei Beispiele nacheinander in ihrer Dramatik noch steigern, dann kann eine solche Struktur zu einem interessanten Film verhelfen.

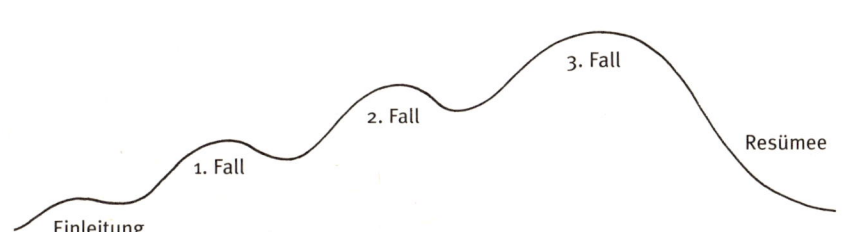

Ein interessantes Leben hat Höhen und Tiefen. Bei einer guten Story ist das genauso. Nur ein angemessener Wechsel zwischen Spannung und Entspannung kann die Aufmerksamkeit des Zuschauers sinnvoll leiten.

Doch zurück zum Beispiel der Pyramide. Die Struktur an sich läßt also eine beliebig erweiterte Anwendung zu. Das bedeutet allerdings nicht, daß man die Spannungskurve eines zehn Minuten langen Filmes mit allen seinen Einheiten einfach vergrößern könnte. Das würde eine Verlängerung der Sequenzen und Szenen zur Folge haben. Wir wissen aber, daß wir z. B. mit der Sequenzlänge an die Wahrnehmungsmöglichkeiten gebunden sind. Bei größeren Einheiten sind wir daher von der Dynamik abhängig. Einfacher ausgedrückt, zu wenige Spannungswechsel führen zu einem Nachlassen der Aufmerksamkeit. Doch andererseits würde uns auch ein Dynamikfeuerwerk schnell ermüden lassen. Der zu suchende goldene Mittelweg wird zu einer Gratwanderung. Viel Aufmerksamkeit ist erforderlich, um den richtigen Weg zu finden und den Zuschauer nicht der Ermüdung oder der Langeweile zum Opfer fallen zu lassen.

Es gibt leider keine Formel oder ein Rezept für den Erfolg. Irgendwie müssen wir jedoch in der Praxis die Frage beantworten: In wie viele Darstellungseinheiten muß man sinnvollerweise einen 45-Minuten-Film unterteilen?

Früher habe ich versucht, dieses Problem empirisch zu lösen. Noch ganz ohne Rechnerunterstützung habe ich in ebenso langwieriger wie sinnloser Arbeit Einstellungen und Sequenzen von Filmen gezählt. Ich habe versucht, dramatische Strukturen zu erkennen, wo es meistens keine gab, weil die Gestaltung der *zufälligen Kreativität* gefolgt war. Das alles hat nichts gebracht!

Weitergekommen bin ich erst, als ich mich intensiv für die Funktionen der Wahrnehmung interessiert habe. In diesem Sinn versuche ich nun auch diese Frage zu beantworten: Man kann davon ausgehen, daß wir fünf bis sieben Einheiten gut erinnern können. Fünf Namen, fünf Fakten, fünf Ereignisse in einer Nachrichtensendung. Es hängt mit unserer Speicherfähigkeit zusammen, mit unseren unterschiedlichen Gedächtnisstufen, die ich ja bereits beschrieben habe. Das bedeutet, daß wir eine Sequenz nicht länger werden lassen sollten als 20 bis 30 Sekunden. Das bedeutet auch, daß wir nicht beliebig viele Sequenzen zu einer Szene oder einen Komplex zusammenfassen dürfen, weil sie dann dem nachlassenden Interesse des Zuschauers zum Opfer fallen würden. So bildet eine Szene oder ein Minikomplex aus fünf Sequenzen eine gute Möglichkeit zu einer Zusammenfassung. Wichtig ist also ganz offensichtlich eine Ordnung, nach der kleinere Darstellungseinheiten zu größeren Blöcken verbunden werden. So funktioniert der Prozeß der Wahrnehmung.

Bei der Gestaltung gehen wir den umgekehrten Weg, den wir genauso hierarchiebewußt verfolgen. Wir wählen einen Gesamtaussagewunsch für den ganzen Film. Diesen differenzieren wir nun, indem wir die Hauptthemen unserer Stoffsammlung, je nach dramatischer Bedeutung, den einzelnen Teilen der Pyramide zuordnen. Wir haben nun jeweils einen Aussagewunsch für je einen Komplex des Films.

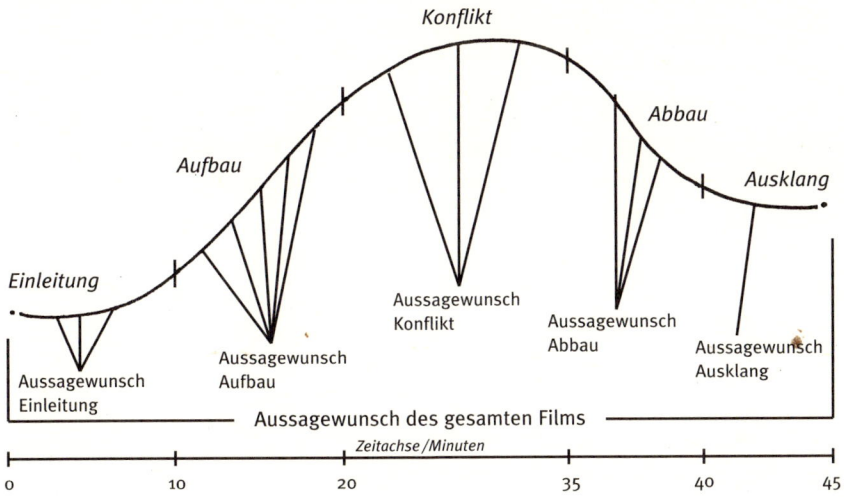

Bei einem längeren Film kann sich die Gesamtstruktur ohne weiteres als großer kontinuierlicher Spannungsbogen gestalten. Die einzelnen Funktionsteile können dann mit Argumenten, also Einzelthemen besetzt werden, die einen Komplex mit eigenem Spannungsverlauf bilden.

Jetzt wagen wir einen ersten provisorischen Zeitplan. Nach der Ergiebigkeit des Stoffes versuchen wir eine Einschätzung. Anders gesagt, wir stellen unsere dynamische Spannungskurve auf eine Zeitachse und versuchen, die Ergiebigkeit unserer Einzelthemen zeitlich einzuschätzen. Diesen Themen entsprechend werden die Hauptkomplexe in einzelne Stories unterteilt, die wir jeweils mit einem eigenen Aussagewunsch ausstatten. Der inhaltliche Umfang dieses Einzelaussagewunsches läßt uns nun wieder auf die Anzahl der Sequenzen schließen, mit welchen wir die Aussage absichern müssen.

Ein Beispiel: In der Planung eines Städteporträts finden wir im Hauptkomplex *Aufbau* ein Einzelthema mit dem Aussagewunsch:

Der Blumenmarkt liegt in der denkmalgeschützten Altstadt, in der auch moderne Kaufhausfassaden gebaut werden durften.

Untersuchen wir diesen Aussagewunsch auf seine Schwerpunkte, dann sind das der Blumenmarkt, die Altstadt und die Kaufhausfassaden. Jeder dieser Aussagepunkte soll erinnert werden und bedarf deshalb eines eigenen Aussagekerns, einer Sequenz. Für die Darstellung des genannten Aussagewunsches benötigen wir also drei Sequenzen. Rechnen wir ganz grob mit mindestens 20 Sekunden pro Sequenz, dann müssen wir für die kleine Einzelstory sicherlich eine Minute einplanen. Besser planen wir mit einer Minute zehn Sekunden, denn meistens wird man etwas länger, als man eigentlich möchte, und mag sich dann von keiner Einstellung mehr trennen. Wenn wir nun noch zu jeder der drei Sequenzen einen Einzelaussagewunsch bilden, dann wissen wir wirklich sehr genau, was wir drehen müssen.

Wir haben uns damit vom Gesamtaussagewunsch des ganzen Filmes hinuntergearbeitet bis auf die Ebene der Sequenzen. Von hier aus könnten wir sogar versuchen, uns einzelne Einstellungen vorzustellen. Notwendig ist das jedoch nur in Ausnahmefällen, denn ein

Aussagewunsch. – Die dramatischen Strukturen eines sinnvoll aufgebauten Films lassen sich bis in ihre kleinsten Teile, die Sequenzen, verfolgen. Der aus drei Sequenzen bestehende Minikomplex will sagen: Der Blumenmarkt liegt in der Altstadt, in der trotz des bestehenden Denkmalschutzes moderne Kaufhäuser gebaut werden durften.

Sequenz 1. – Es gibt einen Blumenmarkt auf einem Platz in der Altstadt.

Sequenz 2. – Die Ge-
bäude der Altstadt ste-
hen unter Denkmal-
schutz und sind bei-
spielhaft restauriert.

Kameramann kann sehr gut und sehr genau nach einem Sequenzaus-
sagewunsch arbeiten.

Ich kann mir nicht vorstellen, daß irgend jemand Schwierigkeiten
haben könnte, die vorgeschlagenen Planungsschritte nachzuvollzie-
hen. Ich habe schließlich auch keine Schwierigkeiten nachzuvollzie-
hen, warum diese Planungsarbeit oft nicht vorgenommen wird. Es ist

Sequenz 3. – Die Beton-
fassade eines Kaufhauses
wirkt neben den alten
Häusern störend.

einfach unbequem! Diese strukturelle Arbeit zwischen dem Abschluß der Recherchen und der organisatorischen Planungsphase kostet bei einem größeren Film bestimmt einen halben Arbeitstag. Doch es ist eine Arbeit, die mit zunehmender Routine immer leichter fällt.

Diese Vorbereitung erleichtert also nicht nur die Dreharbeiten, sondern sie verbessert auch die Stimmung im Team. Ein schlecht vorbereiteter Regisseur wendet oft den größeren Teil seiner Energie dazu auf, Fehlleistungen zu vertuschen. Der Unmut der Kollegen, die das natürlich mitbekommen, ist ihm gewiß!

Zum Abschluß sei aber auch noch das krasse Gegenteil erwähnt, nämlich die Übereifrigen, von denen es glücklicherweise nur ganz wenige gibt. Das sind Autoren, die mit einem fast fertigen Text zum Drehort kommen und sich wundern, daß die »verdammte Realität« nicht zu dem passen will, was sie sich ausgedacht haben. In solchen Fällen ist die an sich lobenswerte Vorbereitung falsch verstanden worden.

Man sollte ein Filmkonzept als etwas verstehen, das wie eine These über die Realität erarbeitet wird. Wir stellen Abbilder her, experimentieren mit der Montage und vergleichen unser Ergebnis wieder mit der Wirklichkeit. Eine Wirklichkeit, die wir so subjektiv wahrnehmen, daß eine ständig kritische Überprüfung unserer Eindrücke zwingend sein müßte. Trotzdem – insgeheim oder auch lauthals verkündet – glauben wir sehr oft, daß die eigene Sicht der Dinge die richtige ist. Ja, wir maßen uns sogar *Objektivität* an, in der vagen Hoffnung, daß niemand uns den Beweis antreten läßt.

Ich habe das Filmemachen dagegen immer als eine Möglichkeit betrachtet, meiner eigenen fehlerhaften Subjektivität ein wenig zu entkommen. Ich habe versucht, meine Sicht der Realität darzustellen, und habe gehofft, verstanden zu werden. Oft ist es mir gelungen, einmal aber ging es richtig schief! Ich erinnere mich an die Kritik zu einem Halbstundenfilm: »Die Originalitätssucht des Autors wurde nur noch durch den Cutter übertroffen, der ganze Sequenzen zu einem ungenießbaren Bildsalat zerhackte!« Ich gestehe, daß den Cutter keine Schuld traf!

Die *Franzsche Pyramide* ist ein klassisches Dramaturgiekonzept, und ihre fünf Funktionsteile: Einleitung, Aufbau, Konflikt, Abbau und Ausklang lassen sich einfach in eine moderne, dynamische Struktur von Filmberichten übertragen. Dramaturgie in so einfacher Form kann nicht »unmodern« werden, solange sich das Wahrnehmungsverhalten der Menschen nicht grundlegend ändert. An einem Beispiel für die Planung eines kleinen Films habe ich dann versucht, diese Theorie mit der Praxis zu verbinden. Dabei geht es in erster Linie um eine Differenzierung der Aussagewünsche. Ausgehend von einer Stoffsammlung werden präzise Einzelaussagewünsche für jeden dramatischen Funktionsteil entwickelt. Diese Teilaussagen lassen sich in der notwendigen zeitlichen Ausdehnung sehr gut einschätzen, so daß man mit einer genauen Vorstellung über die Sendelänge der einzelnen Komplexe in die Dreharbeiten gehen kann. Präzise Einzelaussagewünsche sind die beste Arbeitsanweisung für ein Team.

Nach diesem sehr ausführlichen Beispiel habe ich mich noch kurz der Planung längerer Filme zugewandt. Die dynamische Kurve des Spannungsverlaufs läßt sich als Einzelteil einfach in eine größere Struktur übernehmen. Aus einer Vielzahl dieser Teile läßt sich dann wieder eine übergeordnete Dynamik bilden. So ergibt sich eine Hierarchie, die vom übergreifenden Gesamtkonzept über die Ebenen der Komplexe und Einzelstories bis hinunter in die Funktion einzelner Sequenzen zu überschauen ist. Erst diese Übersicht führt zu einer ökonomischen Planung.

11 DIE NACHBEARBEITUNG

Technik – öfter mal was Neues!

Wieder einmal muß ich eingangs eines Kapitels darauf aufmerksam machen, daß ich keine allgemeinen Produktionsvorgänge oder Organisationspraktiken beschreiben will oder kann. Es wäre sogar vermessen, so etwas überhaupt zu versuchen. Das Angebot an technischen Möglichkeiten ist zu umfangreich und zudem ständigen Veränderungen unterworfen. Es dürfte deshalb kaum gelingen, alle technischen Möglichkeiten der Nachbearbeitung zu erfassen. Das größte Problem sind die grundsätzlich unterschiedlichen Systeme, mit denen heute noch gearbeitet wird. Es gibt Betriebe, die mit der herkömmlichen Analogaufzeichnung arbeiten. Andere haben, abhängig von ihren Investitionsmöglichkeiten, teilweise schon auf Digitaltechnik umgestellt und arbeiten mit Analogkameras und einer digitalen Nachbearbeitung. Unterschiedlich sind die Verfahren zur Aufzeichnung und Speicherung. In vielen Fällen werden noch Bandmaschinen benutzt. Nur ganz moderne Betriebe arbeiten rein digital und verwenden nur noch Platten zur Speicherung. Alles in allem gibt es ein großes Durcheinander von neuen Systemen und Standards. Jeder Hersteller versucht, seine Produkte mit einer eigenen Norm auf dem Markt durchzusetzen, und Konkurrenz belebt das Geschäft, wie man weiß.

Doch auch wer sich nur mit den Aspekten der Gestaltung auseinandersetzen will, fühlt sich der angebotenen Vielfalt kaum gewachsen. Gerade im Bereich der Nachbearbeitung hat die Digitalisierung zu einem Formenreichtum geführt, der eigentlich nicht mehr zu übersehen ist. Warum und wie das möglich geworden ist, versuche ich zu begründen.

Wie bereits erwähnt, mußten in der Analogtechnik Bild- und Tonsignale bei jedem Arbeitsschritt auf ein weiteres Magnetband überspielt werden. Man spricht von Kopiergenerationen. War das originale Aufnahmeband die erste Generation, dann führte eine erste Auswahl von brauchbaren Einstellungen, der sogenannte Rohschnitt, in die zweite. Eine dritte Generation wurde für den Feinschnitt und vielleicht auch für die Anfertigung von Überblendungen benötigt. Bei jedem neuen Kopiervorgang verlor das Analogsignal aber an Qualität. Vor allem multiplizierten sich auch die entstandenen Signalfehler. Weiteren Arbeitsgängen im Verlauf der Nachbearbeitung waren damit technische Grenzen gesetzt, weil das Bild immer matschiger wurde.

Mit der Einführung der Digitaltechnik hat sich das entscheidend geändert. Die analogen Bild- und Tonsignale werden in einen Code aus Binärzahlen umgesetzt. In dieser Form können sie völlig verlustfrei kopiert und weiterverarbeitet werden. Die vielen Arbeitsschritte, die zur Manipulation von Bildern erforderlich sind, wirken sich also nicht mehr nachteilig auf die Bildqualität aus. Der Erfindungsgabe im Bereich der Nachbearbeitung stehen damit alle Wege offen. Aus dem gewaltigen Angebot an Gestaltungsmitteln, das bereits zur Verfügung steht, beschränke ich mich trotzdem auf einige wenige, die mir für den berichterstattenden Film besonders wichtig erscheinen.

Bildnachbearbeitung

Grafik – und wie man sie einbindet

Farbtöpfe und Pinsel dürften Grafiker derzeit im aktuellen Geschäft nur noch aus der Zeit ihrer Ausbildung kennen. Eine Art Griffel allerdings haben sie immer noch in der Hand. Damit flitzen sie über eine glatte weiße Fläche, die man auf gut Deutsch *Malbrett* nennen könnte, wenn man sich dafür nicht schämen müßte. Also sagt jeder *Paintboard* dazu, und alle sind zufrieden.

Malbrett wäre auch eher falsch, denn der Griffel hinterläßt darauf keine sichtbaren Spuren. Um so mehr Spuren bewirkt man damit im angeschlossenen Computer und auf dem Bildschirm. Es ist kaum zu glauben! Der Griffel eines geschickten Grafikers wirkt auf mich immer wie ein Zauberstab. Es gibt einfach nichts, was er nicht kann.

Er zeichnet, malt, schattiert und schraffiert wie mit Geisterhand. Er überblendet, verbindet, schneidet aus, er vergrößert und verdoppelt, kopiert und klont. Außerdem kann er sich unermeßlicher Archive vorgefertigten Materials bedienen. Fast alles kann man da hervorzaubern, die Archive sind so weiträumig wie der Speicherplatz in Gigabytes auf der Festplatte.

Der Autor oder Redakteur bespricht also seinen Aussagewunsch mit dem Grafiker. Im Fall unserer Flughafenstory wäre es einfach nur eine Karte von der näheren Umgebung. Besonders deutlich wäre eine animierte Darstellung, in deren Verlauf sich das Flughafengelände um die neue Landebahn und die Einflugschneise erweitert. In anderen Berichten sind es Tabellen, mit denen Zahlen verglichen werden, oder eine »Torte«, mit welcher die Verteilung von Anteilen deutlich gemacht werden kann.

Solche einfachen Grafiken verschaffen dem Zuschauer mehr Klarheit, als man vielleicht glauben mag. Je einfacher die Darstellung, um so mehr kann sie das Wesentliche zeigen. Außerdem können wir visuelle Eindrücke schneller verarbeiten als gesprochene Informationen. Wir kennen die Statistik über die Wahlergebnisse aller Parteien. Ein Sprecher nennt die Namen und die dazugehörigen Prozentzahlen. Wenn wir nicht ganz konzentriert zuhören, dann merken wir uns vielleicht nur die Zahlen der beiden großen Parteien. Ganz anders sieht es aus, wenn dieser Inhalt zusätzlich über die heute übliche animierte Grafik vermittelt wird. Selbst wenn wir uns die einzelnen Prozentzahlen nicht merken können, so haben wir doch das Bild der aufsteigenden Farbbalken noch lange in Erinnerung. So können wir, auch ohne uns an die Zahlen zu erinnern, Auskunft über die politischen Kräfteverhältnisse geben. Während Zahlen für die meisten Menschen immer abstrakt bleiben, gelangen wir über die Grafik zu einer konkreten Vorstellung.

Für den berichterstattenden Film sind deshalb funktionelle Grafiken von besonderer Bedeutung, also grafische Darstellungen, die eine einfache Erklärfunktion haben. Als Beispiel nehme ich wieder einmal das »Kabinettstück«. Die Ministerrunde hat eine Steuersenkung beschlossen. Im Text wird nun erklärt, wie der Einnahmeverlust ausgeglichen werden soll, und dazu sieht man Bilder des Kanzlers und der

Minister vor Beginn der Sitzung. Bild und Text haben inhaltlich nichts miteinander zu tun. Etaterklärungen sind außerdem besonders schwer zu verstehen, vielleicht weil die Regierung gar nicht so viel Interesse daran hat, daß alles verstanden wird.

Eine Grafik zur neuen Lastenverteilung anstelle der Ministerbilder wäre eine Wohltat für den interessierten Zuschauer.

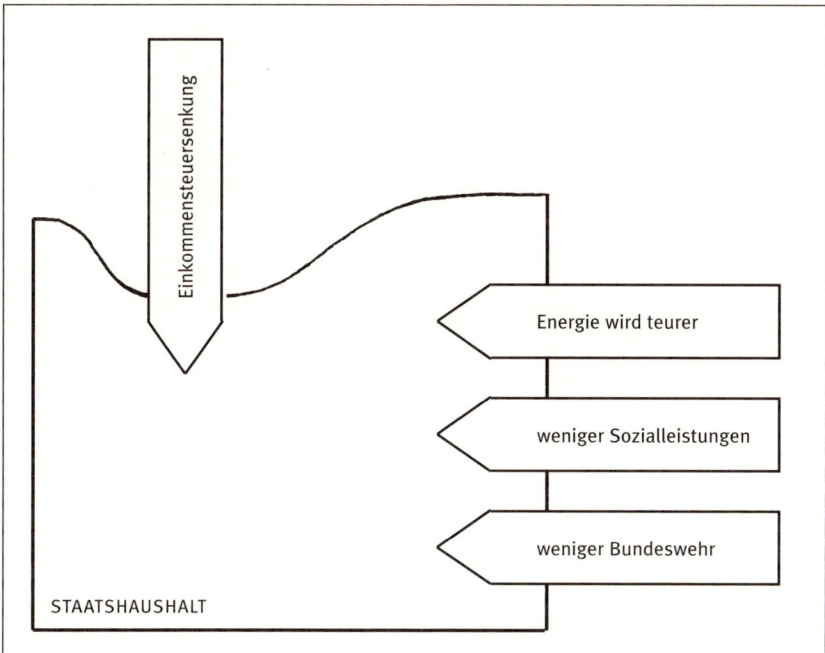

Sinnvoll animierte Grafiken können die Fakten in Nachrichtensendungen oft viel besser darstellen als die immer wieder gezeigten Bilder der Kabinettsrunde mit einem abstrakten Text, der natürlich nicht zu den Aufnahmen paßt.

Eine andere Form der Anwendung halte ich für ähnlich bedeutsam und führe sie deshalb hier als ein letztes Beispiel noch ins Feld. In jeder Nachrichtensendung, ganz besonders auffällig aber bei den Tagesthemen der ARD, wird ein ausgewähltes und gestaltetes Hintergrundbild eingesetzt. Es gibt Auskunft darüber, welches Thema gerade behandelt wird. Dadurch kann jeder Zuschauer auch nach einem Augenblick der Unaufmerksamkeit sofort wieder in die gesprochene Nachricht zurückfinden. In den Filmberichten sind Grafiken mit symbolhaftem Charakter bis jetzt leider nicht üblich. Sie gelten als unfilmisch. Im Sinne einer verständlichen Gestaltung wären sie meiner Meinung nach einem Bildteppich, der inhaltlich nichts mit dem Aussagewunsch zu tun hat, bei weitem vorzuziehen. Ihr großer Vorteil ist in der Freiheit der Gestaltung zu sehen: Eine Grafik kann dem Aussagewunsch absolut entsprechen.

Grundsätzlich sollte der Einsatz von Grafiken im Informationsfilm verstärkt werden. Die Computertechnik bietet dazu fast unerschöpfliche Möglichkeiten an.

Die Schrift im Film

Wir müssen zwischen tatsächlich aufgenommenen und synthetisch hinzugefügten Schriften unterscheiden. Bei der Nachbearbeitung haben wir fast ausschließlich mit der zweiten Variante zu tun. Titel und Untertitel werden häufig verwendet und sind uns allen vertraut. Üblich sind auch Aussageverstärkungen durch eine übergeblendete Schrift. Beispiel: In einer Realaufnahme wird ein Schriftstück gezeigt. Dieses ist im allgemeinen schlecht zu lesen, weil die geschriebenen Zeilen in einer lesbaren Vergrößerung nicht mehr unserem Bildformat entsprechen. Wir zeigen also das Schriftstück in der gedrehten Aufnahme, dunkeln diese etwas ab und legen den für uns wichtigen Satz synthetisch über das ganze Bild.

Ebenso können wir mit einem Redeausschnitt umgehen, der einen für unsere Aussage besonders wichtigen Satz enthält: Wir lassen den Redeausschnitt laufen, bis der entscheidende Satz gesagt ist, und frieren dann das letzte Bild ein. Besser gesagt, wir fertigen eine Standbildverlängerung des letzten Bildes an und blenden den wichtigen Satz als Schrift darüber. Beide Beispiele sind gute Möglichkeiten zur Verstärkung einer bestimmten Aussage.

Technisch gesehen sind Schriften im Bild eine ganz einfach herzustellende Angelegenheit. Die Zeiten sind lange vorbei, in denen ein Grafiker eine Schrift auf schwarzen Karton drucken und ein Kameramann diesen anschließend abfilmen mußte.

Heute steht an vielen Stellen des Produktionsbetriebes ein Schriftgenerator zur Verfügung. Oft ist er bereits in die Schnittanlage integriert. Bei größeren Produktionen wird er sinnvollerweise erst in der Videoendmischung eingesetzt. Wie und wann Schriften zugefügt werden, hängt ganz vom Konzept der Herstellung ab. Schwierig ist es in keinem Fall. Irgendwo steht ein Keyboard, man gibt den Text ein, entscheidet sich für eine der angebotenen Schriften und speichert. Auch die Einblendung in das Filmbild wird vorprogrammiert und dann in der Endmischung ausgeführt.

Visuelle Tricks und Verfremdungen

Viel schwieriger – im Hinblick einer sinnvollen Gestaltung – ist der Umgang mit einem scheinbar unerschöpflichen Angebot elektronischer Trickmöglichkeiten. Jedes virtuelle Schnittsystem bietet heute mindestens 200 Bildübergänge von einer Einstellung zu einer anderen an. Ich halte das für ein Mißverständnis der Techniker, die in wilder Begeisterung für alles Machbare den Boden unter den Füßen verloren haben. Trotzdem möchte ich nicht die Technik verteufeln, die uns Filmgestaltern zu so vielen phantastischen Möglichkeiten verholfen hat. Das Problem liegt bei den Gestaltern. Viele scheinen zu glauben, daß alles, was sich an technischen Möglichkeiten bietet, auch eingesetzt werden muß.

Ein simples Beispiel: Ich persönlich habe viel Vergnügen an einer guten Übertragung von Fußballspielen und genieße die Wiederholungen von entscheidenden Szenen, besonders wenn sie in einer extremen Zeitlupe gezeigt werden. Früher waren solche Rückblenden mit einem einfachen *R* in einer Bildecke gekennzeichnet. Heute werde ich zur Einleitung der Rückspielung mit einem vielfach drehenden Zoom konfrontiert, der mich jedes Mal zwingt, meine Wahrnehmungsfähigkeit anzuzweifeln und meinen Bierkonsum zu überprüfen.

Technisch gesehen finde ich es toll, daß wir ein Bild so verrückt herumdrehen und einzoomen können. Wenn ich dann aber vor meiner rechnergestützten Schnittanlage sitze, weiß ich wirklich nicht, wozu ich die 200 ähnlich gequirlten Einstellungsübergänge tatsächlich gebrauchen sollte. Bin ich also nur einfallslos? Oder treten die Tricks an die Stelle von Inhalten?

Genauer gesagt: Fernsehgestalter, die sich nicht über den Aussagewunsch klar sind, fallen besonders leicht auf manierierte Technikangebote herein.

Diese These möchte ich mit einem weiteren Beispiel belegen: In Berichterstattungsfilmen habe ich schon oft eine Umkehrung des Bildes in ein Negativ gesehen. Die Motive dafür sind mir, obwohl ich mich für einen interessierten Beobachter halte, meistens verschlossen geblieben. Manchmal habe ich verstanden, daß negativ zu bewertende Inhalte auf diese Art ausgedrückt werden sollten. Ein anderes Mal ging es darum, eine Person, die unerkannt bleiben wollte, nicht im Bild preiszugeben. Das ist kompletter Unsinn. Ein Negativ als Bildeindruck ist den meisten Menschen überhaupt nicht vertraut. Nur wenige interessieren sich etwa dafür, wie ihre Urlaubsfotos eigentlich zustande kommen. Ein Negativbild unerklärt in einem Informationsfilm als Verfremdung einzusetzen erscheint mir deshalb absurd. Ich bin sicher, daß Berichterstatter niemals zuvor das Bedürfnis gehabt haben, ihre Bilder in ein Negativ zu verwandeln. Seit es jedoch das Schaltfeld an der Schnittanlage gibt, wird davon Gebrauch gemacht. Die Originalitätssucht obsiegt über die Vernunft, und die Frage nach dem Sinn der Maßnahme bleibt unbeantwortet.

Ein ganz einfach formulierter Aussagewunsch würde solche Darstellungsexzesse von vornherein ausschließen. Doch viele Berichterstatter sind sich dieser Verantwortung gegenüber dem Zuschauer nicht bewußt.

Keine Frage, Verfremdungen können auch sehr sinnvoll als Gestaltungsmittel eingesetzt werden. Nehmen wir an, in einem Filmbericht soll eine Flußlandschaft gezeigt werden, die durch ein nicht sichtbares Gift verseucht worden ist. Es sind keine Verunreinigungen zu erkennen, und die Bilder eines sommerlichen Flusses entsprechen natürlich nicht dem Aussagewunsch. Um eine Veränderung deutlich zu machen, kann man den Bildern die natürliche Farbe entziehen und sie dann mit einer leichten gelbgrünen Tönung versehen.

Ob eine solche recht polemische Darstellung tragbar ist, kann man nur im Einzelfall entscheiden. Allerdings bin ich der Auffassung, daß extreme Verfremdungen für die Berichterstattung nicht geeignet sind. Entscheiden wir uns jedoch für eine bestimmte Nutzung, dann müssen wir mit dem Effekt auch wirklich deutlich machen, daß es sich nicht etwa nur um einen *Bildfehler* handelt. Das erreichen wir u. a., indem wir die Verfremdung möglichst mehrere Male wiederholen und damit unsere Absicht ganz deutlich machen. Wir könnten auch im Text darauf aufmerksam machen, aber das ist dann etwa so wie bei dem Witz, bei dem man nach dem Erzählen sagen muß: »Das war der Witz!« Außerdem: Wer hätte in einem schon so kurzen Berichterstattungsfilm noch die Zeit, seine Maßnahmen zu erklären?

Wie sehr man mit der Anwendung von Verfremdungen schief liegen kann, habe ich schon oft am eigenen Leib erfahren. In einem Dokumentarfilm über die Bananenproduktion der sogenannten Bananenrepubliken in Mittelamerika wollten wir den Irrsinn der Monokulturen besonders deutlich machen. Bei langen Fahrtaufnahmen durch endlose Pflanzungen wollten wir die Eintönigkeit verstärken, indem wir den Bildern nach und nach die Farbe entzogen. Damit auch bestimmt nichts mißverstanden würde, war auch im Text von einer »grauen Einöde der Monokulturen« die Rede.

Wir waren wirklich stolz auf unsere Gestaltungsraffinesse. Nach der Sendung gingen wir also mit geschwollenem Kamm einher und fragten unsere Freunde nach ihrer Meinung. Natürlich hatten sie die Bananen gesehen, und alles habe so tropisch und so g r ü n gewirkt! Niemand hatte etwas bemerkt von unserem doch so genial erdachten Effekt. Nachträglich konnte ich mir unseren Fehler leicht erklären. Wir hatten die Farbe ganz langsam ausgeblendet, und unser Gehirn ist immer bemüht, fehlende Informationen aus der Erfahrung zu ergänzen. Daraus könnte man nun schließen, daß Verfremdungen viel deftiger eingesetzt werden müßten. Doch Vorsicht: extreme Verfremdungen haben einen hohen Unterhaltungswert, tragen aber nur wenig zum Realitätsanspruch der Berichterstattung bei!

Die Farbkorrektur

Wollte ich in den vorangegangenen Beispielen die Farbgestaltung als Effekt einsetzen, dann geht es nun darum, die Farbgebung zu normalisieren, d. h. Schwächen der Aufnahmetechnik auszugleichen. Dazu ein Fall aus der Praxis: Die Cutterin weigert sich, zwei Einstellungen aneinanderzusetzen. »Das ist doch ganz woanders!« sagt sie. Nein, es handelt sich wirklich um denselben Drehort. Die ersten Einstellungen wurden allerdings bei früher Morgensonne gedreht, und dann ging es erst gegen Mittag wieder weiter. Die Lichtverhältnisse hatten sich so verändert, daß der Schauplatz einen ganz anderen Charakter hatte. Das warme Morgenlicht hatte die Szene sympathisch erscheinen lassen … und nun, am Schnittplatz, von einer Einstellung zur anderen, wirkt alles kalt und bleich. Hier hat nicht etwa der Weißabgleich der Kamera versagt, denn sie zeichnet einen Wechsel der Farbtemperatur völlig emotionslos auf. Doch einen solchen Kontrast können wir in unserer natürlichen Wahrnehmung nicht erleben. Zwischen Morgen und Mittag vergeht viel Zeit, in der wir uns an andere Lichtverhältnisse gewöhnen. Das bedeutet, daß wir die Veränderungen nicht bewußt erleben. Ähnlich ergeht es uns, wenn wir aus einem Haus ins Freie treten, es wird immer ein sanfter Übergang in eine andere Umgebung sein.

Deshalb wirken die mitunter spontanen Lichtwechsel einer Filmszene auf uns wie eine Verfremdung der Realität. Und wir reagieren darauf genauso, wie auf das Bild eines anderen Schauplatzes und suchen nach neuer Orientierung.

Solche ungewollten Irritationen können wir vermeiden, wenn wir die Helligkeit und den Farbcharakter der einzelnen Einstellungen aufeinander abstimmen. Diese Farbkorrektur ist leider ein recht arbeitsintensiver und darum teurer Vorgang. Außerdem fehlt in allen Bereichen der aktuellen Berichterstattung die Zeit dazu, denn man muß bei einem 45-Minuten-Film dafür bestimmt zwei ganze Arbeitstage kalkulieren. So bleibt dieser Arbeitsschritt den aufwendigeren Projekten vorbehalten.

Gehört man zu den Glücklichen, die es sich »leisten« können, dann kommt man in den Genuß ganz erstaunlicher Leistungen der elektronischen Nachbearbeitung. Auf einem besonders stabilisierten Monitor wird jede einzelne Einstellung kontrolliert und gemessen. Dann können die Intensität jeder einzelnen Grundfarbe, der Kontrast und die Helligkeit des Bildes neu festgelegt werden. Diese Arbeit darf durchaus nicht nur als technische Fehlerkorrektur mißverstanden werden. Der persönliche Geschmack und natürlich der Aussagewunsch des Filmgestalters entscheiden über die Farbgebung. Die Kälte eines Wintertages oder die Wärme eines Kaminzimmers sind auf diese Weise in der Wirkung ganz entscheidend zu beeinflussen. Wer einmal

Nachtaufnahmen bei Tageslicht drehen mußte, wird die Farbkorrektur zu schätzen wissen. Nur mit diesem Aufwand können auch spezifische Nachteile der Videokamera ausgeglichen werden.

Wie erreicht man etwa, daß ein dunkler Wald in einem Videobild wirklich düster wirkt? Oder daß eine schwere Gewitterfront nicht nach lockerer Bewölkung aussieht? Eine Farbkorrektur macht es möglich.

Tonnachbearbeitung

Die Musik im Film

Betrachtet man das Fernsehen in allen seinen Möglichkeiten und Variationen, dann stellt man vielleicht mit einem gewissen Bedauern fest, daß es hauptsächlich als Unterhaltungsmedium genutzt wird. Auch der weitaus größere Teil aller sogenannten Informationssendungen unterwirft sich bedingungslos diesem Trend. Man muß nur den hohen Anteil der Sportberichterstattung am Gesamtprogramm bedenken. Zu wissen, daß irgendein Kerl die 100 Meter in 9,876 Sekunden gelaufen ist, wird für uns kaum überlebenswichtig sein. Diese Berichterstattung ist also reine Unterhaltung.

Die zunehmende Bedeutung der Unterhaltung prägt natürlich auch den berichterstattenden Film in fast allen seinen Erscheinungsformen. Oft habe ich das Gefühl, daß mir auf dem Bildschirm kein informativer Bericht, sondern ein Videoclip präsentiert wird. Der Trend ist nicht zu übersehen, und damit einhergehend erfährt die Musik eine Renaissance in der filmischen Berichterstattung.

Warum Renaissance? Nun, es gab Zeiten, in denen der dokumentarische Film weitgehend mit Musik unterlegt war. Man denke nur an die Wochenschauen des sogenannten Dritten Reichs! Doch auch nach dem Krieg konnte der Filmbericht nicht auf die Musik verzichten. Sie war der Ersatz für die fehlenden Originaltonaufnahmen und hatte für Stimmung und Emotion zu sorgen.

In den fünfziger Jahren machte die Entwicklung der Tonbandtechnik große Fortschritte. Es gab die ersten tragbaren Geräte, die teilweise noch mit Federwerken betrieben wurden, um den teuren

Batteriestrom zu sparen. Doch das half der dokumentarischen Filmtonaufnahme noch nicht viel weiter. Zwar gab es bereits die Möglichkeit, Tonbandmaschine und Kamera synchron laufen zu lassen, doch die kleinen Filmkameras der »Wochenschau« oder der Fernsehteams hatten so starke Laufgeräusche, daß an eine gleichzeitige Tonaufnahme nicht zu denken war.

Natürlich wurden alle möglichen Geräusche aufgenommen, doch eben erst dann, wenn die Kamera wieder ausgeschaltet war. Nun wirken aber asynchrone Bild- und Tonaufnahmen einfach schrecklich und vor allen Dingen sehr unrealistisch. So war die Musik immer wieder ein bewährtes Mittel, um zu zeigen, daß es sich nicht um einen Stummfilm handelte!

Doch die Musik konnte und kann natürlich noch viel mehr. Ein Spielfilm ohne musikalische Untermalung ist kaum vorstellbar. Dramatik, Ruhe, Trauer, Glück – alle Gefühle lassen sich über Musik hervorragend transportieren. So verwundert es nicht, daß sich auch der dokumentarische Film lange Zeit dieser Möglichkeiten bediente. In den größeren Fernsehanstalten gab und gibt es ausgesprochene Spezialisten für die Vertonung mit Musiken.

Diese Leute hatten für jede Filmsituation den passenden Vorschlag. Es gab ausgesprochene Fußballmusiken oder Arrangements, die sich nach Frühling anhörten oder nach einem Herbststurm. Es gab Flug- und Unterwassermusik, Rhythmen, die sich nach Maschinen anhörten, und andere, mit denen handwerkliche Tätigkeiten unterlegt wurden.

Dieser Trend zur Musik in der Berichterstattung wurde durch die leise laufenden Filmkameras beendet, die nun gleichzeitige Tonaufnahmen in guter Qualität erlaubten. Bei der heutigen Videotechnik ist die Tonaufnahme kein Thema mehr. Sie ist so selbstverständlich, daß sie oft nicht mehr genügend Beachtung erfährt. Das birgt Nachteile für die Gestaltung, denn viele Anregungen haben sich – wie eben auch die Filmmusik – aus anfänglichen Schwächen der technischen Systeme ergeben.

In einem meiner ersten Dokumentarfilme gab es mehrere Komplexe, die sehr intensive Arbeit ausdrücken sollten. Bei einer dieser Szenen handelte es sich um Straßenbauarbeiten, bei denen die felsige Landschaft mit Preßlufthämmern und Bohrern bearbeitet wurde. Die Geräuschaufnahmen, die wir mühsam zustande gebracht hatten, wirkten gleichmäßig flächig und langweilig.

Wir suchten nach einem Mittel, den intensiven Arbeitseindruck zu verstärken. Einfach nur Musik erschien uns zu episch und nicht dokumentarisch genug. Also kopierten wir die herben ersten Akkorde eines Titels der Rolling Stones, klebten Schleifen daraus, so daß sich das gleiche »Ding, Dang, Dong« immer wiederholte, und mischten es dann unter unsere Tonaufnahmen. Das Geräusch blieb erhalten, doch der Rhythmus gab ihm eine Dynamik, die gut zu den intensiven Bildern paßte.

Ein kleines Beispiel dafür, wie man durch den Zwang zur Improvisation auch zur Kreativität angeregt wird. Deshalb bedaure ich es auch, daß die Tonbearbeitung des berichterstattenden Films heute fast nur noch als Technik und nicht mehr als Gestaltungsmöglichkeit genutzt wird.

Es gibt nur eine bestimmte Art von Filmen, bei denen man sich mittlerweile wieder um eine bessere Tongestaltung bemüht, und damit komme ich nun endlich zu meiner kleinen »Renaissance« der Untermalungsmusik. Was ich meine, sind Produktionen, die zwar hauptsächlich dokumentarisches Material verwenden, sich jedoch weniger um Information als um einen möglichst hohen Unterhaltungswert bemühen. Da gibt es z. B. den Bereich der abenteuerlichen Expeditions- und Reisefilme. Oder auch die eigenartige Form des »dokumentarischen« Historienfilms, bei dem Aufnahmen von Ausgrabungsarbeiten und Bilder aus Museen mit visionär wirkenden Inszenierungen vermischt werden. Solche Arbeiten sind in hohem Maß auf Mittel der Spannungssteigerung angewiesen. Die Musik erweist sich dabei immer wieder als äußerst wirksam.

Besonders interessant erscheint mir in diesem Zusammenhang die Entwicklung der neuen Instrumente und Tonbearbeitungsgeräte. Ich denke an die Vielfalt der Synthesizer und Sampler, der virtuellen Instrumente und Tonstudios. Ich möchte beschreiben, wie man solche Mittel sehr wirksam auch bei ganz normalen Dokumentarfilmen einsetzen kann.

Einer meiner Filme beschäftigte sich mit Grabräubern und Archäologen. Ausgrabungsfilme sind vielleicht inhaltlich sehr interessant, doch formal gesehen sind sie außerordentlich langweilig. Da gibt es ein Loch, in dem ein paar Leute tagelang mit einem alten Löffel herumkratzen und immer erst dann etwas finden, wenn das Filmteam längst wieder abgereist ist. Solche Szenen können etwas Stimulans sehr gut gebrauchen, damit nicht auch noch die letzten Zuschauer in das Programm mit dem Actionfilm umschalten.

Wir nahmen also die Originalgeräusche der alten Löffel und kleinen Grabespachtel auf, verfremdeten sie mit einem Echo und brachten sie mit einem Sampler in eine rhythmische Folge. Diesen Rhythmus haben wir dann mit einer auf einem Synthesizer erzeugten Schwebung unterlegt. Solche Schwebungen, etwas, das Musiker eine Fläche nennen, haben eine sehr interessante Wirkung. Ich glaube, es gibt keine andere Lautbildung, die mehr Spannung erzeugen könnte. Da dieser Effekt jedoch vorbewußt verarbeitet wird, verstärkt er die Aufmerksamkeit und lenkt nicht etwa von den Bildern ab. Für unsere Ausgrabungen haben wir besonders tiefe, »erdig« wirkende Frequenzen benutzt. Mit denen wurden dann alle Grabungsszenen unterlegt. Sie verhalfen zu einer geheimnisvollen Stimmung, welche die Bilder alleine nicht vermittelt hätten.

Ich möchte nun noch ein paar Sätze zu den technischen Abläufen dieser Bearbeitung sagen. Normalerweise ist das Unterlegen von Musiken und Effekten der Cutterin vorbehalten. Die Tonereignisse müssen also vorproduziert sein und werden bei der Montage der Gesamtarbeit angepaßt. Ob die Cutterin dann auch die Mischung der einzelnen Tonaufzeichnungen übernimmt, hängt vom Arbeitskonzept der zuständigen Produzenten ab. Grundsätzlich stellt ein virtuelles Montageprogramm alle erforderlichen Anwendungen zur Verfügung. Mit diesen Programmen ist eine perfekte Endmischung aller Bild- und Tonmaterialien zu realisieren. Das Problem liegt eher beim Leistungsvermögen der Mitarbeiter. Ein modernes Schnittprogramm mit seinen vielen technischen Angeboten fordert ein Fachwissen, das bis jetzt auf mehrere hochspezialisierte Berufe verteilt war. Auch eine noch so erfahrene Cutterin wird ihre Probleme mit einer perfekten Tonmischung oder einer komplizierten Farbkorrektur haben. In den großen Produktionsstätten werden deshalb diese

Arbeiten immer noch Spezialisten überlassen. Das wird, glaube ich, auch so bleiben. Allerdings wird die Cutterin schon bald nicht mehr mit ihren vorbearbeiteten Bändern in ein Tonstudio zur Mischung gehen müssen. Vielmehr wird auch der Tonmeister an einem der Terminals eines großen Servers sitzen und von dort auf das fertig geschnittene Material Zugriff haben.

In kleinen Produktionsbetrieben dagegen wird immer mehr die Multifrau oder der Multimann vor dem Computer gefragt sein, um das Material vom Aufnahmeteam zu übernehmen und es dann fast alleine zur Sendereife zu bringen.

Durch den Mixer gequirlt

Mischung nennt man den Vorgang, der das Material mehrerer Aufnahmequellen zu einem Produkt vereinigt. Das betrifft sowohl Bilder, die – von verschiedenen Kameras aufgenommen – am Mischpult zu einem Sendebild vereinigt werden, als auch Tonaufnahmen, die gemischt werden müssen und die uns jetzt interessieren sollen.

Die Videocamcorder zeichnen nicht nur Bilder, sondern auch Töne in technisch hoher Qualität auf. Für den Ton stehen zwei Spuren, oft aber sogar zwei Stereokanäle, also vier Spuren zur Verfügung. Nur selten wird bei der Berichterstattung von diesem Angebot Gebrauch gemacht. Immerhin werden bei einem Interview Frager und Befragter öfter auf unterschiedliche Spuren gelegt. Bei der Montage möchte man eine Sequenz mit spezifischen Einzelgeräuschen durch ein gemeinsames Basisgeräusch verbinden. Im Arbeitsprozeß belegt man wieder zwei Spuren. Dann möchte die Cutterin Teile des Films mit einer Musik unterlegen. Dafür braucht sie eine weitere Tonspur und dann gleich noch eine für die Sprachaufnahme. Vielleicht wird das ein bißchen viel auf einmal. Also macht man zunächst eine Vormischung, um die Übersicht zu behalten. Einmal mehr stehen dafür unterschiedliche Systeme zur quälenden Auswahl. Bei einem virtuellen Schnittsystem fällt es sehr leicht, ein paar Geräusche unterschiedlicher Einstellungen ineinander zu mischen. Wird jedoch noch ein Bandmaschinenschnittplatz verwendet, dann müssen die Geräusche auf zwei Spuren verteilt und später im Tonstudio gemischt werden. In diesem Fall spricht man von einer Geräuschvormischung. Genauso verfährt man mit der Musik. Man kann sie bei entsprechenden technischen Voraussetzungen entweder direkt in die Geräusche einmischen, oder man benutzt dazu einen weiteren Arbeitsgang.

Insgesamt verfügen wir nun über eine einzige Tonspur – oder zwei Spuren, wenn es sich um eine Stereoproduktion handeln sollte – zu unserem Bild, in der alle Tongestaltungsmittel bis auf den Text enthalten sind. Die anschließende Sprachaufnahme ist heute eine eher einfache Angelegenheit, denn die Anforderungen an die Qualität sind sehr gering. Womit nicht etwa die Qualität der Tonaufnahme gemeint sein soll, nein, ich meine die Sprechtechnik und die Genauigkeit der Textanpassung.

Die Vorteile, einen Text von einem ausgebildeten Sprecher lesen zu lassen, sind unabweisbar. Eine geschulte Stimme setzt sich gegen einen Geräusch- oder Musikhintergrund viel besser durch und bleibt immer gut verständlich. Bei der ungeübten Stimme eines Laiensprechers muß man in der Hauptmischung den Geräuschpegel deutlich absenken, was die Realitätsnähe der Bilder mitunter erheblich einschränkt.

Allerdings fordert der Korrespondentenbericht oder eine Reportage die eigene Stimme des Journalisten, besonders wenn dieser auch noch selbst im Bild erscheint. Bei diesen Bemühungen kommt es oft zu grotesken Fehlern. Ein Bericht beginnt mit einer Textaufnahme, die im Studio hergestellt wurde. Das gute Mikrofon, der schallisolierte Raum des Studios und ein paar elektronische Aufnahmefilter verhelfen der Stimme des Korrespondenten zu einem angenehmen sonoren Klang. Dann aber präsentiert sich der Journalist auf einer belebten Verkehrsstraße. Das Umgebungsgeräusch ist so laut, daß er das Mikrofon fast zwischen die Zähne klemmen muß, um überhaupt gehört zu werden. Außerdem fängt jeder Mensch in einer lauten Umgebung an zu brüllen. Im Kampf gegen den Lärm wirkt seine Stimme nun aber schrill und gepreßt, und auch der gutwilligste Zuschauer würde nicht auf die Idee kommen, daß es sich bei der Textaufnahme im Studio und dem Statement auf der Straße um denselben Sprecher handeln könnte. Durch die Auswahl des falschen Drehorts für das Statement wird die gute und sinnvolle Absicht, den Reporter das ganze Stück sprechen zu lassen, zunichte gemacht. Der Ausweg wäre ein ruhiger Platz für das Statement gewesen oder eine Anpassung der Sprachaufnahme im Tonstudio. Mit ein paar Filtern und einer etwas angezogenen Sprechweise hätte man das erreichen können.

Das zweite Problem der Sprachaufnahme ist die Ungenauigkeit in der Anpassung des Textes an das Bild. Hier zeigen oder verstärken sich Fehler, die sich bereits beim Schreiben des Filmtextes einschleichen. Ein Beispiel: In einem Bericht von einem Fischkutter werden in einer kurzen Montage Impressionen zusammengefaßt. Die Wellen, der Mast mit der Radarantenne, eine Möwe, der Rudergänger und der in einem Topf rührende Smutje usw. Bei der Sprachaufnahme landet nun der Satz »Der Skipper bestimmt den Kurs« etwas verspätet auf dem Bild des Smutje. Der Zuschauer, der diesen Fehler bemerkt, wird sich vielleicht darüber amüsieren. Nicht schlimm, könnte man sagen, wenn nicht die nächste Sequenz des Berichts eine wichtige Information enthielte, die nun in der Heiterkeit über die Ungereimtheit des Textes verlorengeht.

Solche Fehler sind nur durch größte Aufmerksamkeit zu vermeiden. Bei der Sprachaufnahme wird der Text zum laufenden Film

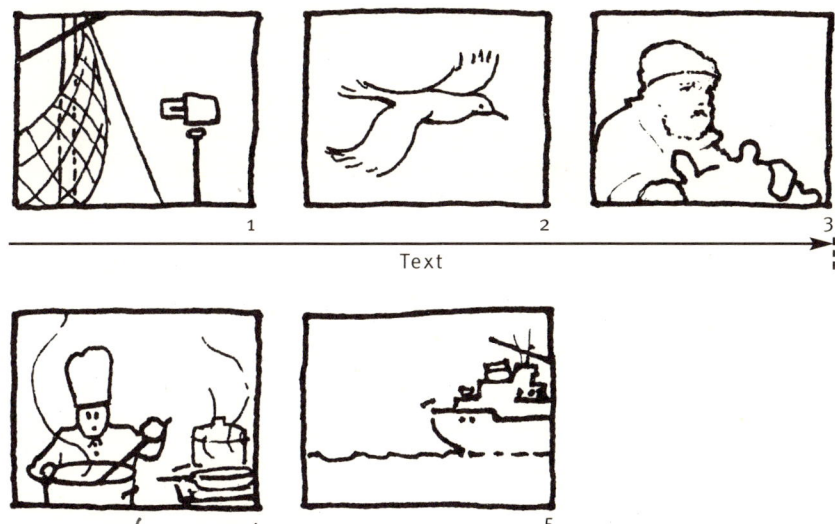

1   2   3

Text

4   5

Der Skipper bestimmt den Kurs

Sprachaufnahmen. – Auch wenn Bild und Text gut aufeinander bezogen sind, kann ihre Verknüpfung durch Unaufmerksamkeit bei der Sprachaufnahme völlig mißlingen.

aufgezeichnet. Es kann hilfreich sein, den Text nicht allzu gedrängt zu gestalten. Dann hat man bei der Aufnahme die Möglichkeit, einzelne Sätze ein wenig zu verschieben.

Nur aufwendige Produktionen können es sich leisten, die Anlagegenauigkeit des Textes nach der Sprachaufnahme noch einmal an der Schnittanlage zu korrigieren. Dabei werden dann einzelne Sätze ganz genau auf die Bilder geschoben, zu denen sie gehören. Textpausen für die Einblendung von Geräusch oder Musik lassen sich genau bestimmen. Im *aktuellen Geschäft* findet man aber keine Zeit mehr für diese Feinheiten der Gestaltung.

Man kann also selbst über eine so einfache Arbeit wie die Sprachaufnahme eine ganze Menge nachdenken.

Die Endmischung – alles auf einem Band

Alle Einzelleistungen unserer Produktion sind nun auf irgendwelchen Bild- und Tonspuren festgehalten. Bei einem 3-Minuten-Bericht ist es meistens nur ein Band für das Bild mit zwei Tonspuren. In diesem Fall brauchen wir nur noch eine Endmischung der Geräusche und der Sprachaufnahme. Beide Level müssen in einem kooperativen Niveau zueinander gehalten werden. Das Geräusch oder die Musik sollen gut zu hören sein. Sie dürfen jedoch nicht die Verständlichkeit des Textes gefährden. Der Tonmeister wird bei einer guten Geräteausstattung automatisch vorgewarnt, wie die Intensität der Pegel von Geräusch und Sprache ausfallen wird. Auf diese Vorwarnung kann er seine Mischverhältnisse einstellen.

Das ist wirklich einfach, und Cutterin und Autor haben dann alles Schwierige hinter sich und können entspannen.

Ganz anders kann eine Endmischung dagegen bei einem größeren Projekt ausfallen, wenn dieses auf Bandmaterial aufgezeichnet wird. Hier findet vor der Tonmischung erst noch die Videomischung statt. Die Cutterin hat bei der Montage auf mehreren Bändern gearbeitet, um Überblendungen oder andere Trickübergänge zu ermöglichen. Manchmal gibt es auch noch Einspielteile einer anderen Videonorm, die in das Endprodukt integriert werden müssen.

Bei der Endbearbeitung steht auch ein Schriftgenerator zur Verfügung. Damit werden die Titel und Untertitel in den Film eingesetzt. Glücklicherweise lassen sich diese vielen Arbeitsschritte nach und nach programmieren. Dann werden sie in einem einzigen Durchlauf des gesamten Materials auf ein einziges Band kopiert.

Für den Autor und Regisseur ist das ein sentimentaler Augenblick. Alle Mühe und Arbeit stecken nun in dieser Kassette, die durchaus auch einen erheblichen materiellen Wert darstellt. Ein aufwendiger Dokumentarfilm kostet heute leicht eine halbe Million! Nicht nur aus diesem Grund ist es empfehlenswert, sich nach der Endbearbeitung mehrere, dem Original gleichwertige Kopien ausliefern zu lassen.

Damit endet nun unser oft etwas mühsamer Weg über die Hürden der Gestaltungskriterien eines berichterstattenden Films! Alles was nun noch folgt, ist leicht zu verkraften, denn der Filmgestalter soll zum kritischen Zuschauer werden. Mit all den Kriterien der Gestaltung, mit denen wir uns im Rahmen dieser Arbeit beschäftigt haben, wollen wir jetzt einen Film betrachten, um seine Stärken und Fehler zu analysieren.

12 ANALYSE – ES FUNKTIONIERT!

Diese Anleitung möchte ich nicht abschließen, ohne ein umfangreicheres Dramaturgiekonzept anhand eines praktischen Beispiels vorgestellt zu haben. Dazu wähle ich bewußt keinen Nachrichtenfilm oder Magazinbeitrag, weil ich mich mit dramaturgischen Überlegungen auf der Sequenzebene schon in aller Ausführlichkeit beschäftigt habe. Außerdem besteht ein längerer dokumentarischer Film letztlich auch nur aus vielen einzelnen kleinen Stories, die nur dann einen Zusammenhang bekommen, wenn sie eine spezifische Funktion innerhalb des gesamten dramaturgischen Konzepts erfüllen können. Diese Funktionsfähigkeit der einzelnen Teile des Films möchte ich kritisch überprüfen und versuchen, den Grad ihrer Wirksamkeit darzustellen.

Als Beispiel habe ich eine Arbeit von mir ausgewählt, weil mir in der Vergangenheit die öffentliche Analyse der Arbeiten von Kollegen nicht gerade Sympathie und Verständnis eingebracht hat. Außerdem sollte mein Beispiel ein besonders langweiliges Sujet haben, denn eine spannende Story ist immer sehr leicht zu dramatisieren.

Die kleine Geschichte dieses Films

Vor mehr als zehn Jahren wurde im Norden Perus ein sensationeller archäologischer Fund gemacht. Ein unberührtes Fürstengrab wurde gefunden, der Tut-ench-Amun der Neuen Welt, so jedenfalls schwärmte die Fachpresse. Was für ein Thema für einen dokumentarischen Film, und ich hatte das Glück, mich damit befassen zu dürfen! Leider war das Objekt der Begierde, der »Herr von Sipan«, längst ausgegraben, als ich endlich nach Peru kam. Wir standen vor einem sechs Meter tiefen Loch in einer der alten Lehmpyramiden, und das war es dann. Wie filmt man eine bereits ausgegrabene archäologische Sensation? Die Erwartungshaltung meiner Auftraggeber war hoch, und das Grab war tief und leer. Ohne einen Film – und damit meine ich einen aufregenden Film – hätten wir nicht zurückkommen dürfen, also mußten wir uns etwas einfallen lassen.

Zuerst bemühten wir uns um eine Stoffsammlung. Es gab eine durchwühlte Lehmpyramide, immerhin. Grabräuber hatten dort unglaubliche Schätze gefunden. Die Polizei jagte ihnen einiges wieder ab. Der zuständige Archäologe wurde alarmiert. Er fand ein unberührtes Fürstengrab aus der Zeit um 300 n.Chr., was für Peru sehr alt ist. Die archäologische Welt wurde aufmerksam und unterstützte die Grabung. Fotografen von »National Geografic« hatten sich die Exklusivrechte gesichert. Die wichtigsten Fundstücke jedoch sollten im Rahmen internationaler Zusammenarbeit in Deutschland restauriert werden. Internationale Hilfe konnte bis dahin aber nicht verhindern, daß Grabräuber weiterhin ihrem »Beruf« nachgingen und unersetzliche Werte zerstörten.

Ein Mittel gegen Langeweile?

Man kann keinen Film über Dinge machen, die man nicht zeigen kann. Was blieb uns also? Das Loch, der Archäologe, die Grabräuber, die Fundstücke, deren Restaurierung in Deutschland, die peruanische Landschaft und ihre wunderbaren Menschen mit ihrem Entgegenkommen und ihrer Kooperationsbereitschaft. Sicherlich alles Fakten, die in unserem Film eine Rolle spielen konnten. Doch was bedeutete das alles noch, da wir die archäologische Sensation, die Ausgrabung des »Herrn von Sipan«, verpaßt hatten. Ich war fest entschlossen, ein wenig zu mogeln. Wir mußten nach Stellvertreterszenen suchen. Nach vergleichbaren Ausgrabungsarbeiten irgendwo in der Nähe. Glücklicherweise gab es im Grabungsloch des »Herrn von Sipan« noch das Skelett einer jungen Frau, die zusammen mit dem Mochica-Fürsten beigesetzt worden war. Also: »So wie dieses Skelett ist auch der Fürst aus seinem Grab gehoben worden.«

Trotzdem: Das Kratzen im harten Lehm mit Spachtel oder geschärftem Suppenlöffel ist nicht gerade ein dramatisches Schauspiel, da hilft auf Dauer keine noch so gute Kameraeinstellung. Aus dramaturgischer Sicht hatte die Geschichte keine ergreifenden Höhepunkte. Auf irgendeine Weise mußte ich aber dem ermüdenden Aufzählungskonzept entkommen. Die Aufmerksamkeit der Zuschauer sollte doch gefordert werden!

So etwas kann man z. B. erreichen, indem man den Schauplatz öfter wechselt, als es eigentlich nötig wäre, um eine Geschichte zu erzählen. Unterschiedliche Schauplätze zwingen immer wieder zur Neuorientierung und steigern dadurch die Aufmerksamkeit. Ein Wechsel der Schauplätze entsprach aber eigentlich nicht dem Wesen unserer Geschichte. In ihrem natürlichen Ablauf hätte sie ungefähr so aussehen müssen:

– In Peru leben Menschen in Armut.
– Grabräuber finden ein Fürstengrab.
– Archäologen übernehmen die Ausgrabung.
– Der »Herr von Sipan« wird gefunden.
– Die Funde werden in Deutschland restauriert.

Das hätte sicherlich einen artigen Film ergeben, aber auch einen sehr langweiligen!

Deshalb habe ich mich schließlich für eine andere Vorgehensweise entschieden und habe zwei raumzeitliche Ebenen eingeführt. Die erste betrifft die Restaurierung der Fundstücke in Deutschland. Erst daraus entwickelt sich in Form von Rückblenden die Geschichte der Ausgrabung. Der Wichtigkeit der Information entsprechend, nehmen die Deutschlandepisoden trotzdem nur einen kleinen Teil der Gesamtzeit des Films ein. Der Hauptteil befaßt sich natürlich mit dem Geschehen in Peru.

So steht immer die Möglichkeit offen, bei eventuell auftretenden Längen in den Passagen über Peru den Ort zu wechseln und wieder zu den deutschen Restauratoren umzuschneiden. Daraus ergibt sich das folgende Konzept:

Erste Ebene

1. Der »Herr von Sipan« wird nach Deutschland gebracht.

3. Restaurieren von Keramikgefäßen in Deutschland

5. Restaurieren eines Bildnisses des »Herrn von Sipan«

7. Deutsche Wissenschaftler kämpfen um die Erhaltung der Fundstücke

9. Das restaurierte Bildnis des Fürsten im Vergleich mit dem Fundzustand

Zweite Ebene

2. Das Land der Grabräuber
   – Graben, Titel
   – Die Geschichte der Ausgrabung

4. Die Geschichte der Ausgrabung in erweiterter Form: Aus der Sicht der Leute von Sipan, aus Sicht der Grabräuber und aus Sicht der Archäologen.

6. Der Konflikt wird deutlich: Auf dem Markt werden Grabbeigaben verkauft. Ein Geistheiler berät die Grabräuber. Archäologen bemühen sich um eine sorgfältige Ausgrabung.

8. Der Höhepunkt: Die peruanischen Archäologen bergen das letzte Skelett aus dem Grab. Die Fundtücke werden für den Transport nach Deutschland vorbereitet.

10. Unberührte Lehmpyramiden, Grabräuber, Schlußtitel

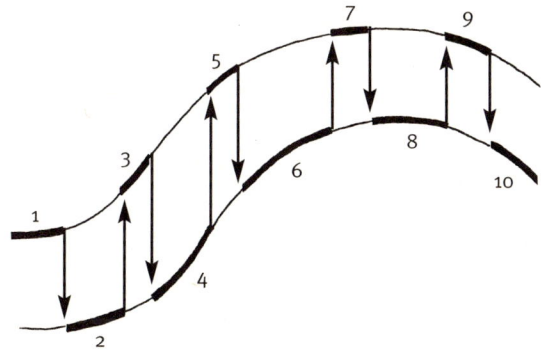

Dramatische Strukturen können vielschichtig sein und mehrere Erzählstränge und Erlebnisebenen haben. Um nicht zu langweilig zu werden, wechselt der Bericht öfter von einer zur anderen.

So gut ein Konzept auch immer sein mag, die Dreharbeiten haben ihre eigenen Gesetzmäßigkeiten. Nicht alles, was man sich denkt, läßt sich auch so darstellen. Außerdem hat der Berichterstatter ständig mit organisatorischen Schwierigkeiten zu tun, denn er kann nicht einfach »mal so« inszenieren. Dokumentarische Filmarbeit bedeutet, ständig einen Kompromiß zwischen der Konzeption und den Möglichkeiten der Realisierung einzugehen. Ich gestehe, daß meine Aussagewünsche auf der Sequenzebene, also im Bereich der kleinen Einzelstories, teilweise von dem abwichen, was wir dann wirklich drehen konnten. Eine Konzeption muß deshalb ein lebendiger Prozeß bleiben, solange man an dem Film arbeitet. Inhaltliche Änderungen während der Dreharbeiten müssen möglich sein, denn niemals kann eine Recherche so gut sein wie die Erfahrung bei den Dreharbeiten selbst. Allerdings darf unter dieser Offenheit auf keinen Fall die formale Struktur der Gesamtarbeit leiden, weil der Film sonst Wahrnehmbarkeit und Verständlichkeit verlieren würde. Bei unserem Beispiel ist das, glaube ich, recht gut gelungen. Auf einige wichtige Aspekte möchte ich deshalb etwas genauer eingehen.

Zuerst einige Zahlen: Der Film hat eine Länge von 43 Minuten. Er ordnet sich inhaltlich in die fünf Komplexe, die unserem Standard-Dramaturgiemodell entsprechen. Die beiden Zeitebenen beeinflussen diese Struktur nicht, sondern ordnen sich den Komplexen unter.

Der ganze Film besteht aus 62 Sequenzen mit 5,1 Einstellungen im Durchschnitt. Das sind dann insgesamt 318 Einstellungen mit einer durchschnittlichen Länge von acht Sekunden. Aus diesen 8-Sekunden-Einstellungen ergibt sich eine mittlere Sequenzlänge von 40 Sekunden. Diese Zeiteinheiten ermöglichen durchaus ein ruhiges Betrachten. Daß es auch ein konzentriertes Betrachten bleibt, dafür sorgen die relativ zahlreichen Sequenzen, mit ihrem kleinen Spannungsanstieg zum Aussagekern hin. Mindestens 62mal wird der Zuschauer dadurch zu neuer Konzentration aufgefordert. Er kann dieser Herausforderung über den ganzen Film folgen, denn die mittlere Sequenzlänge von ca. 40 Sekunden ermöglicht nicht nur Spannung, sondern läßt auch Zeit zu einer kleinen Entspannungsphase vor Beginn der nächsten Sequenz. Diese leichte »Konsumierbarkeit« hat mich auf eine deutlich sichtbare Unterteilung der fünf vorhandenen Komplexe verzichten lassen. Sie gehen also, formal unauffällig, ineinander über und haben nur noch eine inhaltliche Bedeutung. Inhaltlich gesehen, ist der Film in 27 Szenen unterteilt, die bei der berichterstattenden Arbeit *Stories* genannt werden. Jede Einzelstory hat also eine ungefähre Länge von eineinhalb Minuten und liegt damit weit über der normalen Kapazität des Ultra-Kurzzeitgedächtnisses. Die Informationen müssen also an die nächste Gedächtnisstufe weitergegeben werden und haben dadurch eine Chance auf eine dauerhafte Speicherung im Gehirn.

Die einzelnen Komplexe

Die *Einleitung* hat eine Länge von knapp fünf Minuten und besteht aus zwei Stories, je eine zur Einführung in die beiden unterschiedlichen Zeitebenen. Der Film beginnt mit dem Flugzeug, das den »Herrn von Sipan« nach Deutschland bringt. Im Mainzer Zentralmuseum werden der Container entladen und das Skelett ausgepackt. Man erfährt von der geplanten Restaurierung. Der Titel wird über die Reste des Skeletts geblendet.

Die zweite Story fragt nach der Herkunft des Mochica-Fürsten und führt uns nach Peru. Wir sehen die einfachen Leute, die neben einer der vielen Lehmpyramiden leben und im Schutz der Dunkelheit immer wieder nach den Schätzen ihrer Ahnen graben.

Dieser Einleitung fehlen zweifellos Bilder von den peruanischen Archäologen. Im Text wird jedoch bereits deutlich auf ihren Kampf gegen die Grabräuber vorbereitet.

Der Komplex *Aufbau* ist nicht besonders von dieser Einleitung abgesetzt. Lediglich eine Überblendung, also ein Zeichen für eine Zeitverschiebung, leitet von den inszenierten Aufnahmen mit Grabräubern zu den wirklichen Grabungshöhlen über, in denen die Schätze gefunden wurden. In Überblendungen sieht man die Fundstücke, welche die Polizei den Grabräubern wieder abgejagt hat. Diese Geschichte wird von dem verantwortlichen Archäologen erzählt.

Die nächste Story berichtet in drei Sequenzen über Ausgrabungsarbeiten. Sie finden am gleichen Grabungsort statt, haben aber mit dem Fürstengrab nichts zu tun. Es sind die ersten jener vielen Stellvertreter-Einstellungen, die wir verwenden mußten, um unsere Geschichte zu erzählen, und die im übrigen im Film immer als solche deklariert waren.

Das Gekratze mit dem Löffel oder Spachtel im trockenen Lehm wurde schnell langweilig. Deshalb führt der Film rasch auf die erste Ebene zurück. Unvermittelt sieht man – wie in einer Vorausschau –, was aus diesen kleinen Tonscherben bei der Restaurierung im Mainzer Museum wieder werden könnte. Diese Szene weist auf die angestrebte Entwicklung der Geschichte des Films hin: Die Wissenschaftler wollen ein Bild von ihren Ausgrabungsobjekten gewinnen. Diese Möglichkeiten leiten wieder zur Ausgrabungsarbeit in Peru über.

Kleine Statuen werden geordnet und archiviert. Der Text sagt, daß die Mochica noch keine Schrift kannten. Ihre bildhafte Keramik enthält jedoch viele Informationen. Diese Grabbeigaben vermitteln uns einen guten Eindruck von ihrem Leben.

Der Film zeigt nun Zeichnungen der ehemaligen Gestalt der Pyramiden, die aus Millionen einzelner Lehmziegel aufgebaut worden sind. Die Herstellung von Lehmziegeln schafft eine Verbindung zum Leben der heutigen Menschen. Im Dorf Sipan leben sie in Armut. Der kümmerliche Friedhof scheint das noch einmal zu bestätigen. Daneben erstreckt sich eine Landschaft, wie aus Bombentrichtern geformt. Es sind die geplünderten Gräber der Vorfahren.

Wir sind wieder bei den Grabräubern, erfahren von ihrem Leben und Sterben und davon, wie sie die gefundenen Schätze aus dem Land gebracht haben.

Gegen die Wünsche der armen Leute stehen nun aber die Interessen der Wissenschaft. Das Grab des Fürsten wird erforscht und auf grafischem Wege rekonstruiert. Der leitende Archäologe zieht seine ersten Schlüsse aus den Funden, die in Deutschland weiter bearbeitet werden. Das Museum ist spezialisiert auf Metallrestaurierung, und man bemüht sich, das Abbild des Fürsten auf dessem Brustpanzer zu restaurieren.

Hier endet der *Aufbau,* in dem viele Argumente für den eigentlichen Konflikt dargestellt wurden, nämlich die Motive und Handlungen der Grabräuber und die der Archäologen.

Dieser Komplex ist mit 24 Minuten reichlich lang geraten. Er läuft Gefahr, in seiner Form als eine reine Aufzählung von Fakten zu langweilen. Deshalb gab es zwei Einschübe mit Bildern der Restaurierungsarbeiten in Deutschland. Sie fordern ein wenig zum Umdenken heraus. Der *Aufbau* endet mit einer wunderschönen restaurierten Metallmaske aus dem Grab.

Der nächste Komplex beginnt sehr ruhig mit Nachtaufnahmen der Pyramiden von Sipan und läßt so ein wenig Zeit, über den Sinn der wissenschaftlichen Arbeit nachzudenken. Im Kontrast dazu sieht man dann wertvolle Grabbeigaben, die zwischen allerhand Touristenkitsch und Heiligenbildchen auf dem Markt gehandelt werden. Es kommt aber noch schlimmer! Ein Geistheiler berät die Grabräuber, wo und wann sie suchen sollen, um nicht von der Polizei erwischt zu werden.

Die anrührenden Bemühungen der Archäologen um ein paar alte Knochen wirken dagegen fast hilflos. Eine Delegation deutscher Wissenschaftler verspricht finanzielle Hilfe. Außerdem verhilft ein Sprung in die erste Ebene zu einem Hauch von Dramatik: Metallteile werden in einer rot strahlenden Plasmakammer von ihrem Rost befreit.

Der ganze Film hat kaum mehr als diese Szene als Höhepunkt zu bieten. Es wird zwar noch das Skelett einer jungen Frau aus dem Grab gehoben – stellvertretend für den »Herrn von Sipan« –, doch das ist nicht gerade eine Sensation. Trotzdem kommt beim Anblick der alten Knochen so etwas wie Ehrfurcht auf.

Dieser Komplex entspricht nicht gerade unserer Vorstellung von einem Konflikt und trotzdem, aus gestalterischer Sicht ist es einer! In solchen Fällen ist eben eine subtilere Betrachtungsweise als beim Actionfilm angesagt. Ich glaube, daß Filmautoren sich gerade um inhaltlich schwache Stories besonders kümmern müssen, wenn sie die Aufmerksamkeit der Zuschauer erhalten wollen. Deshalb liegt mir besonders daran, diesen nicht sehr aufregenden Konflikt in seinen einzelnen Funktionen darzustellen.

Der Komplex beginnt mit einer eigenen kleinen Einleitung: Nachtaufnahmen von Lehmpyramiden bei Mondschein. Der Text geht auf die noch im Dunkeln liegenden Mythen von Sonne und Mond ein.

Diese Sequenz ist mit einer schwebungsähnlichen Musik unterlegt. Die nächsten beiden Sequenzen zeigen den Marktstand des Hexers. Zwischen allerlei Fetischen werden auch echte Ausgrabungsobjekte angeboten. Das Geld der Touristen ist den armen Menschen hier wichtiger als die Kultur der Vorfahren.

Die erste Sequenz beginnt mit einem Äffchen. Es ist lediglich ein Aufmerksamkeitserreger, und der sofort einsetzende Rückzoom macht deutlich, daß es hier um einen Markt geht.

Eine weitere Orientierungseinstellung zeigt den Stand des Hexers. Dann wird mit getrockneten Tierköpfen der Aussagekern der Sequenz gebildet. Die fünfte Einstellung ist eine Rückorientierung auf eine Gruppe von Fetischen. Damit ist die Sequenz beendet, doch nicht das Thema.

Eine zweite Sequenz schließt sich an. Eine Neuorientierung ist nicht notwendig. So benutzt sie die Entspannung der Fetischgruppe,

 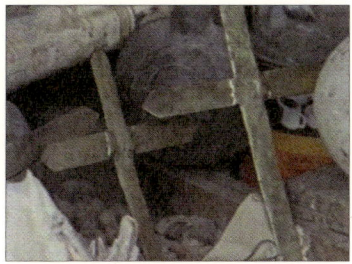 

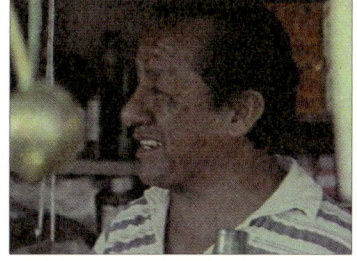 

um einen neuen Aussagekern aufzubauen. Erst ist es Touristenkitsch, doch von den Kreuzen führt ein Schwenk zu einer alten Grabbeigabe. Der Händler hat davon noch mehr, doch er will sie nicht zeigen, solange gedreht wird, das sagt er freundlich in die Kamera. Es gibt übrigens keine vorangegangene Orientierungseinstellung von ihm. Die Sequenz ist deshalb etwas verwirrend. Die letzte Einstellung entspannt wieder ein wenig. Doch nicht zuviel, denn das Thema wird fortgesetzt. So wird eines der vielen Fläschchen als Übergang benutzt.

In der nächsten Story lassen sich zwei Grabräuber von einem Heiler und Wahrsager beraten. Er versucht einen Fundort zu beschwören und einen Tag ohne Polizeikontrolle zu bestimmen. Die Grabräuberei gilt bei den armen Leuten als ehrenwertes Handwerk. Die beiden Sequenzen zeigen die Naivität der Männer.

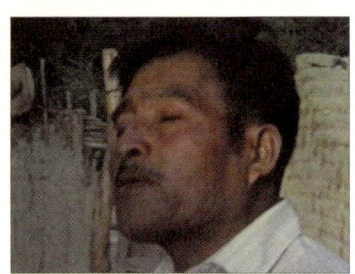

Die ersten beiden Einstellungen sind Ausschnitte aus dem Tisch des Heilers. Da man jedoch bei der zweiten Einstellung noch keine Leute im Hintergrund sieht, ergibt sich durch die dritte Einstellung ein neuer Raum. Das war nicht beabsichtigt. Die dritte Einstellung, Grabräuber und Heiler, ist jedoch lang genug, um Orientierung zu liefern. Der Aussagekern besteht aus zwei Einstellungen: Der Heiler spuckt Rum in die Gegend. Die Grabräuber schauen andächtig zu. Abschluß der Sequenz ist eine Rückorientierung über die ganze Szene.

Die nächste Sequenz bleibt in der gleichen Umgebung. Genug Orientierung bietet die letzte totalere Einstellung. So wird sie gleichzeitig als Abschluß der ersten und als Einstieg in die nächste Sequenz genutzt. Ein neuer Aussagekern wird gebildet, weil der Heiler jetzt zu seinen wichtigen Aussagen kommt.

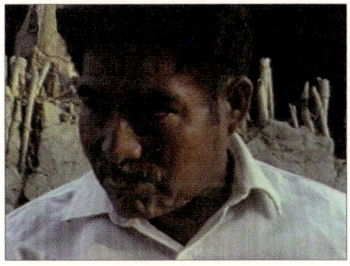

Der Heiler redet recht lange. Er und die lauschenden Grabräuber bilden den Aussagekern. In der entspannenden Rückorientierung verabschieden sich die Schatzsucher. Das ist gleichzeitig das Ende der Einzelstory. Der ganze Konflikt besteht nur in den konkurrierenden Bemühungen der Grabräuber und der Archäologen. Beide wollen möglichst erfolgreich ausgraben!

Die nächste Einzelstory zeigt die Arbeit der Archäologen in drei Sequenzen. Sie beginnt mit einem orientierenden Schwenk, der im Grabungsloch des Fürstengrabes endet.

Hier wird das letzte im Grab befindliche Skelett aus dem Lehm befreit. Die ganze Szene ist mit einer Synthesizermusik aus tiefen,

erdigen Schwebungen und dem rhythmischen Gekratze der Grabungs-
spachtel unterlegt.

Nach der breiten Orientierung folgt dann eine Mitteleinstellung,
die den Arbeitsbereich beschreibt.

Die zweite Einstellung zeigt die Spachtelarbeit an den alten Knochen und bildet damit den Aussagekern. Es folgt eine Rückorientierung auf die Gruppe der Arbeiter. Eine weitere Orientierung ist nicht
erforderlich. Die Kamera bleibt bei Großaufnahmen, um dem langweiligen Geschehen wenigstens durch Nähe etwas Dramatik zu ver-
leihen. Eigentlich handelt es sich dabei um Subsequenzen einer einzigen Orientierungsphase.

Nach diesen fünf sehr ausschließlichen Einstellungen bietet ein etwas totaleres Bild eine angenehme Unterbrechung zur Entspannung. Dann geht es mit einer nahen und einer großen Aufnahme weiter direkt in die nächste Story.

Darin wird die Bildfolge ausschließlich durch den Text bestimmt. Die ausgegrabenen Skelette würden ohne konservierende Maßnahmen schnell zerfallen. Eine Delegation deutscher Archäologen soll finanzielle Hilfe vermitteln. Sie sitzen vor den bereits geborgenen Skeletten. Hier wird mit einer Großeinstellung der Aussagekern *Schädel* gebildet. Die Sequenz findet mit einer Totalen ihren formalen Abschluß in einem anderen Raum. Das ist möglich, weil die Aufmerksamkeit des Zuschauers bei den alten Knochen liegt. Der Schauplatz spielt in diesem Fall keine Rolle.

Der anschließende Teil der Sequenz verläuft ganz normal. Nach einer Mitteleinstellung, einer Zweiergruppe, wird ein Aussagekern gebildet, in diesem Fall der Kopf des peruanischen Ausgräbers. Entspannt wird durch einen Rücksprung in die Totale. Diese hat wieder eine Doppelfunktion und leitet auch die nächste Sequenz ein. Sie bildet mit dem zerfallenen Schädel einen Aussagekern.

Viel langweiliger kann eine Ausgrabungsgeschichte kaum werden. Der Berichterstattungspflicht über die deutsche Delegation konnte ich damals einfach nicht entkommen. Trotz des inhaltlichen Konflikts befindet sich die Bilddramatik auf einem Tiefpunkt.

Grund genug, Peru für einen Augenblick zu verlassen und in die erste Zeitebene zu flüchten. Eine Plasmakammer bietet zwar auch nicht gerade viel Aktion, doch wenigstens ein unheimlich leuchtendes Glühen. Die Mainzer Restauratoren nutzen die Kammer, um Metalloberflächen zu regenerieren. Der inhaltliche Aspekt des Übergangs zur nächsten Story, also der Sprung von der Delegation zur Plasmakammer liegt bei der deutschen Unterstützung des Grabungsprojekts.

Die Geschichte hat nur einen Schauplatz und unterteilt sich in drei Sequenzen. Die Räumlichkeit bleibt unbedeutend. Die Orientierung läuft inhaltlich über Personen: Professor X an der Universität Y usw. Die erste Einstellung ist ein Rückzoom von seinem Gesicht.

Die Konzentration verlagert sich dabei auf die zweite Person und auf deren Aktivität. Im Aussagekern wird eine kleine Metallmaske für die Plasmakammer vorbereitet. Die letzte Einstellung ist gleichzeitig wieder die erste der nächsten Sequenz. Diese Doppelfunktion wird immer dann angewendet, wenn für die nächste Bildfolge nicht

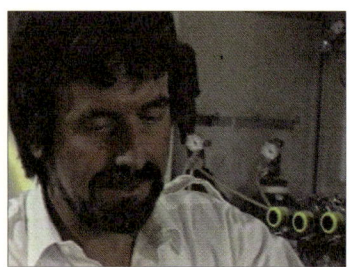  

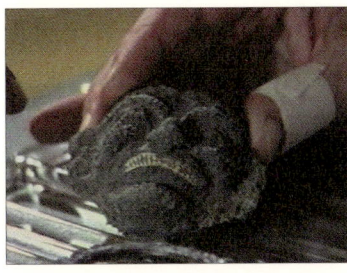

neu orientiert werden muß. Die folgende Nahaufnahme zeigt das Beladen der Kammer. Das Gesicht des Wissenschaftlers dient als Zwischenschnitt zur Unterbrechung und Überbrückung des langwierigen Verschließens der Kammer.

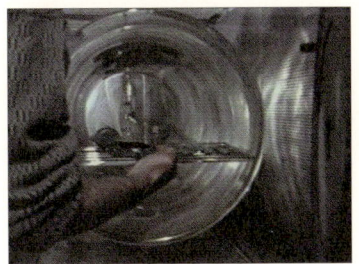
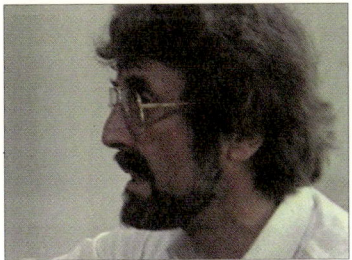
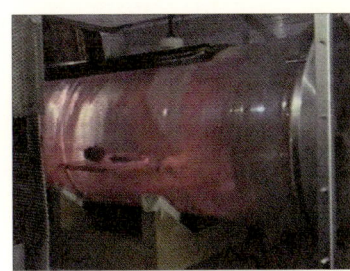

In dieser Sequenz gibt es keine Entspannung. Alle Einstellungen sind sehr nah. Das Plasma beginnt hellrot zu glühen. Ein Zoom lenkt die Aufmerksamkeit noch einmal auf das Werkstück, das der Strahlung ausgesetzt ist.

Auch die beiden folgenden Einstellungen sind gezoomt. Diese drei Zooms hintereinander vermitteln das

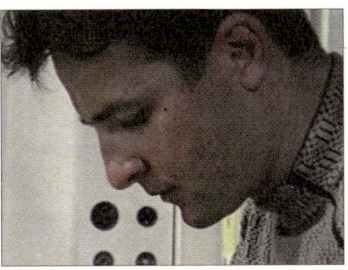
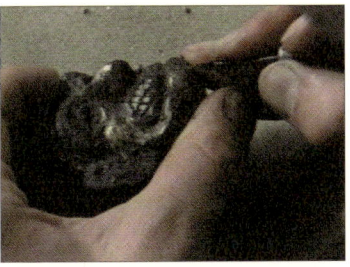

Gefühl, es geschehe etwas ganz Besonderes. Dadurch wird vermittelt, was man mit dem Einsatz der Plasmakammer bewirken kann.

Die Zooms werden hier nicht nur als hinweisendes Mittel gebraucht, sondern sie dramatisieren mit ihrer Scheinbewegung auch ein wenig die an und für sich sehr statischen Bilder.

Ein Schwenk von einem unbearbeiteten Objekt auf die regenerierte Maske macht deutlich, was die Plasmakammer zu leisten vermag. In einer Rückschau sieht man noch einmal die Maske im leuchtenden Plasma. Während des Rückzooms wird die Kammer ausgeschaltet und versinkt im Dunkel. Aus Sicht der Bildgestaltung wird bei dieser Sequenz durch Schwenk, Zooms und sehr nahe Einstellungen das Thema angemessen sanft dramatisiert. Der Text kann ganz nah am Bild bleiben, um den technischen Vorgang zu erklären.

Dieser inhaltliche Einschub der Plasmakammer hat auch noch aus dramaturgischer Sicht eine Bedeutung. Der Konflikt besteht zwischen den Grabräubern und den Archäologen in Peru. Doch durch die Hilfe und Mitarbeit internationaler Wissenschaftler könnten weitere Verluste für die Archäologie in Peru vermieden werden.

Für den Film zeigt sich hier deutlich die Möglichkeit eines Handlungsumschlages. Er hat sich, wie bei einem klassischen Dramaturgiemodell, von Anfang an angekündigt. In unserem Fall über die erste Zeitebene mit dem Bericht über die Restaurierung.

Die Hoffnung auf Hilfe motiviert die peruanischen Ausgräber. Endlich – und für den Film glücklicherweise – heben sie das letzte Skelett aus der Grube. Ein Hauch von Aktivität, der dem Filmemacher sehr entgegenkommt. Der Konflikt hat eine Lösung gefunden. Die folgenden Einstellungen lassen sich mit einzelnen Bildern nur schwer beschreiben, weil sie mit einer stark bewegten Kamera gedreht worden sind. Außerdem werden die Aussagekerne nicht durch die großen Gesichter gebildet, sondern durch die Aktivitäten, die zwischen den einzelnen Bildern liegen und darum nicht explizit deutlich werden. Die häufigen Einstellungswechsel, die Bewegung im Bild und die Bewegung der Kamera verhelfen der Szene jedoch zu Aktivität und einer gewissen Spannung.

Mit dieser Story ist der Konfliktkomplex abgeschlossen und damit der eigentliche Hauptteil des Films. Der Konfliktteil hat eine Länge von zehn Minuten, *Abbau* und *Ausklang* werden jeweils noch etwa zwei Minuten in Anspruch nehmen.

Der *Abbau* beschäftigt sich mit der Archivierung der Fundstücke und mit deren Versand nach Deutschland. Dort kann man im Vergleich zwischen »vorher« und »nachher« die Arbeit der Restauratoren des Mainzer Zentralmuseums bewundern. Der Film verdeutlicht noch einmal die Interessen der Wissenschaftler. Zuletzt entsteht aus einem Haufen korrodierter Metallplättchen das Abbild des »Herrn von Sipan«. Diesen Vergleich möchte ich Ihnen deshalb auch nicht vorenthalten.

Mit diesen im Wechsel geschnittenen Bildern endet der *Abbau*. Der letzte Komplex *Ausklang* ist eigentlich nur noch ein Anhängsel, um den Schlußtitel unterzubringen. Über Bilder von unberührten Lehmpyramiden kehrt der Film zu seinen Anfangseinstellungen von den Grabräubern zurück.

REGISTER

ÜBER DEN AUTOR

Peter Kerstan, 1939 in Berlin geboren, verbrachte seine ersten
Film-Lehrjahre bei der nach dem Krieg neu erstandenen Berliner Ufa.
Dann wurde er Cutter beim WDR-Fernsehen und später beim ZDF
Kameramann, Autor und Regisseur für Dokumentarfilme.
Dort war er auch Lehrbeauftragter für den gesamten Produktionsbereich.
Weitere Lehraufträge an verschiedenen Fach- und Hochschulen folgten.
Immer wieder zog es ihn zur praktischen Arbeit zurück – zu abenteuerlichen
Dokumentarfilmen in den abgelegenen Regionen unserer Welt.

Seine praktische Erfahrung vermittelt der Autor in diesem Buch.
Interessierte Leserinnen und Leser können sich mit Fragen, Rat oder Kritik
an ihn wenden:

Peter Kerstan
Im Wiesengrund 13
D-65329 Hohenstein

Christopher Vogler

Die Odyssee des Drehbuchschreibers.
Über mythologische Grundmuster des
amerikanischen Erfolgskinos.

Christopher Vogler hat für Hollywood-Studios Tausende von Stories und Drehbuchentwürfe auf ihre Tauglichkeit geprüft. Er stellte fest, daß fast allen großen Publikumserfolgen eine bestimmte archetypische Struktur zugrunde liegt, die seit Anfang der Welt die erfolgreichsten Geschichten aller Zeiten (die Märchen und Mythen) bestimmt. Voglers Folgerung: Wenn wir alle immer wieder eine Geschichte in immer neuen Varianten erleben wollen, dann liegt das daran, daß wir in ihr Archetypen wiederfinden, an denen wir alle teilhaben. Wenn sämtliche Publikumserfolge von Homers Odyssee bis zum Krieg der Sterne nach ähnlichem Muster gestrickt sind, dann ist man bei künftigen Filmprojekten gut beraten, den Faden weiterzuspinnen. Vogler, mittlerweile Dozent für kreatives Schreiben, wird laut Filmmagazin Fame längst zu den »100 wichtigsten Leuten Hollywoods« gezählt. In diesem Buch, das »in den letzten Jahren Furore gemacht hat« (Die Welt), legt er seine Erkenntnisse nieder.
Neue, erweiterte Ausgabe. Originaltitel: *The Writer's Journey. Mythic Structure for Writers.*
Deutsch von Frank Kuhnke. 486 Seiten. Fadenheftung. Fester Einband. Nur bei uns.
33 DM. Nummer 18208.

Mark W. Travis

Das Drehbuch zur Regie.
Wie Regisseur und Filmteam erfolgreich
zusammenarbeiten.

Filme, auch von Star-Regisseuren, sind in Wahrheit Teamarbeit. Filmemachen heißt, nicht nur die geeigneten Talente zu finden, sondern aus allen Beteiligten ein Team zu formen. Wie schafft es der Regisseur, daß die unterschiedlichsten Künstler einander ergänzen, daß die Chemie zwischen den Schauspielern stimmt und daß sie im entscheidenden Moment vor der Kamera überzeugen? Wie schwört er Drehbuchautoren, Producer, Kameraleute, Szenen- und Kostümbildner, Besetzungschefs, Darsteller, Techniker, Ausstatter, Geräuschemacher, Cutter, Komponisten auf ein gemeinsames Ziel ein? Wie setzt er die Intention des Drehbuchs in seine Vision um? Wie bringt er es fertig, daß so viele Leute gemeinsam ein und dieselbe Filmgeschichte erzählen? Und wie realisiert er trotz ständig auftauchender Probleme bei wachsendem Zeitdruck und abnehmendem Budget seinen Film? Der Film- und Fernsehregisseur Mark Travis gibt ebenso verblüffende wie einfache Antworten. Dabei stützt er sich auf Methoden, die er in seinen Seminaren für Regisseure, Drehbuchautoren und Schauspieler entwickelt hat.

www.Zweitausendeins.de

Er nimmt der Regie- und Schauspielführung den Nimbus des Geheimnisvollen und zeigt, welch faszinierendes Abenteuer das Filmemachen ist. »Pflichtlektüre für jeden professionellen Regisseur.« (Mark Rydell, Regisseur)

Deutsche Erstausgabe. Originaltitel: *The Director's Journey.*
Deutsch von Susanne Lück. 386 Seiten. Fadenheftung. Fester Einband. Nur bei uns. 33 DM.
Nummer 18287.

Alan A. Armer
Lehrbuch der Film- und Fernsehregie.

Armers Handbuch gilt in Amerika als das Standardwerk zum Thema. Es ist das erste (und einzige) systematische Regie-Lehrbuch für Kino- und Fernsehfilme in deutscher Sprache. Es vermittelt »kompetent ein Spektrum von der Entwicklung von Charakteren über Schauspieler- und Kameraführung bis zur Inszenierung von Interviews und Sachsendungen« (Die Welt) und gibt eine praxisnahe Einführung in das tägliche Handwerk des Regisseurs auf dem Set und im Fernsehstudio. »Ein rundum wertvolles Buch: sehr übersichtlich gegliedert und locker geschrieben, läßt es sich ebenso von der ersten bis zur letzten Seite vom Fleck durchlesen wie auch kapitelweise durcharbeiten ... Schritt für Schritt werden die wesentlichen Prinzipien vorgestellt (Elemente der Unterhaltung, Denken in Bildern), mit denen der Regisseur seine Botschaft visuell transportiert ... mit solcher Aktualität und breitem Themenspektrum gibt es derzeit auf dem deutschen Markt keine vergleichbare Konkurrenz. Gut investierte 60 Mark!« (Plot Point).

Deutsche Erstausgabe. Originaltitel: *Directing Television and Film.*
Deutsch von Gesine Flohr, Harald Utecht und Martin Weinmann.
478 Seiten. Großformat 19 x 24 cm. Fadenheftung. Fester Einband. Nur bei uns. 60 DM.
Nummer 18199.

Steven D. Katz
Die richtige Einstellung.

Katz, Filmemacher mit 20jähriger Hollywood-Erfahrung, »der nicht nur ein didaktisch versierter Praktiker ist, sondern auch fesselnd zu schreiben versteht« (Hessischer Rundfunk), zeigt, wie ein Film entsteht: »Inszenierung von Dialogszenen und Bewegung, Tiefe im Bild, Blickwechsel der Kamera, Kadrierung, Erzählperspektive, Schwenk, Kran, Fahrt...alles mit anschaulichen Beispielen in Bildform illustriert ... Die Wichtigkeit der Anschlüsse wird immer wieder hervorgehoben. Ein Bild alleine kann wundervoll sein. Aber erst in der Aneinanderreihung, Bild für Bild – Shot by Shot! – erschließt sich der dreidimensionale Raum, die Nähe zwischen Erzählung und Betrachter, die Anteilnahme am Kunstwerk Film«, lobt das Fachmagazin Plot Point die Qualitäten »des faszinierenden Buches, das viele Original-Storyboards – zu Die Vögel, Citizen Kane und einer nicht gedrehten Anfangssequenz zu Blade Runner – enthält« (Die Welt). Das Fachmagazin ›Der Kameramann‹ bestätigt: »Solides, grundlegendes Handwerkszeug zur Inspiration der Kreativen.«

Deutsche Erstausgabe. Originaltitel: *Film Directing Shot by Shot.*
Visualizing from Concept to Screen. Deutsch von Harald Utecht. 524 Seiten,
Großformat 17 x 24 cm. Fadenheftung. Fester Einband. Nur bei uns. 60 DM. Nummer 18258.

Judith Weston
Schauspielerführung in Film und Fernsehen.

Judith Westons berühmtes Handbuch zeigt Schritt für Schritt, wie Regisseure eine kreative und kooperative Beziehung zu ihren Schauspielern aufbauen und eine knappe, effektive Regieführung entwickeln. »Schauspielerführung in Film und Fernsehen« ist ein Buch aus der Praxis für die Praxis. Judith Weston schöpft aus über zwanzigjähriger Erfahrung als Schauspielerin, Schauspiellehrerin und Beraterin von Regisseuren. Ihre Workshops für Regisseure genießen in Hollywood hohes Ansehen. Sie erklärt, was Schauspieler, Routiniers wie Anfänger, von Regisseuren erwarten, aber häufig nicht bekommen. Sie beschreibt plausibel und nachvollziehbar, welche Regieanweisungen »ankommen« können und welche nicht. Und sie zeigt an Beispielen aus ihrem reichen Erfahrungsschatz, wie ein Schauspielerensemble aus festgefahrenen Situationen herausgeführt und Blockaden aufgelöst werden können.

Deutsche Erstausgabe. Originaltitel: *Directing Actors. Creating Memorable Performances*
for Film and Television. Deutsch von Waltraud Götting. 466 Seiten. Fadenheftung.
Fester Einband. Nur bei uns. 39 DM. Nummer 18270.

Robert Bahr
Dramentechnik für Prosatexte.

Schreiben können wir alle. Robert Bahr zeigt in diesem Buch, wie wir alle gut und besser schreiben können – sei es ein Liebes- oder Leserbrief, sei es ein Artikel für die Zeitung, ein Sachbuch oder einen Roman. Robert Bahr ist Schriftsteller und Journalist. »Autoren spielen«, sagt Bahr, »ihre Konzepte wie Theaterregisseure bei Bühnenproben so lange durch, bis Handlung und Figuren ein Eigenleben entwickeln. Sie versetzen sich in die Rolle des Publikums, das auf der Generalprobe begeistert applaudiert oder das Stück gnadenlos ausbuht.« Die einzelnen Kapitel seines Buches verfolgen Schritt für

Schritt den Aufbau des dramatischen Geschehens im Theater der Fantasie. In dem komplexen Verhältnis zwischen Leser, Werk und Autor sieht er die Inszenierung eines packenden Dramas mit einem »dramatischen Konzept« und einer »szenischen Perspektive«. Der Autor ist der Schauspieler für jede der Rollen in seinem Stück und zugleich der Regisseur, der souverän über das Zusammmenspiel von Handlung, Zeit und Ort bestimmt.

Originaltitel: *Dramatic Technique in Fiction*. Deutsch von Hans J. Becker.
196 Seiten. Fadenheftung. Fester Einband. Nur bei uns. 25 DM.
Nummer 18273.

Roger A. Hall
Mein erstes Stück.

Eine Geschichte so zu schreiben, daß sie allein aus den Dialogen heraus lebt, ist eine ganz besondere Kunst. Wer ein Theaterstück schreibt, muß sie perfekt beherrschen. Handwerksregeln haben hier noch größere Bedeutung als bei Romanen oder Erzählungen. Trotzdem galt es lange Zeit als unmöglich, die schwierige Kunst des Stückeschreibens von Grund auf zu lernen. »Schon seit Aristoteles vor 2300 Jahren versucht hat, die unterschiedlichen Elemente einer Tragödie zu benennen, bemühen sich Autoren und Kritiker darum, zu erklären, wie man ein Theaterstück aufbaut«, schreibt Roger A. Hall in seiner Einleitung. Halls Handbuch – in den USA seit vielen Jahren bewährt – erläutert das wirkungsvolle Zusammenspiel von Dialogszenen praxisnah am Beispiel aktueller Theaterproduktionen. Das Buch erklärt: wie Sie eine Handlung effektvoll beginnen und dann überzeugend entwickeln, wie Sie im Zusammenspiel von Handlung und Konfliktaufbau Charaktere darstellen, wie Sie glaubwürdige Dialoge schreiben, ob das Einbringen persönlicher Erfahrungen eine Bereicherung oder eher eine Gefahr für ein Stück bedeutet u.v.m. Roger A. Hall: »Einige der Studenten, die meine Übungen beherzigt haben, schreiben heute erfolgreich für Bühne, Film und Fernsehen. Viele arbeiten in anderen Bereichen an professionellen Theatern.«
Aus dem Inhalt: Eine spannende Handlung stellt Fragen, Eine spannende Handlung braucht Verben, Wo Ideen herkommen, Hindernisse und Konflikte, Die Unterhaltung, Die Einführung von Charakteren, Dramatische Ironie und Dreierbeziehungen, Emotionale Verknüpfungen und ihre Risiken, Die Gefahren der Wahrheit, Spontanes Schreiben, Problemlösungen: Menschen, Orte, Gegenstände u.v.a.

Deutsche Erstausgabe. Originaltitel: *Writing Your First Play*.
Deutsch von Andreas Betten. 283 Seiten. Fadenheftung.
Fester Einband. Nur bei uns. 25 DM.
Nummer 18317

R. B. Tobias
20 Masterplots.

Wollen Sie Drehbücher schreiben? Filme machen? Romane veröffentlichen? Dann
brauchen Sie vor allem eins: Eine gute Geschichte. – Ein weites Feld? Unendliche Auswahl für die Fantasie? Aber nein! Es gibt, da sind sich die meisten Schreiber einig, nur
eine sehr begrenzte Auswahl von Erzählmustern; alles übrige sind Variationen zum
Thema. Wer von diesen tradierten Erzählstrukturen abweicht, hat möglicherweise
weniger Erfolg, denn der Mensch liebt seine Denkmuster. In 20 Masterplots präsentiert Ronald B. Tobias zentrale Erzählstrukturen, die in der Literatur, gleich welchen
Genres, immer wieder auftauchen. Tobias zeigt, wie ein erfolgreicher Plot aufgebaut
sein muß, damit sich darin alle Facetten einer Geschichte entfalten können. Die vorge-
stellten Plots, die sich mal mehr an äußeren Ereignissen, mal mehr am Schicksal der
Hauptfigur orientieren, umfassen die erzählerischen Grundmuster, von denen sich die
Menschen seit Jahrhunderten fesseln lassen und die auch heute noch Bestseller (fast)
garantieren. »Der beste Ratgeber für Leute, die das Handwerk des Schreibens perfek-
tionieren wollen« (Lübecker Nachrichten).
Deutsche Erstausgabe. Originaltitel: *20 Master Plots (and How to Build Them).*
Deutsch von Petra Schreyer. 335 Seiten. Fadenheftung. Fester Einband. Nur bei uns.
27 DM. Nummer 18289.

Sol Stein
Über das Schreiben.

Wer schriftstellerische Ambitionen hat, hält seine Zukunft als Autor/Autorin in den
eigenen Händen. Gleichgültig, ob Sie Anfänger oder ein Profi sind, ob Sie Romane,
Kurzgeschichten oder Sachbücher schreiben, Sie werden in diesem Ratgeber eine Fülle
praxistauglicher Tips finden, die Sie anderswo vergeblich suchen. Denn dieses Handbuch kommt aus der Praxis. Es zeigt Ihnen, was Sie machen müssen, damit Ihr Text
interessant wird, wie Sie ein verunglücktes Manuskript reparieren und ein gutes noch
verbessern. Sol Stein weiß, worüber er schreibt: Er ist ein international erfolgreicher
Bestsellerautor (»Der Magier«), war 36 Jahre Lektor berühmter Autoren (James Bald-
win, Dylan Thomas, Elia Kazan u.v.a.) und ist als Lehrer für Creative Writing ausge-
zeichnet worden. Stein kennt die geschriebenen und ungeschriebenen Regeln, Tips und
Techniken des Schreibens, und er weiß, wie man einen Text kommerziell erfolgreich
macht. Anhand zahlreicher Beispiele zeigt er, wie Sie ein Buch wirkungsvoll beginnen,
wie Sie faszinierende Charaktere entwickeln und einen tragfähigen Plot entwerfen. Er
erklärt endlich einmal das für jede Handlung zentrale System des Konfliktaufbaus und
zeigt die Techniken und »Geheimnisse des spannenden Dialogs«, mit denen sich ein

verbaler Schlagabtausch oder einfühlsamer Dialog effektvoller gestalten lassen. Im Kapitel »Spannung« erklärt er, wie Sie die Leser/innen an den Text fesseln. Stein lehrt, wie man Vorgänge zeigt, statt von ihnen zu erzählen, wie Rückblenden wirkungsvoll eingesetzt werden, und er vermittelt die Kunst, Liebesszenen überzeugend darzustellen. Stein gibt auch wertvolle Hinweise für Sachbuchautor/inn/en, hilft bei schriftstellerischen Grundsatzentscheidungen (»kommerziell, populär, literarisch?«), verrät eine Fülle von Tips und Tricks für die tägliche Arbeit am Manuskript und offenbart im fünften Kapitel eines der großen unausgesprochenen Geheimnisse des Schreibens. Dieses Buch »ist das Beste, das ich je über die Kunst des Schreibens gelesen habe … Die Tips, Tricks und mannigfaltigen Beispiele für gelungenes und weniger gelungenes Schreiben sind für jeden Autor, gleichgültig, auf welcher Stufe seiner schriftstellerischen Laufbahn er auch stehen mag, unfehlbar eine große Hilfe«, sagt Barnaby Conrad, Vorsitzender des Autorenkonvents Santa Barbara. Sol Steins »wunderbares ›Über das Schreiben‹ gehört auf jedes Autorenregal« (Die Welt).

Deutsche Erstausgabe. Originaltitel: *Stein on Writing*. Deutsch von Waltraud Götting. 443 Seiten. Fadenheftung. Fester Einband. Nur bei uns. 33 DM. Nummer 18207.

R. J. Randisi
Krimis schreiben.

Krimis und Thriller gehören zu dem mit Abstand meistgelesenen und auch kommerziell erfolgreichsten Genre der Literatur. Verbrechen lohnt sich eben doch. Die Welt: »In Deutschland kamen 1995 genau 1242 Kriminalromane heraus. Das war ein Rekord. Die Zahl ist inzwischen eher noch gestiegen.« Aber: Der Hauptteil dieser Bücher ist Import aus dem englischen Sprachraum. In Deutschland fehlt es noch immer an erfolgreichem Kriminachwuchs. Dagegen wird etwas getan. Mit einem Handbuch, importiert aus dem englischen Sprachraum: Robert J. Randisi, der Gründer der Autor/inn/envereinigung »Private Eye Writer's of America« und selbst Autor von Kriminalromanen, hat eine Reihe nützlicher Ratschläge und Hinweise zusammengestellt. »Einige der Mitarbeiter der ›Private Eye Writer's of America‹, darunter so bekannte Autoren wie Lawrence Block, Max Allan Collins oder Sue Grafton erlauben einen Blick in ihre Schreibtechniken und -gewohnheiten. Die insgesamt 17 Autoren und Autorinnen des Handbuchs behandeln gründlich, aber unterhaltsam alle Aspekte des Themas und machen außerdem Lust auf die Lektüre der genannten Krimis – zugleich ein Überblick über den amerikanischen Markt … Trotz flotter Schreibe eine umfassende Darstellung.« (ekz-Infodienst)

Deutsche Erstausgabe. Originaltitel: *Writing the Private Eye Novel*. Deutsch von Frank Kuhnke. 353 Seiten. Fadenheftung. Fester Einband. Nur 25 DM. Nummer 18290.

In Vorbereitung:

Michael Rabiger
Dokumentarfilme drehen. (Arbeitstitel)

Wer Dokumentarfilme professionell drehen will, sei das mit einer Film- oder Videokamera, findet hier in technischer wie theoretischer Hinsicht alles Wissenswerte. Schritt
für Schritt können Sie lernen, wie man die Leinwand oder den Bildschirm zur Dokumentation oder für bestimmte Recherchen nutzt. Wenn Sie zu den absoluten Anfängern
auf dem Gebiet des Dokumentarfilms gehören, bietet Ihnen dieses Buch einen in jeder
Hinsicht leichten Einstieg und vermittelt Ihnen Zug um Zug die fachliche Kompetenz
eines Profis. Rabigers bewährtes Handbuch steht aber auch Profis bei Grundsatzentscheidungen und Fragen der Bildästhetik zur Seite und berät Sie umfassend bei der
Vorbereitung für die Dreharbeiten, der richtigen Zusammenstellung des Teams, den
Dreharbeiten selbst und in der Phase der Postproduktion.

Deutsche Erstausgabe. Originaltitel: Directing the Documentary.
Ca. 470 Seiten. Fadenheftung. Fester Einband. Nur bei uns. Ca. 39 DM.
Erscheint voraussichtlich im August 2000.

Daniel Arijon
Grammatik der Filmsprache.

Mit Hilfe von über 1 500 Skizzen und Bildern erläutert der Produzent, Drehbuchautor
und Regisseur Daniel Arijon die Strukturen und Grundelemente einer filmischen Handlung: Die richtige Perspektive, Schwenks, Kamerafahrten, Bildführung in Dialogszenen
u.v.m.

Deutsche Erstausgabe. Originaltitel: *Grammar of the Film Language.*
Ca. 650 Seiten. Fadenheftung. Fester Einband. Nur bei uns. Ca. 45 DM.
Erscheint voraussichtlich im Oktober 2000.